D1985778

Leopold Hnidek

Nichts als die Wahrheit! – Amen!

Von Ägypten kam es her

Leopold Hnidek

Nichts als die Wahrheit! – Amen!

Von Ägypten kam es her

„Nichts als die Wahrheit! – Amen!"
Erste Auflage Juli 2018

Ancient Mail Verlag Werner Betz
Europaring 57, D-64521 Groß-Gerau
Tel.: 00 49 (0) 61 52/5 43 75, Fax: 00 49 (0) 61 52/94 91 82
www.ancientmail.de
Email: ancientmail@t-online.de

Bibliografische Information der Deutschen Nationalbibliothek:
Die Deutsche Nationalbibliothek verzeichnet diese Publikation in der Deutschen Nationalbibliografie; detaillierte bibliografische Daten sind im Internet über http://dnb.dnb.de abrufbar.

Umschlaggestaltung: Sandra Schmidt
Umschlagfoto: Leopold Hnidek
Druck: WIRmachenDRUCK GmbH, D-71522 Backnang

ISBN 978-3-95652-254-3

Inhalt

„... erlöse uns von dem Bösen! Amen!"

Das Erste, was wir in Religion lernen mussten, war das Vaterunser. Ich erinnere mich noch an mein Erstaunen, als da plötzlich der Herr Kaplan bei der Türe des Klassenzimmers hereinkam. Denn den Herrn Kaplan, den kannten wir aus der Kirche und dem katholischen Kindergarten – aber er war doch nicht unser Lehrer – oder doch? Unsere Lehrerin machte einen kurzen Knicks vor dem Herrn Kaplan, der sich mit einem rasch und sparsam gespendeten, vielleicht segnenden Kreuzzeichen in Richtung der Lehrerin bedankte. Sie verließ die Klasse und überließ uns nun dem Herrn Kaplan.

Lange ist's her. Da hatten die Pfarrer noch einen Kaplan – oder sogar zwei, da gab's auch noch einen Vikar, einen Dechant, einen Kooperator - und ab und zu war von einem Kanonikus die Rede, den ich aber nie zu Gesicht bekommen habe – Gottseidank, denn ich fürchtete mich sehr vor dem mit einem Geschütz bewaffneten Geistlichen.

Da stand nun der Herr Kaplan. Aufstehen! Wir lernen jetzt das Vaterunser! Er sagte uns jede Zeile vor, wir mussten wiederholen. Die meisten konnten das Gebet schon auswendig aufsagen, nur ich war einer der wenigen, die sich anfangs recht schwer taten. In meinem Elternhaus spielte Religion keine Rolle. Mein Vater war zum Kommunismus konvertiert, als er aus Krieg und Gefangenschaft zurückkam. Der damals allgegenwärtige Respekt gegen die geistlichen Herren ließ mich eingeschüchtert den Text mitlernen, einige Unterrichtsstunden lang, bis er endlich saß.

Schließlich ratschten wir alle das Gebet zum Beginn der Religionsstunde schnell herunter, sodass das abschließende „Amen!" rein phonetisch in den davor stehenden Satz schlüpfte und ein „... und erlöse uns von dem bösen Amen!" daraus wurde. Was mir gehöriges Kopfzerbrechen verursachte. So befragte ich meinen Vater, weshalb denn das Amen böse wäre. Zuerst kannte er sich natürlich nicht aus, aber als ich ihm erklärt hatte, was ich meinte, grinste er dünnlippig und meinte, ich solle doch den Herrn Kaplan fragen, der kennt sich da besser aus.

Gesagt, getan. Es folgte ein Wutausbruch des Herrn Kaplan, der mir rasch ein paar herunterhaute und brüllend meinen Vater in die Schule befahl. Das wird ein Gespräch gewesen sein – ein katholischer Eiferer und ein zutiefst überzeugter Atheist. Jedenfalls prangte in meinem ersten Schulzeugnis im Fach Religion ein hübscher Dreier.

Soweit meine erste Begegnung mit dem Wörtchen „Amen!" und der gelebten christlichen Nächstenliebe eines katholischen Geistlichen. Fortan blieb ich dem Wörtchen „Amen" gegenüber skeptisch. Einige Jahre später begegnete es mir erneut in der Schule, und zwar im Geschichtsunterricht. Im Alten Ägypten, da spukte es plötzlich herum, war Namensbestandteil von Pharaonen: Amenophis, Amenemhet und einige andere. In mir keimte der Entschluss, der Sache nachzugehen, wo denn das Wörtchen „Amen" herkam. Aber wie so vielen Ideen und Absichten ging es auch dieser: Alltag, Familie und Beruf rollen darüber hinweg, lautlos zermalmt von den Rädern der Zeit.

Irgendwann hat man die Verpflichtungen und Abhängigkeiten des alltäglichen Lebens verlassen und kann sich darauf konzentrieren, was einem interessant erscheint. Und da tauchte es wieder auf, das Wörtchen Amen.

Es ist ja nur die Bekräftigung des vorangegangen Gebetes, sagte ich mir. In den Volksmund hat es auch Eingang gefunden, etwa mit der Redewendung: „Das ist so sicher wie das Amen in der Kirche!", als Synonym für etwas, das völlig unabänderlich und auf jeden Fall eintreffen wird, ungeachtet jeglicher Einflüsse und Umstände. Wenn es denn eine Bekräftigung ist, so möchte ich, detailverliebt wie ich nun mal bin, doch gerne wissen, was es bedeutet.

Auf jeden Fall ist es kein deutsches Wort, sondern ein Fremdwort. Es wurde mit der Liturgie der Lateinischen Messe in unseren deutschen Sprachraum gebracht, aber es ist weder Latein noch Griechisch. Auch der jüngere Bruder mit abgeschlossenem Theologiestudium konnte nicht weiterhelfen, er meinte nur, dass es vielleicht aus dem Aramäischen stammt, aus der Sprache, die auch die Muttersprache von Jesus Christus war, und wahrscheinlich so viel wie „So ist es!" bedeutet.

Lieber Bruder, da ist mir zuviel „vielleicht" und „wahrscheinlich" mit im Spiel, ich möchte es genau wissen. Also sehe ich im Duden nach. Dort steht klipp und klar:

Amen, das

Wortart: Substantiv, Neutrum

Grammatik: das Amen; Genetiv: des Amens; Plural: die Amen (Plural selten)

Bekräftigende liturgische Abschlussformel nach Gebet, Segen o. Ä. [1]

Lieber Duden, nun ziehe ich aber die Augenbrauen hoch und spitze die Ohren! Was bedeutet: „Segen oder Ähnliches"? In Abwandlung eines Zitats: *tu quoque, Duden*? Hast auch Du, Duden, keine Ahnung, was „Amen" bedeutet?

Eine Abschlussformel, gut und schön, das weiß ich, der ich Ohrfeigen aus geweihter Hand empfangen hatte, nur zu gut. Aber was für eine Formel? Jede Formel sagt etwas aus. Daher: was sagt „Amen" aus? Es muss nun in der Fachliteratur geforscht werden:

Amen

»So sei es!"

Aus dem Hebräischen stammender Begriff, verwandt mit dem Wort für „fest-sein« bzw. „festbleiben«. Das hebräische Wort wurde unverändert ins Griechische, Lateinische und Deutsche übernommen.

Im AT [Altes Testament; Anm. des Autors] gilt das Amen als Zustimmung zur Übernahme einer Verpflichtung (siehe 1.Kön 1,36; siehe Jer 11,5). Im NT [Neues Testament; Anm.des Autors] gebraucht Jesus das Wort, um die Wichtigkeit einer Rede zu unterstreichen: „Amen, Amen, ich sage euch ...«

In der Liturgie bezeichnet Amen den Abschluss eines Gebetes, gesprochen in dem Sinne, dass die von Gott gegebenen Verheißungen in Erfüllung gehen mögen. Es stellt zugleich eine Bekräftigung und Zustimmung zu dem Gesagten dar. [2]

So hat der jüngere Bruder trotz aller „vielleicht" und „wahrscheinlich" durchaus recht gehabt. Aber da ich ja alles ganz genau wissen möchte, und wir im Zeitalter der schnellen Recherchemöglichkeiten des Internets leben, möchte ich so tief wie möglich graben. In der religiösen Literatur des Judentums wird „Amen" als ein Stamm-Wurzelwort bezeichnet, aus dem sich andere Begriffe, wie etwa das Glaubensprinzip des „Emuna" ableiten. [3]

Das mag stimmen, doch es erklärt noch immer nicht, was das Wörtchen „Amen" in seiner ursprünglichen Bedeutung tatsächlich heißt. Die Nachforschung im Hebräischen Wörterbuch [4] ergibt Erstaunliches. Da werden die uns bisher gegebenen Bedeutungen und/oder sinngemäßen Aussagen derart anders dargestellt, dass sie unmöglich aus der Wortwurzel „Amen" stammen können. Das ist aufgrund des Schriftbildes und der mit den hebräischen Buchstaben verbundenen Lautwerte auch für des Hebräisch Unkundige leicht zu erfassen:

אמו	Amen
קבוע	fest
שיהיה אז	so sei es
כך כל זה	so ist es
אמין להיות	zuverlässig sein
שיעשה משהו	an etwas festmachen

Mit einem Wort: die Angaben über die angewendete Bedeutung von „Amen" entsprechen dem alltäglichen Sprachgebrauch, wie sie uns beigebracht wurden. Doch was das Wort ursprünglich bedeutet, ist noch nicht klar. Ähnliches gibt es auch im deutschen Sprachraum, denken wir nur an das Wort „Marschall". Die heutige sprachliche Bedeutung ist jene eines sehr hohen militärischen Dienstgrades. Die ursprüngliche germanische Bedeutung war jedoch „Rossknecht".

Die hebräische Schrift ist eine Buchstabenschrift, welche von rechts nach links geschrieben wird, wobei jedem Buchstaben ein bestimmter Lautwert entspricht, allerdings gibt es keine Selbstlaute, also Vokale, in der schriftlichen Darstellung. Durch ein erst sehr spät in der Entwicklung der hebräischen Schrift hinzugekommenes System von Punkten und Strichen, welche den Buchstaben hinzugefügt werden, erfolgt die Festlegung der richtigen Betonung und Vokalisation.

„Amen" taucht schon in der Tora, den fünf Büchern Moses' auf und ist damit Bestandteil des ältesten Teils der Bibel. Damals allerdings verwendeten die Hebräer eine andere Schrift, die heute als „Althebräische Schrift" bezeichnet wird und eine Variante der Phönizischen Schrift ist. Im Babylonischen Exil im 6. Jhdt. v. Chr. lernte das Volk Israel den Vorteil einer umfassenden Verständigung in einer einzigen Sprache mit beinahe allen Völkern zwischen Kleinasien und Indien kennen – in Form aramäischer Sprache und Schrift, die als *lingua franca* vom Mittelmeer bis ins Industal und Afghanistan in Gebrauch waren.

Das Aramäische wurde mit einer eigenen, ebenfalls vom Phönizischen abgeleiteten Alphabet-Schrift niedergeschrieben, von welcher es drei verschiedene Typen gab: eine Monumentalschrift, die für Inschriften auf Steinen und Denkmälern verwendet wurde; eine vereinfachte Schrift für Dokumente und amtliche Papyri sowie einer schnellen Schreibschrift, die man auf beinahe allen Schreibmaterialien anbringen konnte. Aus dieser schnellen Schreibschrift, der sogenannten Quadratschrift, hat sich die Hebräische Schrift entwickelt, die noch heute verwendet wird. [5]

Daher haben die Hebräer nach ihrer Rückkehr aus Babylon Aramäisch verwendet, sowohl in Sprache als auch Schrift. Hebräisch blieb als Gelehrtensprache erhalten, ähnlich wie bei uns Latein bis ins 20. Jahrhundert. Erst mit dem immer energischer auftretenden Zionismus im 19. Jahrhundert kamen Bestrebungen auf, das alte Hebräisch als Sprache der Bibel in großem Umfang wiederzubeleben. Insbesondere durch die religiös betonten Gruppen innerhalb des Judentums setzte sich diese Idee schnell durch. Das heute gesprochene Hebräisch, modern „Ivrit“ genannt, unterscheidet sich im Satzbau vom biblischen Hebräisch erheblich, auch wurden neue Vokabel für Gegenstände und Begriffe, die es im alten Hebräisch nicht geben konnte, eingeführt; die Sprache ist aber dieselbe wie sie in der Antike angewandt wurde. Die althebräische Schrift jedoch wurde nicht zum Leben erweckt. Die im 4. Jhdt. v. Chr. von den Israeliten angenommenen Zeichen der aramäischen Quadratschrift wurden für das moderne Hebräisch beibehalten.

Abb. 1: Zweisprachige Inschrift (Bilingue) in Griechisch und Aramäisch aus Kandahar (heute Afghanistan) des indischen Kaisers Aschoka (268-232 v. Chr.), Maurya-Dynastie. Die Steintafel war Bestandteil der Sammlungen des Museums in Kabul und ist heute verschollen.

Normalerweise bietet ein Wörterbuch eine Erklärung für einen Begriff an, oder ein Synonym – eine gleiche oder sehr ähnliche Bedeutung. Im „Wörterbuch der Hebräischen Sprache“ allerdings ist wieder eine Sackgasse: „Amen“ ist dort eine

„... rituelle Formel zum Gebetsschluss, auch bei Flüchen oder Lobpreisungen als Abschluss verwendet.“

Wieder gibt es die Bestätigung als Formel, doch abermals blieb die Frage unbeantwortet: Was ist der ursprüngliche Inhalt, die tatsächliche Bedeutung von „Amen“? Hebräisch ist es offensichtlich nicht.

Ist es vielleicht ein Fremdwort, das aus einer anderen Sprache ins Hebräische einwanderte? Aus dem Aramäischen konnte es nicht stammen, denn das „Amen“ taucht schon in den ältesten Teilen der Tora im 11. und 10. Jhdt. v. Chr. auf, gab es also schon lange vor dem Babylonischen Exil, in dem das Aramäische von den Israeliten angenommen wurde. Aus dem Umfeld der anderen nordwestsemitischen Sprachen wie Phönizisch oder Kanaanäisch kam es ebenfalls nicht, denn diese waren gemeinsam mit dem Hebräischen lediglich sich nur gering voneinander unterscheidende Varianten ein und derselben Sprache. Ebensowenig kam es aus dem der Bibelforschung sehr hilfreichen Ugaritisch, der Sprache des Stadtstaates Ugarit; dies war auch eine der nordwestsemitischen Sprachen, welche allerdings eine eigene Schrift hatte, nämlich ein alphabetisches, mit Keilschriftzeichen geschriebenes System. Woher aber stammt „Amen“ dann?

Bleibt eigentlich nur noch Ägypten als großes Nachbarland des israelitischen Siedlungsgebietes, dessen Sprache nicht zur Familie der semitischen Sprachen gehörte, aus der das Wörtchen ins Hebräische einwandern konnte. Und wie der Geschichtsunterricht lehrt, war „Amen“ schon längst Bestandteil ägyptischer Namen, ehe noch die Israeliten als Volk überhaupt existierten. Dass sich Worte aus der altägyptischen Sprache in das Hebräische integriert haben, ist beinahe eine Notwendigkeit. Nicht nur dass Ägypten kulturell und technisch den Israeliten überlegen war, gab es über Jahrtausende hinweg Handelsbeziehungen, sicher auch Heiraten und Immigration in beide Richtungen. Und Ägypten herrschte viele Jahrhunderte hindurch über Kanaan, Palästina und Syrien – immer im Streit mit den gerade an der Macht befindlichen Nachbarn – Hethiter, Assyrer, Hyksos, Babylonier und wer da noch aller nach Macht strebte.

Gehen wir daher davon aus: „Amen" stammt aus der altägyptischen Sprache.

Die Schrift der Hebräer stammt aus Ägypten

Das kann doch nicht sein, wird so mancher meiner Leser aufbegehren – die Israeliten hatten – wie ich selber geschrieben habe – eine Buchstabenschrift und die Ägypter hatten ihre Hieroglyphen, das ist doch etwas ganz anderes!

Stimmt – und auch wieder nicht. Wie schrieb schon Herodot?

„Jetzt werde ich über Ägypten sprechen, weil es sehr viele Wunder enthält und vor allen Ländern Werke darbietet, die man kaum beschreiben kann." [6]

Holen wir daher ein wenig aus. Die Ägypter hatten tatsächlich eine Hieroglyphenschrift – bildliche Darstellungen von Menschen, Tieren, Göttern und Gegenständen. Diese kennen wir von den Inschriften auf Tempelwänden, Monumenten und Statuen.

Abb. 2: Ägyptische Hieroglyphen Monumental, beschriftete Wand aus dem Amun-Tempel in Karnak

Diese Hieroglyphen waren – obwohl die Steinmetzen Schablonen benutzten – sehr langwierig in der Schreibweise. Überall dort, wo repräsentatives Gepränge nicht unbedingt notwendig war, aber die heiligen Zeichen dennoch in Stein gemeißelt oder darauf aufgetragen werden mussten, wurde eine vereinfachte Darstellung der Hieroglyphen verwendet – die *Hieroglyphen kursiv*.

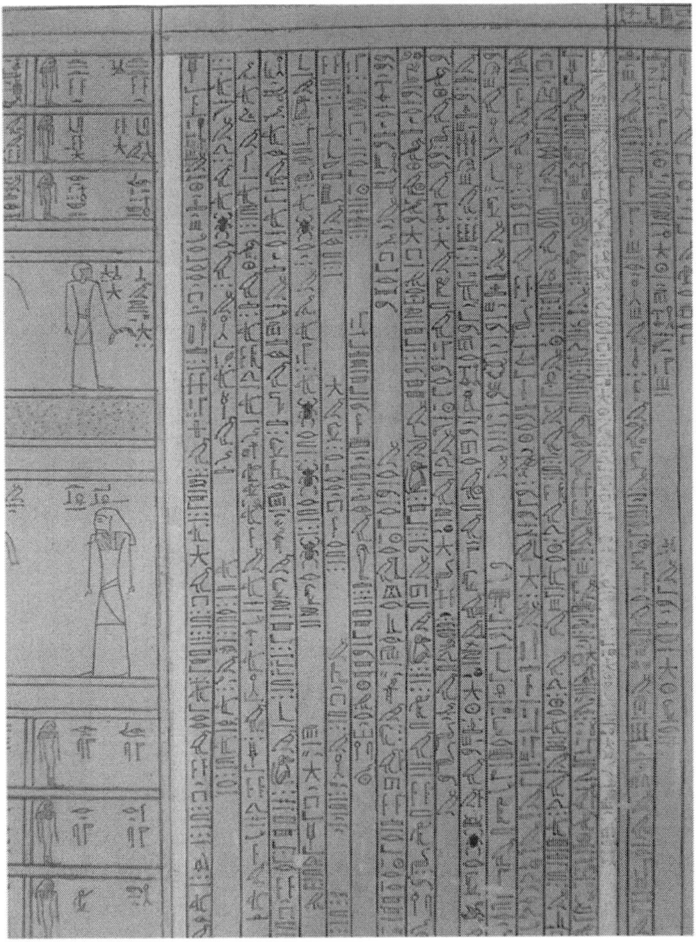

Abb. 3: Ägyptische Hieroglyphen Kursiv, Peristyl des Tempels von Pharao Setoy I. in Abydos

Für die Alltagskorrespondenz, Berichte, Aufstellungen, Briefe, Romane und vieles andere mehr war diese Schrift noch immer viel zu kompliziert, zeitaufwendig und daher teuer. Bei der Innenausgestaltung der Gräber ging man dazu über, die kursiven Hieroglyphen nicht mehr zu meißeln. Die rohen Felswände wurden nach dem Ausschachten mit einer feinen, glatten Schicht aus Stuck überzogen und die Schriftzeichen darauf gemalt. Dieselbe Methode wurde auch für Gegenstände aus Holz angewendet.

Abb. 4: Votivtafel, 20. Dynastie

Leider haften die meisten Stuckwände auf den rohen Felsen nicht ewig. Zwischen der Stuckschicht und der rohen Felswand bilden sich Gipskristalle, die ständig wachsen und dadurch den Gipsauftrag von der Felswand allmählich wegdrücken. Die mit der Zeit nur noch mit punktuellen Kontakten mit dem Untergrund verbundenen Gipsflächen fallen von Decke und Wänden und bilden so den oft raum- und gangfüllenden Schutt, den die Archäologen aus den Gräbern schaufeln mussten. Deshalb gibt es z. B. im Tal der Könige nur mehr sehr wenige Gräber, deren Malereien erhalten sind.

Mit Pinsel und Tusche geht das Schreiben flott voran, doch mit den sperrigen Hieroglyphen noch immer nicht schnell genug. Sehr rasch hatten die Schreiber eine Methode der verkürzten und flüssigen Darstellung der Hieroglyphen gefunden, eine richtiggehende Schreibschrift – die Hieratische oder Buchschrift. So richtig zur Geltung kam diese Hieratische Schrift auf Papyrus. Damit ging das Schreiben nun wirklich schnell von der Hand. Kleine Zeichnungen konnten eingefügt werden, und auch Farbwechsel waren ohne Zeitverlust möglich.

Abb. 5: Schulbuch, Papyrus, Hieratische Schrift, 18. Dynastie

Doch die Hieroglyphen – auch wenn sie jetzt zu schnell und flüssig schreibbaren Zeichen weiterentwickelt worden waren – sind kein Alphabet, sondern eine Bilderschrift, die je nach Verwendung und Wort- und Satzzusammenhang unterschiedlich deutbar sind. Sie können als rein phonetische Zeichen erscheinen, da sind sie wie Buchstaben pro Zeichen nur an einen Laut gebunden. Aber sie sind auch als gesamte Wortbegriffe, nur als Silben oder als reine Hinweiszeichen (Determinative) auf ihnen Folgendes möglich.

In der zunehmend größer werdenden Welt des zu Ende gehenden 4. Jahrtausends v. Chr. mussten die ägyptischen Schreiber feststellen, dass sich andere Sprachen nicht mit ihren Zeichen darstellen ließen. Da war etwa das Keilschriftsystem der Akkader, das ursprünglich aus Sumer stammte, viel anpassungsfähiger und für viele Sprachen verwendbar. Sogar als alphabetische Zeichen wie in der bereits erwähnten Stadt Ugarit.

In Ägypten lebten viele semitischstämmige Ausländer als Arbeiter, Händler, Söldner und Steinmetzen in vielerlei Rollen und Funktionen. Wohl auch als Sklaven, obwohl die Ägyptische Gesellschaftsform keine umfangreiche Sklavenwirtschaft kannte. Daher ist das von den Ägyptern versklavte Volk Israel nur ein hübsches Märchen. Israel wird in allen bisher in Ägypten gefundenen Texten nur ein einziges Mal erwähnt, und zwar auf der Siegesstele des Pharao Merenptah (1213-1204 v. Chr.). Allerdings wird „Israel" in dieser Stele nicht als in Ägypten ansässiges Volk, auch nicht als Staatengebilde, sondern als Gruppe einiger Stämme im Gebiet des heutigen Palästina betrachtet. Zum Staat sollte es erst 300 Jahre später werden.

Die alphabetische Sichtweise auf in Schrift umgesetzte Sprache wies eine Menge Vorteile auf. Man musste sich nur noch ein Zeichen pro Lautwert merken und konnte mit einem sehr begrenzten Arsenal von maximal 35 bis 40 Zeichen alles niederschreiben, unabhängig vom jeweiligen Wort und dessen Begriff an sich.

Es dürften in Ägypten lebende semitische Gruppen gewesen sein, welche darangingen, das erste Alphabet zu konstruieren. Sie nahmen dabei die bestehende ägyptische Schrift zu Hilfe. Die bisher älteste in Ägypten gefundene alphabetische Schrift ist die 1999 entdeckte „Wadi-el-Hol-Schrift", die um ca. 1900 bis 1800 v. Chr. entstanden sein dürfte, und damit ist sie wohl das älteste alphabetische Schriftsystem überhaupt.

Abb. 6 und Abb. 7: Felsinschrift aus dem Wadi el Hol

Wie um alles in der Welt kann man aus diesen Zeichen ein Alphabet ableiten? Das ist eine der spannenden Geschichten der Archäologie. In Abb. 6 stellt das 2. Zeichen von links ganz deutlich einen Rinderkopf dar, dasselbe Zeichen finden wir als 5. von links in Abb. 7. Hier haben die Ägyptologen mit ihrer Entschlüsselung angesetzt, denn die ägyptischen Zeichen für Rinderkopf waren den Wissenschaftern bekannt.

Abb. 7a: Stier (das Zeichen für Kuh sieht anders aus), Hieroglyphen kursiv, Gardiner-Liste E1. Der britische Ägyptologe Sir Alan Gardiner katalogisierte 1927 die am häufigsten verwendeten Hieroglyphen. Seine Klassifizierung bleibt bis heute Grundlage für alle Ägyptologen. [7]

Wie wir schon hörten wurden Hieroglyphen nicht nur als Ideogramm – hier für das Wort „Stier", sondern auch als Hinweis (Determinativ) dass die folgenden Zeichen mit Stier, Rind oder Rinderherde zu tun haben. Aber wir lernten auch, dass jedes Zeichen einen bestimmten Lautwert besitzt, also nur für einen Laut oder eine Lautverbindung stehen kann – das wird Phonogramm genannt.

Mit den Lautwerten im Altägyptischen ist das so eine Sache – man kennt sie nicht ganz genau, da niemand mehr weiß, wie diese ausgestorbene Sprache wirklich gesprochen wurde, insbesondere fehlen in der Schrift zumeist die Selbstlaute, die Vokale. Vieles, was wir heute als altägyptisch aussprechen, ist daher eine Rekonstruktion, jedoch mittlerweile eine weitgehend gesicherte. Das lautliche Bild des Altägyptischen wurde aus der koptischen Sprache rekonstruiert, welche ein sehr später Ableger des Altägyptischen ist. Aber bei vielen Zeichen weiß man es gottseidank genau, und ein solches haben wir hier. Der Lautwert leitet sich vom wertvollsten aller Stiere ab, dem Apis-Stier (es gibt noch andere als Erscheinungsbild eines Gottes verehrte Stiere wie den Mnevis-Stier und einige andere, doch davon später). Daher – nach Apis – ist der Lautwert dieses Zeichens „A". Doch es ist kein ganz reines „A", sondern eigentlich ein schwacher Knack- oder Verschlusslaut, dem das „A" folgt, wie im Wort „be-'antragen". [8][9]

Abb. 7b: Stier, hieratisch

Die Bezeichnung „hieratisch" kommt eigentlich aus dem Griechischen und bedeutet etwa „von den Priestern verwendet". Die hieratische Schrift existierte neben den Hieroglyphen schon beinahe ab Beginn der Schreibkunst in Ägypten. Die schön gemeißelten und gemalten Hieroglyphen nannten die Ägypter selbst *medu-nedscher*, „Worte der Götter". Für den etwas profaneren Gebrauch gab es das hieratische Schriftsystem, das sich zu den Hieroglyphen etwa wie Druck-Blockschrift zu alltäglicher Handschrift verhält.

In dieser hieratischen Darstellung erkennen wir, dass die wichtige Charakteristik des Zeichens der Kopf des Stieres ist.

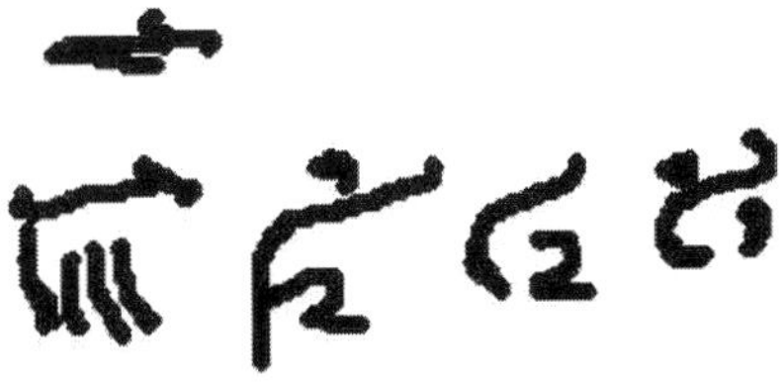

Abb. 8: Hieratische Varianten von „Stier“

Hieratisch ist jedoch nicht leicht identifizierbar und noch weniger leicht lesbar. Denn es kommen die sich im Laufe der Zeit entwickelnden Schreibstile und dann noch die individuelle Handschrift des jeweiligen Schreibers hinzu. In Abb. 8 haben wir ein Beispiel der Wandelbarkeit der hieratischen Schriftzeichen. Das Zeichen ganz rechts wird uns nochmals begegnen. [10]

Abb. 8a: Stier, Schlachtvieh, Rind in den Opferlisten, Hieroglyphen kursiv, Gardiner-Liste F1

Folgerichtig reduzierten die schreibfaulen – oder auch nur auf Effizienz bedachten - Tempelschreiber das Hieroglyphen-Zeichen auf sein charakteristisches Merkmal: den Stierkopf. Der Lautwert blieb jedoch erhalten. [10]

Und nun haben wir das bereits erwähnte Zeichen des Stierkopfes aus den Inschriften im Wadi el-Hol als wohl ältestes rein alphabetisches Zeichen. Die Ägyptologen datieren diese Schrift um etwa 1900 v. Chr.

Abb. 8b: Gab es die Hieroglyphen in ihren ersten Formen bereits ab ca. 3500 v. Chr. – und damit in etwa gleichlaufend die profanere Hieratische Schrift – haben aller Wahrscheinlichkeit nach semitischsprachige Menschen die hieratischen Zeichen für ihre Bedürfnisse angepaßt und dabei allgemein bekannte Schriftzeichen aufgrund ihrer Lautwerte für ihre eigene Sprache übernommen. Semitische Sprachen wurden damals in Keilschrift niedergeschrieben, doch Mesopotamien war weit. Mit den in Ägypten allgemein verwendeten Zeichen der Hieroglyphen, vor allem der hierati-

schen, war sicherlich zwischen Ägyptern und Semiten leichter zu kommunizieren als mit der in Ägypten bis auf wenige Ausnahmen völlig unbekannten Keilschrift.

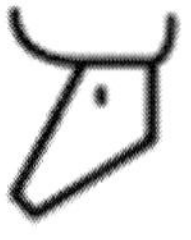

Abb. 8c: Das muss eine echte Erfolgsstory gewesen sein, denn ab etwa 1700 v. Chr. etablierte sich – wahrscheinlich vom Sinai ausgehend – eine protosemitische – oder auch protokanaanäische – Schrift, welche offensichtlich eine Weiterentwicklung der Schrift aus dem Wadi el-Hol darstellt. Heute wissen wir, dass der Lautwert dieses Buchstabens noch immer derselbe wie in Ägypten war.

Abb. 8d: Der Stierkopf wurde weiter vereinfacht, was bereits zu einer Abstraktion führte – es entstand ab etwa 1200 v. Chr. das phönizische Alphabet, dessen erster Buchstabe der abstrahierte Stierkopf mit dem noch immer unveränderten Lautwert „'A“ war.

Das phönizische Alphabet wurde für viele semitische Sprachen wie Phönizisch, Punisch, Kanaanäisch, Hebräisch und das frühe Aramäisch verwendet und konnte daher im ganzen Nahen Osten verstanden werden. Aus diesem phönizischen Alphabet nun entstanden beinahe alle bekannten und auch heute verwendeten alphabetischen Schriften.

א

Abb. 8e: Auch im ersten Buchstaben der aramäischen Quadratschrift, die seit der Rückkehr der Israeliten aus dem Babylonischen Exil als Hebräisch gilt, sind die Hörner des Stierkopfes noch ansatzweise erkennbar.

Der Buchstabe wird im Hebräischen als *aleph* bezeichnet und hat den Lautwert „ 'A“ – aber immer noch bis auf den heutigen Tag als Lautverbindung zwischen dem schwachen Knacklaut und dem anschließenden Vokal „ 'A“. Deshalb gilt der Buchstabe im Hebräischen Alphabet – das ja keine echten Selbstlaute kennt (auch das wurde von den Ägyptern übernommen) – als Konsonant. Erkennen Sie die Ähnlichkeit mit dem ganz rechts stehenden Zeichen in Abb. 8? [11]

A

Abb. 8f: Etrusker und Griechen ließen den Stierkopf aus dem phönizischen Alphabet nach rechts kippen, als die Schreibrichtung von links nach rechts festgelegt wurde. Es entstand das von den Römern und damit ins Latein übernommene „A“ unserer Gegenwart. Im Unterschied zum Hebräischen wenden wir das Zeichen als Vokal an, also als Selbstlaut.

Anhand dieses etwas ausführlichen Ausflugs haben wir also festgestellt, dass unser Alphabet auf altägyptische Wurzeln zurückzuführen ist. Aber nicht nur unseres. Wie wir gesehen haben auch jenes der Hebräer – von dem unseres über den Umweg der Phönizier abstammt. Die Hebräer haben eine ganze Menge aus Ägypten übernommen, als ein Beispiel von vielen sehen wir uns den 14. Buchstaben ihres Alphabets an:

נ Nun – Hebräisch

 Nun – Phönizisch

 Nun - Protosemitisch *Abb. 8g:*

Mit dem Namen des 14. Buchstaben im hebräischen Alphabet hat es etwas ganz besonderes auf sich – er entspricht nämlich exakt dem Namen des ägyptischen Gottes *Nun*. In ägyptischen Hieroglyphen niedergeschrieben sieht Gott *Nun* so aus:

Abb. 9: Schreibweise Gottheit „Nun“ im Alten Reich

Das für *Nun* bestimmende Merkmal der ägyptischen Schreibweise, das Wellenzeichen, blieb im Hieratischen erhalten. Wenn wir zu Abb. 6 und 7 zurückblättern, können wir dieses Wellenzeichen auch in der Wadi-el-Hol-Schrift identifizieren. Von dieser kam es ins Protosemitische. Ein Vergleich des Zeichens für *Nun* aus dem Protosemitischen und Phönizischen Alphabet mit unsem „N“ ergibt eine weitere Bestätigung der Verwandtschaft der Alphabete:

Abb. 9a: n

Nun ist eine der acht Urgottheiten des altägyptischen Pantheons, welche in erster Linie keine Personifikationen sind, sondern als kosmische Prinzipien wahrgenommen werden, als spezifische Aspekte aus *Atum*, dem Ur-Nichts, hervorgetreten. *Nun* steht für die Materialisation des ersten Seins. *Nun* ist die Urflut vor der Schöpfung, *Nun* ist die ursprünglichen Wasser, der Inbegriff der absoluten Finsternis, das Element, das zeugt und gebiert. [12] [13]

Welch seltsamer Gleichklang: heute geht die Wissenschaft davon aus, dass das Leben im Wasser entstanden ist. Doch es kommt noch besser, besonders wenn man die ägyptische Lehre von der Weltschöpfung mit dem biblischen Schöpfungsbericht vergleicht:

„Die Erde nun erwies sich als formlos und wüst, und da war Finsternis auf der Oberfläche der Wassertiefe; und Gottes wirksame Kraft bewegte sich hin und her über der Oberfläche der Wasser.“
Die Bibel, 1. Buch Mose 1,2 [14]

In der Bibel steht somit nichts anderes als in der altägyptischen Schöpfungslehre. Da kam doch etwas von Ägypten her? Die acht Urgottheiten ließen aus dem Urgewässer den Urhügel aufsteigen, auf dem sich die von den Urgottheiten hervorgebrachten Schöpfergötter niederließen und ihr Werk begannen.

„Und Gott sprach weiter: „Die Wasser unter den Himmeln sollen sich an einen Ort sammeln, und das trockene Land erscheine.“ Und so wurde es. Und Gott begann das trockene Land „Erde“ zu nennen, die Sammlung der Wasser aber nannte er ‚Meere‘“.
Die Bibel, 1. Buch Mose 1,9-10 [14]

Damit sind frappante Übereinstimmungen in der Schöpfungsgeschichte der alten Ägypter mit jener des Alten Testaments gegeben. Doch nicht nur in der Schilderung an sich, sondern auch im theologischen Hintergrund. Die acht Urgottheiten Ägyptens sind keine Gegenstände, sondern kosmische Prinzipien – und somit nichts anderes als die Gegenwart Gottes in jüdischer und christlicher Lehre. Die

Schöpfung im 1. Buch Mose geschieht durch das Wort, also „Gottes wirksame Kraft".

„Im Anfang war das Wort, und das Wort war bei Gott, und Gott war das Wort. Dasselbe war im Anfang bei Gott."

Luther-Bibel (Erstfassung), Das Evangelium nach Johannes 1,1-2

In der altägyptischen Schöpfungsgeschichte ist es das Zusammenwirken der kosmischen Prinzipien, welche den Urhügel aus den Urwassern aufsteigen läßt; in der jüdisch-christlichen Lehre ist es nichts anderes, wie Luther so wortgewaltig übersetzte.

Aus der Abfolge Tag und Nacht oder auch aus der schlichten Existenz eines männlichen und weiblichen Prinzips der Lebewesen dürften die alten Ägypter geschlossen haben, dass das Eine nicht ohne das Andere sein konnte; dass erst Tag sein kann wenn die Nacht vergangen war und umgekehrt; auch dass ohne gemeinsames Zusammenwirken des Männlichen mit dem Weiblichen kein neues Lebewesen entstehen kann. Daher war für die Ägypter selbstverständlich, dass ein Ganzes immer nur aus zwei gegensätzlichen Hälften bestehen konnte. Dieses durchgängige, für alles und alle Lebenslagen gültige dualistische Prinzip galt auch für die Götterwelt.

Was den Wissenschaftern gehörige Probleme bereitete, als sie sich an die Genealogie der Götter machten. Da hatten sie plötzlich zwei Versionen der Schöpfungsgeschichte vor sich – jene der *Neunheit von Heliopolis* und jene der *Achtheit von Hermopolis*, und damit verbundene Götterclans. Doch diese schienen trotz derselben Götterpersonen in den beiden Varianten der Schöpfungsmythen unterschiedlich zusammengesetzt – daher fand in die gegenwärtige wissenschaftliche Literatur eine Trennung des Götterwirkens Eingang, welche die alten Ägypter überhaupt nicht empfunden haben. Das dualistische Prinzip als Grundlage einer Ganzheit zu verstehen fiel und fällt den Wissenschaftern schwer. Hätten wir einen altägyptischen Priester zur Hand könnte er den Ägyptologen wohl die richtigen Erklärungen liefern.

Aber da eine Zeitreise nicht möglich ist, muss das richtige Bild in der Archäologie durch These und Antithese, durch immer wieder erfolgendes Hinterfragen der Lehrmeinungen aufgrund neuer Ideen und Erkenntnisse erfolgen. In vielen wissenschaftlichen Disziplinen funktioniert dies ganz hervorragend und ist Voraussetzung für Entwicklung. Nur in der Archäologie, und da besonders in der Ägyptologie, scheinen sich die stursten aller Betonköpfe etabliert zu haben, die mit Zähnen, Klauen, Intrigen, unsachlichen Vorwürfen und unter skrupelloser Ausnützung politischer Umstände oder dem Gewicht ihrer gesellschaftlichen Stellung jegliche Zweifel an ihrer geäußerten Meinung (und damit der alleingültigen unantastbaren Wahrheit) zunichte machten. Oft wurden dabei hoffnungsvolle Talente für den Rest ihres Lebens frustriert und sie wandten sich anderen Gebieten zu, dadurch aber auch jeglicher Fortschritt verhindert.

Paradebeispiel dafür ist etwa Sir J.E.S. Thompson, der bei der Erforschung der Maya-Schrift einige Fortschritte verzeichnen konnte. Mittels geschickter Öffentlichkeitsarbeit etablierte er sich in der wissenschaftlichen Welt als alleinige Autorität auf dem Gebiet der Erforschung der Maya-Hieroglyphen und wurde dafür sogar geadelt. Tatsächlich verhinderte er 50 Jahre lang, dass die bereits bekannten Grundlagen zur Entzifferung der Maya-Schrift von der Wissenschaft anerkannt wurden. [39]

Oder in der Ägyptologie der unsäglich arrogante Zahi Hawass, langjähriger Direktor der ägyptischen Altertümer, ohne dessen Gnadenakte in Ägypten kein Stein mehr umgedreht werden konnte; der Filmproduktionen in Ägypten nicht nur gegen nicht zu geringe bare Kasse erlaubte sondern auch in vielen Filmen selbst auftreten oder zumindest als wissenschaftlicher Berater erscheinen wollte – gegen zusätzliches, nicht zu schmales Honorar natürlich; der Wissenschafter und Studenten in sklavischer Abhängigkeit hielt und auf seiner Homepage allen Ernstes fragte: „Wie berühmt soll ich denn noch werden?"

Die Rolle des Dr. Zahi Hawass, die er im Zuge der ägyptischen Revolution 2011 spielte, und wie damit das Verschwinden zahlreicher, ausgewählter Exponate aus dem Ägyptischen Museum in Kairo zusammenhängt, muss wohl noch geklärt werden. [40]

Das (un)wissenschaftliche Beharrungsvermögen, mag es nun aus Arroganz, Sturheit, Unbelehrbarkeit oder dem schlichten Festklammern an Lehrstühlen und gut dotierten Positionen herrühren (welche in der Archäologie nicht sehr dicht gesät sind) ist in unserem Zusammenhang auch leicht aus den Einträgen bei wikipedia ersichtlich.

Doch ist in der jüngeren, nachrückenden Generation der Wissenschafter heutzutage doch so etwas wie Aufbruchstimmung und der zart aufkeimende Mut, alte und festgefügte Meinungen zu hinterfragen, erkennbar.

Die Achtheit und die Neunheit

Vorhin haben wir gelesen, dass es zwei wichtige Schöpfungsmythen im alten Ägypten gab: die *Neunheit von Heliopolis* und die *Achtheit von Hermopolis.* Wer nun wißbegierig in die wikipedia einsteigt, wird bei seiner Recherche Überraschungen erleben.

So etwa steht in der Wikipedia, dass die *Achtheit von Hermopolis* erstmals in der Saitenzeit, also der 26. Dynastie ca. um 660 v. Chr. erwähnt wird. Das ist natürlich großer Unfug. Das würde nämlich bedeuten, dass diese theologische Ansicht beinahe 3.000 Jahre in Ägypten unbekannt gewesen wäre. Im selben Artikel, nur einige Zeilen weiter meint dessen Autor, dass diese Lehre auf das Mittlere Reich (ca. 2130-1780 v. Chr.) zurückgeht. Erstaunlich, wenn es doch vorher keine Erwähnung davon gab? Also was stimmt jetzt? Der Inhalt des Artikels widerspricht sich selbst – und ist damit als zweifelsfreie Informationsgrundlage für eine Recherche wertlos – wie vieles in der wikipedia.

Der wikipedia-Artikel *Neunheit von Heliopolis* gibt an, dass es sich bei diesem um einen der ältesten Schöpfungsmythen handelt. Damit hat er wohl seinen Ursprung in der Zeit um 3500 v. Chr. Hier stimmts in der wikipedia.

Ruft man in der wikipedia den Artikel „Ägyptische Mythologie" auf, dann wird behauptet, dass kein einheitlicher Schöpfungsmythos existiert und verweist auf drei unterschiedliche Modelle: die *Neunheit von Heliopolis*, die *Achtheit von Hermopolis* und die Memphitische Theologie. Letztere wird dabei als Variante der Neunheit angegeben. Irrigerweise wird dabei die so festgefügte These vertreten, dass da zwei Schöpfungsberichte konkurrierend von den Priestern vertreten wurden. Das stimmt so natürlich nicht. Dem einfachen Volk wäre das auch nicht zu erklären gewesen. Tatsächlich wird in den beiden Mythen jeweils eine Hälfte der Schöpfung als Schwerpunkt beschrieben, welche zusammen ein Ganzes ergeben – völlig der dualistischen Sichtweise der alten Ägypter entsprechend.

Sehr interessant ist, dass im wikipedia-Artikel „Ägyptische Mythologie" die Achtheit als älterer Schöpfungsmythos gegenüber der Neunheit bezeichnet wird – und damit in völligem Gegensatz zum wikipedia-Artikel über die *Achtheit von Hermopolis* steht. Dies ist nichts anderes als ein Beweis, dass die wikipedia-Autoren miteinander nicht ausreichend kommunizieren oder – wie in der Ägyptologie allgemein üblich – stur auf ihren festgefahrenen Meinungen beharren. Doch wie dieses Beispiel zeigt, zerbrechen Thesen, welche keine Einwände und Entwicklungen zulassen, an sich selbst. Auch dass einer der beiden sich ergänzenden Mythen älter wäre als der andere kann im Lichte des Dualismus nicht stimmen.

Es handelt sich in allen Schöpfungsmythen immer um dieselben Götter, doch mit ihrem unterschiedlichen Wirken. Jedem Gott war eine bestimmte Aufgabe zugeordnet, die eine gegensätzliche Ergänzung fand – fast immer im Sinne des männlich-weiblichen Dualismus. So etwa war dem Gott *Schu* Luft und Leben zugeeignet, seiner Schwestergemahlin *Tefnut* Wahrheit und Feuer.

Sehen wir uns einmal die *Neunheit von Heliopolis* genauer an. Der griechische Name dieser Stadt ist in der Zeit der Ptolemäer entstanden, die Altägypter nannten sie *Iunu*. In der Bibel wird die Stadt als

On erwähnt (Ezechiel 30,17). Hauptgott der Stadt war der Sonnengott *Re*, dem die umfangreichen Tempelanlagen gewidmet waren. Von den Anlagen der Stadt und der Tempel ist kaum mehr etwas zu finden, da das moderne Kairo in seinem Expansionsdrang den einst 15 km entfernten Vorort mittlerweile überwuchert hat. Lediglich ein Obelisk ragt aus einem kleinen Ruinenfeld trotzig empor.

Neben Re gab es im religiösen Leben der Stadt die *Neunheit von Heliopolis* mit ihrer speziellen Verehrung. Hier in *Iunu* wurde diese besondere Ausprägung der theologischen Kosmogonie, also der religiösen Schöpfungsgeschichte, gelehrt. Diese Neunheit stellt die genealogische Abfolge der Götter dar, wie sie sich in ihrem irdischen Wirken der Menschheit offenbarten, gemäß den Rollen, welche ihnen zugewiesen waren.

Am Beginn der Götterdynastien steht *Atum* als Begriff des Ur-Nichts, als Begriff einer transzendentalen Existenz, welche jenseits der Vorstellungskraft des Menschen vorhanden ist; als präexistente Wesenheit, von der alles – buchstäblich alles – seinen Ausgang nahm. Bereits in den Pyramidentexten der 6. Dynastie wird *Atum* als *Vorderster der Neunheit* bezeichnet.

Wie alle Götter wurde *Atum* auch bildlich dargestellt, doch besonders verehrt wurde er durch einen heiligen Gegenstand, den sogenannten *benben*-Stein, der den aus den Urfluten des *Nun* gestiegenen Urhügel verkörpert. Für dieses Sinnbild des Urhügels gab es einen eigenen Tempel namens *hut-benben*, das „Haus des Urhügels“.

Der *benben*-Stein zieht sich durch die gesamte ägyptische Architekturgeschichte. Er ist nicht nur die Spitze und damit der Abschlussstein von Pyramiden, sondern auch von Obelisken. Als Abschlussstein der Pyramiden ist er in seiner ursprünglichen Bedeutung zu sehen, als Urhügel, der als erstes aus den Fluten des *Nun* steigt, und unter ihm, mit immer breiter werdender Fläche die aus einem einzigen Punkt des *Atum* sich entwickelnde Vielfalt der Schöpfung und des Lebens. Insofern ist die Pyramide für die Ägypter die Abbildung der Welt an sich – der *benben* als Sphäre der göttlichen Prinzipien und darunter die Blöcke des irdischen Lebens.

Abb. 10: benben, Pyramidion, Abschlussstein der „Schwarzen Pyramide"; von Amenemhet III. (12. Dynastie) in Dahschur

Auf den glatt polierten Abschlusssteinen der Pyramiden und Obelisken – welche in manchen Fällen vielleicht mit Gold oder Elektron überzogen waren – spiegelte und funkelte das Sonnenlicht, bildete gleißende Lichtpunkte in den Tempelanlagen als besondere, konzentrierte Gegenwart des Sonnengottes. Waren Pyramiden die religiös untermauerte Darstellung der Schöpfung und ihrer ausufernden Vielfalt, so stellten Obelisken das Sinnbild der Sonnenstrahlen dar, welche der Sonnengott Re zur Erde sandte. Es gab sogar Formen, welche architektonisch zwischen Pyramiden und Obelisken angesiedelt sind, wie etwa das Sonnenheiligtum des Niuserre in Abu Ghurob. [26]

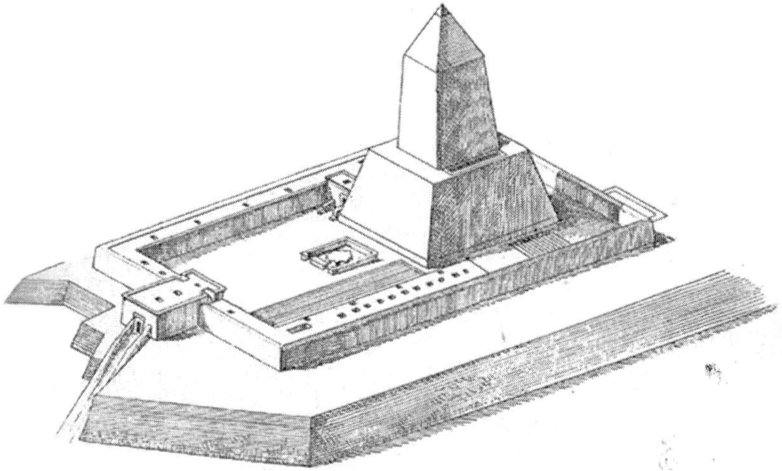

Abb. 11: Sonnenheiligtum des Niuserre in Abu Ghurob

Aus diesen rein optisch im wahrsten Sinn des Wortes „einleuchtenden" Gründen fand bereits sehr früh in der ägyptischen Religionsgeschichte eine Zuordnung des Sonnengottes *Re* als besonderer, einzelner Aspekt von *Atum* statt, sodass in der Verehrung des einen auch jene des anderen stattfand. Was insbesondere in Heliopolis (Iunu) stimmte, da der Hauptgott dieser Stadt eben der Sonnengott *Re* war.

Diese religiös motivierte Symbolik in der Pyramide und deren Schlussstein hat sich offensichtlich in den Lehren geheimer Bruderschaften niedergeschlagen, wie das Beispiel der Freimaurer beweist. Die Freimaurer haben die Pyramide in ihre Symbolik übernommen und mit zusätzlichen Bedeutungen aus ihrer Geheimlehre versehen. Die meisten der sogenannten „Gründerväter" der USA wie George Washington, Benjamin Franklin oder John Hancock waren Freimaurer und verfolgten nicht nur damalige handfeste tagespolitische Interessen mit dem Unabhängigkeitskampf gegen England und der Gründung der USA, sondern auch andere, den Zielen des Freimaurer-Geheimbundes entsprechende Aktivitäten. Nicht umsonst findet sich die Pyramide, ein darüber schwebender *benben*-Stein und auf diesem sogar die moderne Entsprechung des allsehenden Horus-Auges auf der Rückseite der 1-Dollar-Note. [41][42][43]

Abb. 12: Rückseite der 1-Dollar-Note der USA

Kehren wir von der sicherlich spannenden Freimaurer-Mystik wieder in die Göttergeschichte des Alten Ägypten zurück – mit der Erkenntnis, dass diese uralte Mystik und Symbolik bis in unsere Gegenwart wirkt.

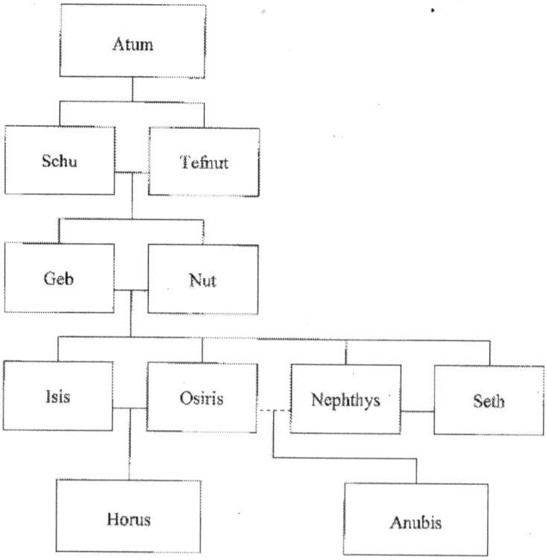

Abb. 13: Genealogie ägyptischer Götter: Neunheit von Heliopolis

Wie Abb. 13 zeigt entstanden aus *Atum* die für irdisches Leben grundsätzlich notwendigen Götter mit ihren Eigenschaften und ganz spezifischen Kräften: *Schu* als Verkörperung von Leben und Luft und *Tefnut* als Verkörperung von Feuchtigkeit, Wahrheit und Feuer. Diese Mächte wiederum erzeugten ihren Wirkungskreis in Form von *Geb* als Verkörperung der Erde und seine Schwester *Nut* als Verkörperung des Himmels. Geb und Nut ihrerseits setzten ihre Kinder *Isis, Osiris, Nephthys* und *Seth* als Götter des Werden und Vergehens ein. Aus der Verbindung zwischen *Osiris* und *Isis* entstand *Horus,* aus jener zwischen *Osiris* und *Nephthys* ging *Anubis* hervor. [12] *Horus* und *Anubis* zählen nicht mehr zur *Neunheit von Heliopolis.*

In dieser Genealogie finden wir den bereits erwähnten *Nun* nicht. Und *Amun* finden wir hier auch nicht. Dies liegt daran, dass sie in der diesseitigen, irdischen Sphäre an sich keine spezifische Rolle zu erfüllen haben – die Frage wo sie dann zu finden sind wird bald beantwortet.

Neben den Göttern des Werdens und Vergehens wurden noch eine Fülle weiterer Götter mit ihren speziellen Fähigkeiten und Aufgaben geschaffen, darunter etwa *Thoth, Chnum, Hathor, Nechbet, Re* und so weiter.

Zum anderen gab es die *Achtheit von Hermopolis.* Der Name ist wiederum griechisch und stammt aus den Verzeichnissen der Ptolemäer. Im Alten Ägypten hieß die Stadt *Chemenu.* Sie befindet sich etwa auf halbem Wege zwischen Kairo und Luxor. Der Hauptgott war *Thoth,* doch wie in *Heliopolis (Iunu)* wurde auch hier eine theologische Lehre besonders gepflegt – die Schöpfungsgeschichte nach der Achtheit.

Das war kein Gegensatz mit der in Heliopolis vertretenen Lehre, sondern die zur Erzielung eines Ganzen notwendige Ergänzung. Hier wurde das göttliche Wesen erklärt, ehe die Schöpfung begann. Gab es die Lehre von Heliopolis mit dem Schwergewicht auf das irdische Leben, so war die Theogonie von Hermopolis der Bereich, aus dem Schöpfung überhaupt entstehen konnte.

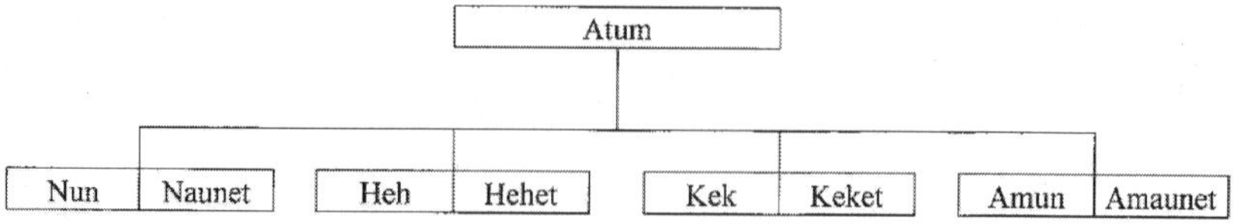

Abb. 14: Genealogie ägyptischer Götter: die Achtheit von Hermopolis

Wiederum finden wir Atum an der Spitze als die transzendentale Macht, deren Wille Existenz und ihre Fortentwicklung überhaupt erst möglich macht, jedoch ist Atum nicht Bestandteil der Achtheit – wohl um den Unterschied zu der Genealogie der Schöpfungsgötter zu betonen. Atum's Wille löst das Wirken der kosmischen Prinzipien aus und setzt damit das Werden an sich in Gang. Wie wir schon hörten, konnte der Urhügel, von dem alles ausging, nur durch das Wirken der kosmischen Prinzipien – darunter Nun und Amun – entstehen. Erst vom Urhügel aus entfalteten die in der Neunheit von Heliopolis genannten Schöpfergötter ihre Fähigkeiten.

Die kosmischen Prinzipien der Achtheit von Hermopolis wurden von den Ägyptern ursprünglich nicht als personifizierte Mächte wie die Schöpfungsgötter, die auch direkt in das Geschehen der Menschen eingreifen konnten, empfunden, sondern als grundlegende Wahrheiten und auch für die Schöpfungsgötter zwingend geltende Gesetzmäßigkeiten, denen auch sie unterworfen waren und ihnen nicht entgehen konnten.

Damit wird klar, dass wir es mit zwei Teilen der Schöpfungsgeschichte mit den beiden Mythologien zu tun haben, die einander ergänzen. Die Achtheit ist die Grundlage, durch welche die Neunheit erst wirken kann. Das dualistische Denken der Ägypter hätte eine Götterfamilie nicht zugelassen, ohne auch diesen eine Existenzgrundlage zuzuordnen. Waren die Menschen ohne das Wirken der Götter nicht denkbar, so konnten die Götter ohne kosmische Prinzipien nicht ihre Eigenschaften und Tätigkeiten umsetzen.

Nun brachte gemeinsam mit den anderen sieben kosmischen Prinzipien die personifizierten Schöpfungsgötter und damit das erste Göttergeschlecht, dargestellt in der Neunheit, hervor.

Widersprüchlichkeiten oder theologische Kontroversen zwischen den beiden Schöpfungsberichten konnten die alten Ägypter nicht erkennen – die blieben den in ihren eingefahrenen Bahnen denkenden Archäologen vorbehalten, wodurch sie sich selbst verwirrten.

Nun und seine weibliche Hälfte *Naunet* sowie *Amun* und damit auch dessen weibliche Komponente *Amaunet (Mut)* wurden bereits geschildert. So bleibt uns nur der Vollständigkeit halber noch zu klären, welchen Prinzipien die Paare *Heh* und *Hehet* sowie *Kek* und *Keket* entsprechen.

Abb. 15: Heh

Heh (auch *Hah*) ist das Sinnbild räumlicher als auch zeitlicher Endlosigkeit. Zumeist wird er mit erhobenen Händen und zwei in gegensätzliche Richtungen zeigenden Palmrippen dargestellt, was die Ungreifbarkeit des Anfangs und des Endes symbolisiert. Die Hieroglyphe für *Heh* dient auch als Zahlzeichen für den Wert „1 Million". [12]

Mitunter rufen Götter in ihrem Schöpfungsprozeß oder für die Auswirkung ihres Tuns kosmische Prinzipien zu Hilfe, wie etwa auf Abb. 24 erkennbar. Dort wird Gott *Schu* in seinem Wirken von *Heh*-Personifikationen unterstützt, welche Widderköpfe tragen, deren gedrehte Hörner in entgegengesetzte Richtungen weisen. Beinahe ist man versucht, angesichts dieses Papyrus und seiner Aussage „... von Ewigkeit zu Ewigkeit!" zu denken, dem ein unwillkürliches „Amen!" folgt.

Die bildliche Aussage ist leicht erklärbar: Gott *Schu* (Luft) besteht und trennt für alle Zeiten zwischen Himmel und Erde.

Kek / Keket ist ein Prinzip, das wir heute verstehen, doch die Alten Ägypter vor gewaltige Rätsel gestellt haben muss. Oder ... gab es da geheimes Wissen, in das nur wenige eingeweiht wurden? *Kek* ist das Sinnbild der ewigen Finsternis, das kosmische Prinzip dessen, was über dem sichtbaren Firmament der *Nut*, dem Körper der Himmelgöttin, liegt. Der Rücken der *Nut*, *reteh-qabet*, ist für die Ägypter die Grenze des Himmels. Jenseits dieser Grenze ist nur Finsternis. Dort geht *Re* niemals auf – dort scheint niemals die Sonne, dort gibt es kein Licht.

Im „Nutbuch" (dessen Ursprung gemäß schwerwiegender Indizien bis zum Ursprung der altägyptischen Kultur, zumindest bis 3324 v. Chr. zurückreicht), insbesondere in der 1933 im Osireion von Abydos gefundenen Ausgabe (der sogenannten Sethos-Schrift) wird der Herrschaftsbereich des kosmischen Prinzips *Kek* als *keku-semau*, das Gebiet, in dem *Kek* herrscht, sehr eindringlich beschrieben:

„Grenzen nach Süden, Norden, Westen und Osten sind unbekannt. Diese sind im Nun festgemacht. Der Ba erhebt sich dort nicht. Jenes Land ist den Göttern und Verklärten unbekannt. Es ist überhaupt kein Licht dort. Jener Ort ist leer von Himmel und leer von Erde."

Altägyptische Theologiestudenten konnten wohl nur die postulierten Eigenschaften akzeptieren. Doch war das *keku-semau* in ihrer dualistischen Denkweise eine durchaus logische Konsequenz. Da es das Existierende gab, in dem sie lebten und das sie fühlen konnten, musste es das Gegenstück, das Nichtexistente, dem all das mangelte, was man mit den Sinnen aufnehmen konnte, ebenfalls geben.

Diese rein verstandesmäßige Akzeptanz altägyptischer theologischer Überlegungen raubt uns heute den Atem. Daher ein kleiner gedanklicher Ausflug – vielleicht mit einem ganz leichten Anflug von Gänsehaut, wenn man die Zusammenhänge bedenkt.

Physiker und Astronomen gehen heute davon aus, dass unser Weltall irgendwann in einem „Big Bang", also einer unvorstellbar gewaltigen Urexplosion, entstand. Aus dem Big Bang und den dabei freigesetzten Materieteilen wurde das Weltall mit allen seinen darin existierenden Körpern – Planeten, Sonnen, Galaxien. Astronomen beobachten die Bewegungen der Himmelskörper und versuchen die Gesetzmäßigkeiten darin zu ergründen. Und dabei stießen sie auf eine Schwierigkeit. Alle Körper im Universum unterliegen dem kosmischen Prinzip der gravitativen Wechselwirkung – das heißt, sie üben Anziehungskräfte aus. Durch diese Anziehungskräfte entsteht Bewegung, welche sich verfolgen und berechnen läßt. Doch die beobachteten Bewegungen der Galaxien waren durch die Gravitation allein nicht erklärbar. Insbesondere die Sterne im Außenbereich von Galaxien bewegen sich wesentlich schneller, als es die Anziehungskraft ermöglicht.

Da ist also neben den erkenn- und analysierbaren Sternen und deren Zusammenballungen noch etwas, das Anziehungskraft ausübt, aber von uns nicht wahrgenommen werden kann; das jenseits unseres Verständnisses liegt, das auf Sinneseindrücken und daraus zu gewinnenden Erkenntnissen basiert. Die Astronomen bezeichnen dieses Phänomen als „Dunkle Materie". Diese Dunkle Materie ist jedoch für die Astronomen weder meßbar noch definierbar. Sie ist jenseits unseres begreifbaren Horizonts, jenseits der erkennbaren Materie – die alten Ägypter würden meinen: im absoluten Dunkel jenseits des Rücken der Nut.

Vielleicht noch einen Gedankenhaken: Gemäß der ägyptischen Schöpfungslehre war es die Achtheit der kosmischen Prinzipien, die Atum's Willen vollzogen und Existenz schufen. Die Achtheit besteht aus vier Paaren.

Und was tut die moderne Physik? Sie hat herausgefunden, dass alles Sein sich auf vier Wechselwirkungen zurückführen läßt: Gravitation, Elektromagnetische Wechselwirkung, Schwache Wechselwirkung und Starke Wechselwirkung. Allein die Tatsache, dass die vier Kräfte gegenseitige Wechselwirkungen ausüben, entspricht dem dualistischen Weltbild der Alten Ägypter – stehen wir damit vor einer physikalischen Erkenntnis, welche den Tempelpriestern vor fünf Jahrtausenden schon bekannt war, aber in theologische Mäntelchen gehüllt wurden?

Möglicherweise würde es einem in die alten Lehren eingeweihten und ins Heute versetzten altägyptischen Priester ein mildes Lächeln entlocken, wenn wir ihm erklären wollten, dass zwei dieser Wechselwirkungen, nämlich die Gravitation und die Elektromagnetische Wechselwirkung, eine unendliche Reichweite haben, soweit das Universum eben reicht – und sollte es endlos sein, ist auch der Einfluss dieser beiden Wechselwirkungen ohne Ende.

Und erst recht würde der Priester lächeln, wenn er erfährt, dass die anderen beiden Wechselwirkungen, die Schwache und die Starke Wechselwirkung in die andere Richtung der Unendlichkeit reichen, auch dort unendlich, in die kleinsten auch nur vorstellbaren atomaren Bestandteile. Denn diese beiden Kräfte halten die Moleküle, die Atome und erst recht ihre Bausteine zusammen, erst sie ermöglichen Materie. Je tiefer die Forscher stoßen und desto kleiner die von ihnen beobachteten oder nur mehr errechneten Teilchen und Wellen werden – die beiden Wechselwirkungen bleiben.

Die Wirkungen in die Unendlichkeit des Universums als auch jene in die unendlichen Gefilde des Mikrokosmos entsprechen dem dualistischen Weltbild.[1]

Die im wikipedia-Artikel erwähnte „Memphitische Theologie" hat mit dem Theologischen Konzept der Achtheit und der Neunheit nichts zu tun, sondern ist den Eifersüchteleien der einzelnen Tempel untereinander geschuldet – und einer politischen Konstellation. Sehen wir uns diese ruhig einmal an.

Nach der Vertreibung der Hyksos – wir kommen auf dieses Thema noch ausführlich zurück – ging Pharao Ahmose daran, ein System aufzubauen, das einen nochmaligen Einfall der semitischen Stämme nach Ägypten verhindern sollte. Er ließ eine Kette von Festungen bauen, bis weit nach Palästina hinein, jeweils mit Truppen versehen, also richtige Garnisonen. Mit antiken Fernmeldesystemen wie etwa Lichtsignale durch Spiegel konnten Nachrichten rasch übermittelt werden. Die Garnisonen waren in Distanzen voneinander angelegt, die schnelle Unterstützung der einen Garnison durch

---

[1] Dieses Buch will nicht zur zahlreichen esoterischen Literatur gezählt werden. Dennoch liegt aufgrund der aufgezeigten Parallelen noch ein Hinweis nahe: zur TABULA SMARAGDINA, der Smaragdtafel. Das ist einer der berühmtesten Texte zur Alchemie und Hermetik. In zwölf rätselhaften Sätzen wird ein Zusammenhang zwischen Mikrokosmos und Makrokosmos hergestellt: *„Das was unten ist, ist wie das, was oben ist, und das was oben ist, ist wie das was unten ist, ein ewig dauerndes Wunder des Einen."* Ursprünglich soll sich der Text eingraviert auf zwei Tafeln aus Smaragd befunden haben, welche unter einem Standbild des Hermes – dieser griechische Gott entspricht dem Gott Thoth der ägyptischen Götterwelt, welcher der Gott der Magie, der Wissenschaft, der Schreiber, der Weisheit und des Kalenders war – verborgen waren. Das Standbild selbst war wiederum in der Cheopspyramide versteckt, in der dort angeblich befindlichen „Halle des „Wissens". Erste Abschriften der Tafeln kursieren seit dem 2.Jhdt. ausgehend von Ägypten im gesamten Orient. Auf der Suche nach der Halle des Wissens ließ der Kalif al-Ma'mun, Sohn von Harun-al-Raschid, die Cheops-Pyramide brachial aufbrechen und stieß durch Zufall auf das heute bekannte Gangsystem. Die legendenumwobene „Halle des Wissens" wird bis heute intensiv gesucht, doch ist nicht bekannt, ob sie schon gefunden wurde. Manche Esoteriker sehen eine starke Parallele zwischen den beiden Tafeln der Smaragdina und den beiden Gesetzestafeln, welche Moses vom Berg Sinai herabbrachte.

die andere gewährleisteten. Das Zentrum, oder besser der Ausgangspunkt dieser Kette von militärischen Stützpunkten wurde Memphis, das für die Versorgung sowohl militärischer als auch profaner Natur für diese Außenposten strategisch geradezu ideal lag. Damit verlieh Ahmose der Stadt Memphis erheblich größere Bedeutung als sie bisher hatte.

Die große Zeit von Memphis war zur Zeit von Ahmose schon lange vorbei. Angeblich wurde die Stadt etwa um 3000 v. Chr. von Menes (oder Narmer), jenem Pharao, dem die Vereinigung von Ober- und Unterägypten gelang, gegründet und war die Hauptstadt des Alten Reiches.

Die nach Ägypten eingefallenen Hyksos plünderten Memphis und verwendeten viele Statuen und Bauteile wie etwa Säulen für ihre in der Nähe entstehende neue Hauptstadt Auaris, die erst Ende des 20. Jahrhunderts vom österreichischen Archäologen Manfred Bietak entdeckt wurde. Doch nach der Vernichtung der Hyksos erlangte schon rein aus militärisch-strategischen Gründen Memphis wieder zentrale Bedeutung.

Die gar nicht dummen Priester des Stadtgottes Ptah in Memphis wollten an dieser Bedeutung teilhaben – waren sie doch über 100 Jahre durch die Hyksos erniedrigt, verspottet und an den Bettelstab gebracht worden. Doch nun wurden sie gebraucht. Waffenproduktion, logistische Einrichtungen und militärische Versorgungsgüter wurden nach einem ausgeklügelten Plan in Memphis zentriert, und das benötigte doch auch den Segen der Götter, insbesondere von Ptah. Die Sicherheit des Reiches hing vom Funktionieren der Stadt ab. Das musste seinen Preis in ausreichenden Opfergaben haben, sonst könnte Gott Ptah seine Gunst entziehen.

Ahmose war kein religiöser Eiferer, sondern eher ein säkularer Pragmatiker. Die geltungssüchtigen Priester spielten in seinen Überlegungen nur eine untergeordnete Rolle, dennoch wollte er in dieser strategisch wichtigen Stadt keine Probleme aufkommen lassen, dass etwa die Priester Unruhe in der Bevölkerung schürten. Er unterstützte daher die Priester und erfüllte ihre Wünsche in einem bestimmten Maß, doch achtete er sehr penibel darauf, dass der Ptah-Tempel in Memphis keinesfalls mehr erhielt als der Amun-Tempel in Karnak. Pharao war auf Ausgleich bedacht.

Nachdem Pharao ihre weltliche Bedeutung wiederhergestellt hatte und sie langsam kapierten, dass vom weltlichen Herrscherr nicht mehr zu holen war, strebten die Ptah-Priester nach religiöser Vorherrschaft. Sie überlegten, wie sie die Amun-Priester von Karnak ausmanövrieren und die Bedeutung ihres Stadtgottes über jene von Karnak stellen konnten.

Sie entwarfen einige theologisch-spitzfindige Modelle, die natürlich nicht von der reinen ursprünglichen Lehre abweichen durften, sondern innerhalb der altägyptischen Kosmogonie die Gewichte anders verteilen sollten. Und zwar insoferne, als sie ihren Stadtgott Ptah als obersten aller Götter an die Stelle von Amun setzen wollten.

Die Verehrung von Ptah in Memphis scheint bis in die Anfänge der 1. und/oder 2. Dynastie zurückzureichen, sein Kult daher Bestandteil der Urzelle der altägyptischen Religion zu sein. In der 4. bis 6. Dynastie, so scheint es, haben die Priester des Ptah offenbar schon versucht, ihrem Stadtgott eine überragende Bedeutung geben zu wollen, indem sie anstrebten, andere Götter mit seinem Bild zu verschmelzen. War er anfangs nur ein Gott der Handwerker, so versuchten sie ihn als Schöpfergott zu platzieren: Er hat sich aus sich selbst erschaffen, in dem sich die Wesenheiten des Nun und seiner Gattin Naunet vereinten, so inkorporierten die Priester in ihren Stadtgott auch Chnum, den Schöpfer aller Wesen auf seiner Töpferscheibe, auch wurde versucht über eine Assimilation des Totengottes Sokaris auch das Wesen des Osiris in Ptah hineinzureklamieren.[12]

Das theologische Konzept der memphitischen Priester fand Niederschlag in zahlreichen Papyri, da man ja den eigenen religiösen Standpunkt verbreiten musste.

Daher fand sich eine Fülle religiöser Schriften mit dem Typus der „Memphitischen Theologie“ – die jedoch, wie auch wikipedia zugibt, im Prinzip nur ein Ableger der bekannten und seit Jahrtausenden bestehenden Schöpfungsordnung ist.

Gnosis

Bleiben wir also bei der Achtheit und der Neunheit. Und einer weiteren spannenden Geschichte.

Seit Menschengedenken brachte der Nil mit seinen jährlichen Überschwemmungen nährstoffreichen Schlamm auf die Felder Ägyptens, natürlichen Dünger, der jegliches Wachstum begünstigte. Herodot, der altgriechische Geschichtsschreiber des 5. Jhdts. v. Chr. bezeichnete Ägypten daher als „Geschenk des Nils“. Auf die Überschwemmungen konnten sich die Bauern verlassen. Aber sicherheitshalber opferte man noch im Tempel, wo die Priester mittels eigener Wasserstandsmelder im Einklang mit den Göttern das Eintreffen der Nilflut vorhersagten.

Sah es zu Beginn der altägyptischen Kultur so aus, als würde das jährlich erste Erscheinen des Sternes Sirius mit der Nilflut zusammenfallen, ergab sich mit den Jahren eine immer größer werdende zeitliche Differenz zwischen den beiden Ereignissen, was maßgeblich zur Entwicklung der ägyptischen Zeitrechnung beitrug.

Doch wie das Klima manches Mal verrückt spielt, so auch im Alten Ägypten. Das Geschenk des Nils blieb von Naturkatastrophen auch nicht verschont. Und so geschah es, dass die Nilflut mitunter ausblieb. Auch mehrere Jahre hintereinander. [Siehe: Papyrus Leiden (Ipuwer)] Da zog Hunger ins reiche Ägypten, einhergehend mit Not, Elend, Verzweiflung. Menschen fielen über andere her, Eltern aßen ihre Kinder, nur um am Leben zu bleiben.

Wie aus der Hungersnotstele hervorgeht, einer Felseninschrift an der Südgrenze des alten Ägypten, herrschte während der Regentschaft des Pharao Djoser (3. Dynastie, ca. 2668-2649 v. Chr.) sieben Jahre Dürre. Zwar wurde die Inschrift in der Ptolemäer-Zeit angebracht, doch sind solche Katastrophen tatsächlich eingetreten

[Siehe: Papyrus Leiden (Ipuwer)]. In Anbetracht dessen, dass die Ptolemäer in ganz Ägypten alte Inschriften neu fassen und alte Tempel neu erbauen ließen, also bestehende und bekannte Bauten restaurierten oder wieder errichteten, wird der Wahrheitsgehalt bezüglich der Dürren nicht zu bezweifeln sein. Dazu erinnert die Geschichte frappant an die sieben fetten und sieben mageren Jahre aus der biblischen Josefsgeschichte.

Im Großen und Ganzen lieferte der Nil zuverlässig jahrtausendelang den fruchtbaren Schlamm, doch häuften sich im 19. Jhdt. zunehmend Jahre mit niedrigem Wasserspiegel und somit verminderter Düngung der Felder. Das konnte man schon wegen der Versorgung der drastisch angewachsenen Bevölkerung nicht hinnehmen. So wurde 1902 der Assuan-Staudamm errichtet, um einerseits vernichtende Fluten zurückzuhalten, andererseits über einen Speicher für die Jahre mit geringeren Wassermengen zu verfügen. Gleichzeitig sollte auf ständige Bewässerung der Felder mittels eines geplanten Kanalsystems umgestellt werden.

Dieser Staudamm erwies sich bald als zu klein, auch zwei weitere Ausbaustufen halfen nichts. Und der Nilschlamm, der sehnlich erwartete Dünger, kam immer weniger durch die Staumauer. Die Fellachen mussten sich um zusätzlichen Dünger umsehen. Und fanden ihn in Form des Sebach.

Das ist zwar ein arabischer Begriff, aber letztlich immer noch das Erbe des Alten Ägyptens. Sebach ist nichts anderes als uralte Lehmziegel. Einst aus dem Nilschlamm gepreßt, der in pharaonischer Zeit im Überfluss vorhanden war, in der Sonne getrocknet, dienten die Lehmziegel als Baumaterial. Mit der Zeit zerbröckelte dieses Material jedoch und blieb im Erdboden liegen. Doch die im Nilschlamm enthaltenen mineralischen Stoffe, der Dünger also, blieben erhalten.

So zogen die ägyptischen Bauern los und suchten den – aus ihrer Sicht – natürlichen Dünger, gruben ihn aus und zerstörten dabei zumeist völlig ahnungslos zahllose alte Monumente, Häuser, Dörfer.

Eine dieser Grabungen nach dem begehrten Dünger sollte weltberühmt werden – jene vom Dezember 1945 in der Nähe des Ortes Nag Hammadi, etwa 100 km nördlich von Luxor.

Die Fellachen staunten nicht schlecht, als sie einen etwa ein Meter hohen Krug aus rotem Ton freilegten, massiv und verschlossen. Wir können uns lebhaft vorstellen, wie die Debatte losging, ob der Krug geöffnet werden – es könnten ja unglaubliche Schätze darin verborgen sein – oder verschlossen bleiben sollte – schließlich weiß doch jeder, dass man die bösen Dschinns in Flaschen und Krüge einschließt und diese vergräbt. Die Meinungen wogten sicherlich lautstark hin und her – schließlich siegte die Neugier. Oder auch nur die Gier. Jedenfalls wurde der Krug zerschlagen.

Die von den Fellachen erwarteten Schätze aus Gold und Edelsteinen waren nicht drin, auch kein böser Geist. Es fanden sich 13 lederne Rollen, die insgesamt 53 auf Papyrus geschriebene verschiedene Texte enthielten. Muhammad Ali, der Wortführer der Gruppe, nahm die meisten der Papyri mit nach Hause, einige Fellachen nahmen Blätter mit, wohl um sie herzuzeigen. Muhammad Ali war unschlüssig, was er mit den Dokumenten anfangen sollte – auf jeden Fall wollte er sie zu Geld machen. Ganz komplett blieben die Fundstücke bei ihm nicht, denn Muhammad Alis Mutter verwendete einige der alten Blätter zum Feuermachen in der Küche. Über abenteuerliche Wege konnten die verbliebenen Dokumente schließlich vereint werden.

Bei der Untersuchung der Schriften stellte man sehr rasch fest, dass sie in Sahidisch, einem koptischen Dialekt, geschrieben waren. Koptisch stellt nichts anderes dar als die letzte Entwicklungsstufe der altägyptischen Sprache. Die Augen der Experten wurden allerdings groß, als es um den Inhalt der Texte ging. Von den 53 Schriften waren einige mehrfach vorhanden, sodass es 47 unterschiedliche Schriftstücke waren. Und von dreien dieser Texte hatte man aus antiken Quellen Kenntnis. Es waren religiöse Schriften der Gnostiker.

Das Wort Gnosis stammt aus dem Griechischen: γνῶσις *gnôsis* und bedeutet „Wissen, Erkenntnis". Weil dieser Begriff für Religionswissenschafter sehr ungenau und in so gut wie alle Richtungen dehnbar ist, gibt es keine befriedigende endgültige Definition. Denn Erkenntnis kann jeden plötzlich, aus heiterem Himmel befallen. Und jener, der ab diesem Zeitpunkt die Erkenntnis, also die Gnosis, innehat, ist somit ein Gnostiker, unabhängig des religiösen Umfeldes, in dem er lebt.

Das Christentum in seinen Anfängen hatte es schwer. Bestanden doch, vor allem in Ägypten, seit Jahrtausenden bewährte theologische Konzepte, welche den neuen christlichen Ideen starken Widerstand entgegenbrachten. Durchaus kluge Köpfe durchforsteten die christliche Lehre, lehnten sie entweder ab oder suchten sie mit ihrem Wissensstand in Einklang zu bringen. Und dabei entstand in so manchem eine Erkenntnis. Die mitunter nicht nur in Details, sondern in grundsätzlichen Fragen von der reinen apostolischen Lehre abwich.

Und wenn so ein Inhaber der Erkenntnis, also ein Wissender - ein Gnostiker - auch noch logische Argumente bringen und damit die christlichen Priester in eine durch Logik begründete Enge treiben konnte, sammelte er auch Anhänger um sich. Eine gar nicht geringe Anzahl Abweichler von der reinen Lehre machte das religiöse Leben im frühen Christentum schwierig. Ganz besonders schwer taten sich die christlichen Gemeinden etwa mit den Arianern, den Anhängern des Priesters Arius aus Alexandria.

Hatte die christliche Kirche durch Kaiser Konstantin großen Aufschwung erlitten und baute ihre religiöse Dominanz gegenüber den Nichtchristen nach Kräften aus, sah sie sich zunehmend mit innerem Widerspruch und Häresie konfrontiert.

Imperator Diokletian hatte erkannt, dass das auf enorme Dimensionen angewachsene Römische Imperium nicht mehr durch eine Zentralgewalt zu regieren war, da die Größe des Reiches ein Zeitproblem mit sich brachte. Informationen und Nachrichten brauchten bestimmte Zeiträume, ebenso musste Zeit für Beschlussfassung und Ausgabe eines Befehls oder einer Verordnung aufgewendet werden, und noch mehr den Beschluss dorthin zu bringen, wo er umgesetzt werden sollte. Die Lösung fand Diokletian in einer Art Statthaltersystem, welche als „Römische Tetrarchie“ bezeichnet wurde.

Diokletian trug den Titel *Augustus,* der damals als „Seniorkaiser“ verstanden werden konnte, denn schon vor Diokletian gab es Römische Kaiser, welche Mitregenten hatten. Diese Mitregenten wurden *Caesar* genannt, quasi „Juniorkaiser“. Diokletian machte 285 n. Chr. Maximian zu seinem Caesar und im Jahr darauf zum Augustus, also Mitkaiser.

293 n. Chr. wurden *Constantius I. Chlorus* und *Galerius* als Caesaren adoptiert, damit war das Vierkaisersystem komplett. Zwölf Jahre später, 305 n. Chr., traten Maximian und Diokletian zurück und begaben sich in den Ruhestand. Das Ausgedinge Diokletians ist noch heute als Sehenswürdigkeit zu besichtigen – der Diokletianspalast in der kroatischen Stadt Split.

Geplant war, dass nach zehn Jahren Regierung die beiden Augusti abtraten, die Caesaren an deren Stelle rückten, zu Augusti wurden und neue Caesaren adoptierten, sodass keiner der Kaiser länger als 20 Jahre regieren sollte. Ausgeschlossen war die Adoption von direkten Verwandten, sodass sich keine dynastische Nachfolge ergeben konnte.

Obwohl es anfangs schien, dass dieses System wirksam war, entspannen sich bald Kämpfe zwischen den einzelnen Mitkaisern, Diokletian wurde aus dem Ruhestand zurückberufen und ihm die Kaiserwürde angetragen, die er jedoch ablehnte. Eine kurze Einigung gab es in der Kaiserkonferenz von Carnuntum, doch bald beanspruchten sieben Männer die Kaiserwürde, darunter auch Maximian, der sich neuerlich zum Kaiser ausrufen ließ. Und jeder der „Ich bin Imperator!“ Rufenden wollte Alleinherrscher werden.

Der Sohn des Constantius I. Chlorus, Konstantin, setzte sich schließlich gegen alle Gegner durch, bis nur noch ein einziger übrigblieb: Maxentius, der noch dazu über mehr als doppelt so viele Truppen verfügte als Konstantin, das Verhältnis war 100.000 zu 40.000.

Maxentius herrschte in Rom, wo er schon mehrere Belagerungen durchgestanden hatte und jeweils als Sieger hervorgegangen war. Siegessicher trat Maxentius dem heranmarschierenden Konstantin entgegen.

Konstantin hatte eine Vision, nämlich ein Kreuz aus Licht über der strahlenden Sonne. Und in der Nacht vor der Schlacht erschien ihm im Traum Jesus Christus und sagte: „Unter diesem Zeichen wirst du siegen!" Und so kam es. Konstantin siegte im Zeichen des Christengottes in der Schlacht an der Milvischen Brücke trotz erdrückender Übermacht des Gegners. Und damit brachen für Christen im Römischen Imperium ganz neue Zeiten an.

Waren die Christen oft verfolgt und getötet worden, da sie das Opfer für den göttlichen Imperator verweigerten, so wütete Diokletian ganz besonders. Er ließ christliche Kirchen zerstören, verbot die Abhaltung von Gottesdiensten und alle, welche das Kaiseropfer verweigerten, hinrichten, oft auch im Rahmen blutiger „Spiele". Diokletians Nachfolger Galerius war nicht anders und ließ Christen in Bergwerke deportieren.

Schließlich erkannte Galerius kurz vor seinem Tod das Scheitern seiner Bemühungen, die Christen auszurotten. In der Stadt Nikomedia erließ er ein Toleranzedikt, das den Christen die uneingeschränkte Ausübung ihrer Religion zugestand, sie sogar von der Verpflichtung der Kaiseropfer entband. Für Interessierte ist der Text dieses Toleranzediktes als Anhang C angefügt.

Galerius' Nachfolger Konstantin blieb von seiner Vision des Kreuzes sein Leben lang beeindruckt, und als er 324 n.C. die Alleinherrschaft erreicht hatte, begann er die Christen im Römischen Reich zu bevorzugen. Schon 323 n. Chr. erließ er den Sonntag als gesetzlichen Ruhetag im gesamten Römischen Reich. Und berief 325 n. Chr. das Konzil zu Nicäa ein, auf dem die Regeln und Leitsätze der christlichen Lehre einheitlich festgelegt werden sollten, da die Kirche – wie schon berichtet – mittlerweile mit vielen Abweichlern zu tun hatte, und da vor allen Dingen mit den Gnostikern. Schließlich empfing Konstantin auf dem Totenbett die christliche Taufe.

Die Alleinherrschaft eines römischen Imperators währte nicht lange. Bald schon waren wieder verschiedene Mitkaiser am Werk, die Trennung in West- und Ostrom stand kurz bevor. Im täglichen Leben wurde das Durcheinander vieler verschiedener Religionen und Götterverehrer offenbar unendlich kompliziert, was das gesellschaftliche Leben des Imperiums zu lähmen begann. Daher kamen 380 n. Chr. die drei Kaiser Theodosius I., Gratian und Valentinian II. in Thessaloniki zusammen, um dem Wirrwarr ein Ende zu bereiten, und allen voran den Arianern. Den Kaisern war buchstäblich der Geduldsfaden gerissen. Sie wollten – und durften – keine religiösen Differenzen mehr hinnehmen. Mit der Toleranz für Nichtchristen sollte ein für alle Mal Schluss gemacht werden. Die drei Kaiser erließen das Edikt *cunctos populos* – an alle Völker:

Alle Völker, über die wir ein mildes und maßvolles Regiment führen, sollen sich, so ist unser Wille, zu der Religion bekehren, die der göttliche Apostel Petrus den Römern überliefert hat, wie es der von ihm kundgemachte Glaube bis zum heutigen Tage dartut und zu dem sich der Pontifex Damasus klar bekennt wie auch Bischof Petrus von Alexandrien, ein Mann von apostolischer Heiligkeit; das bedeutet, dass wir gemäß apostolischer Weisung und evangelischer Lehre eine Gottheit des Vaters, Sohnes und Heiligen Geistes in gleicher Majestät und heiliger Dreifaltigkeit glauben.

Nur diejenigen, die diesem Gesetz folgen, sollen, so gebieten wir, katholische Christen heißen dürfen; die übrigen, die wir für wahrhaft toll und wahnsinnig erklären, haben die Schande ketzerischer Lehre zu tragen.

Auch dürfen ihre Versammlungsstätten nicht als Kirchen bezeichnet werden.

Endlich soll sie vorab die göttliche Vergeltung, dann aber auch unsere Strafgerechtigkeit ereilen, die uns durch himmlisches Urteil übertragen worden ist. [46]

Damit wurde das Christentum offiziell Staatsreligion. Und mit der angedrohten „Strafgerechtigkeit“ ist für alle, die sich weiterhin nicht zum katholischen Christentum bekennen wollten, Verfolgung, Versklavung und auch Hinrichtung in Aussicht gestellt worden.

Mit dem Dreikaiseredikt war Folgenschweres geschehen. Nichtchristen wurden tatsächlich verfolgt, auch hingerichtet, das erste diesbezügliche Todesurteil wurde in Trier vollzogen.

Und viel schlimmer: Das Edikt wurde nie aufgehoben.

Und noch viel schlimmer: Da es nie aufgehoben wurde, bildete es die von der Kirche vertretene Rechtsgrundlage für die Inquisition – mit all ihren Folgen: Folter, Autodafés, Scheiterhaufen, Hexenverbrennungen, Pogromen ...

Das Dreikaiseredikt, die Verkündung des Christentums in katholischer Prägung als ausschließliche Staatsreligion fuhr wohl wie ein Windstoß durch die Lande, nicht nur bei Nichtchristen, die wahrscheinlich Schlange standen um sich taufen zu lassen, sondern auch durch die klerikale Welt. Viele christliche Klöster gab es damals, in denen die Mönche fleißig die heiligen Schriften studierten. In den Bibliotheken dieser Klöster gab es viele Schriften, und plötzlich waren einige von diesen, die man doch für heilig erachtet hatte, Ketzerliteratur. Denn das Dreikaiseredikt erklärte alles, was vom Kanon der Schriften, der am Konzil von Nicäa fixiert worden war, zu Ketzerei.

Und, wie die Mönche des Klosters des Heiligen Pachomios in der Nähe jenes Ortes, der in vielen Hunderten Jahren Nag Hammadi heißen würde, einander bedrückt gestanden, gab es in ihrer Bibliothek einige jener Schriften, die nunmehr ketzerische und damit verbotene Literatur darstellten. Aber diese Schriften, so befanden die Mönche, waren doch keinerlei Ketzerei, außerdem waren sie heilige Schriften. Hatte sie nicht schon ihr Klostergründer, der immerhin ein Heiliger der katholischen Lehre war, zusammengetragen und sie als Heilige Schriften bezeichnet? Konnte ein Heiliger sich religiös irren? Wohl kaum.

Konnten die drei Kaiser, die immerhin mit der Ketzerei Schluss machen wollten und dabei von christlichen Bischöfen beraten wurden, religiös irren? Wohl kaum.

Mal waren die Schriften heilig, mal waren sie Ketzerei. Die Mönche kannten sich nicht mehr aus. Daher schien es ihnen wahrscheinlich das Beste zu sein, die weitere Entwicklung abzuwarten, aber gleichzeitig sich selber aus dem Schußfeld zu bringen. Niemand sollte bei ihnen häretische, abweichlerische Schriften finden. Sie durchforsteten ihre Bibliothek nach allen nunmehr ketzerisch gewordenen Schriften, rollten sie in 13 Lederflecken ein, verstauten die Lederrollen in einem großen, fast einen Meter hohen Gefäß aus rotem Ton, verschlossen es sorgfältig und vergruben das Gefäß irgendwo in freiem Felde. Vielleicht, um die Schriften wieder auszugraben, wenn sie irgendwann nicht mehr ketzerisch waren und sich abermals als heilig entpuppten.

Das Kloster gibt es schon sehr lange nicht mehr. Nichts erinnert mehr daran, dass einst fromme Mönche hier an ihrem Seelenheil arbeiteten. Die Mönche hatten die vorsichtshalber vergrabenen Schriften längst vergessen. Sie waren aus dem Bewusstsein der Welt entschwunden. Bis einige Fellachen durch Zufall das Gefäß ausgruben und wortreich diskutierten, ob ein böser Geist oder sagenhafte Schätze darin lagen.

Tatsächlich hatten die christlichen Gnostiker, vor allem in Ägypten, ein bemerkenswertes theologisches System entwickelt, in dem ganz deutlich die religiösen Vorstellungen des Alten Ägypten, die bis zum Dreikaiseredikt ja noch offen gelebt wurden, Einzug gehalten haben. Die wichtigsten Vertreter der Gnostik waren Monoimos, Poimandres, Valentinos und Markion. [47] Für die Gnostiker stand fest:

- Es gibt einen vollkommenen allumfassenden Gott
- Aus diesem ging ein unvollkommener Gott hervor, der *Demiurg*
- Der *Demiurg* erschafft alle seienden Dinge, und Wesen
- Alle erschaffenen Dinge tragen das Prinzip der vollkommenen Gottheit in sich, mit dem sie untrennbar verbunden sind

Hier hat die altägyptische Schöpfungsgeschichte ihren Niederschlag gefunden. Ist es bei den Alten Ägyptern nicht Atum, die chtonische Kraft des Ur-Nichts, aus dem alles entstand, auch die Schöpfergötter?

Und – zugegeben, etwas verblüffend und vielleicht gespenstisch: das Thema des Demiurgen begegnet uns weitab von unserem Schauplatz erneut: in Indien. Um ca. 2000-1500 v. Chr. wandern die Arya (Arier), vermutlich aus Zentralasien, nach Indien ein und lösten dort die Industal-Kultur von Harappa und Mohenjo-Daro ab. Vielleicht aber nahmen sie bloß den nach dem Zusammenbruch dieser Kultur nun menschenleeren Raum ein. Wie dem auch sei, die eingewanderten Arya brachten eine reichhaltige Tradition und auch ein religiöses System mit (den Vorläufer des heutigen Hinduismus), das sie in ihrer Sprache mündlich von Generation zu Generation weitergaben. Die Sprache heißt Sanskrit und hat keine eigene Schrift, sondern wurde in der Sprache fremden Schriftsystemen niedergeschrieben. [5]

Die ältesten schriftlich festgehaltenen Überlieferungen der Eingewanderten werden als *Veda* – Wissen – bezeichnet. Eine Parallele zu den Gnostikern? Die Schriften, in welchen das Wissen festgehalten wurden, sind die *Veden*. In diesen wird unter vielem anderen die hinduistische Schöpfungsgeschichte erzählt.

Und da treffen wir zu unserem großen Erstaunen auf vier Grundelemente, die paarweise auftreten – der Gleichklang zur altägyptischen Achtheit ist geradezu verblüffend:

Īśvara	Gott / Ursprung
Kāla	Ewigkeit / Zeit
Jīva	Seele / Bewusstsein
Prakṛti	Energie / Materie

In den Veden wird Kṛṣṇa als die höchste und ursprünglichste Gottheit bezeichnet. Nachdem diese grenzenlos ist beinhaltet sie unendlich viele parallele Aspekte. Einer dieser Aspekte ist Viṣṇu als der Welt zugewandte Eigenschaft. Und nun kommt's:

„Aus dem ***nabha*** *(Nabel) der Persönlichkeit Gottes, Garbhodakaśā Viṣṇu, sproß eine Lotosblume, so leuchtend wie tausend lodernde Sonnen. Dieser Lotos ist das Behältnis aller bedingten Seelen, und das erste Lebewesen, das aus dem Lotos erschien, war der allmächtige Brahmā. Als Viṣṇu in das Herz Brahmās einging, brachte Brahmā seine Intelligenz zur Reife und begann, das Universum so zu erschaffen, wie es ... war."*

Śrīmad-Bhāgavatam 3.20.16-17

„... spross eine Lotosblume, so leuchtend wie tausend Sonnen ..." Hat irgendjemand jemals den Urknall poetischer beschrieben?

Und die Parallele *Brahmā* zum gnostischen Demiurgen ist schlichtweg verblüffend. [48]

Ein weiterer Glaubenssatz der christlichen Gnostiker, insbesondere der Arianer, lautet:

- Jesus Christus ist nicht Gottes Sohn

Wer immer mit einem Kleriker dieses Thema anspricht, wird von diesem höchstwahrscheinlich zu hören bekommen, dass dies eines der Themen sei, mit denen sich der Geistliche intensiv auseinandergesetzt, bei dem er um Erkenntnis gerungen hat. Denn eigentlich wird, so das Argument der Gnostiker, durch den Begriff „Gottes Sohn" der Monotheismus, der Eingottglaube, unterlaufen und nun sind doch wieder mindestens zwei, wenn nicht drei Gottheiten vorhanden. Die katholische Kirche löste dieses Problem mit der „Dreifaltigkeit".

Was nichts anderes als ein Rückgriff auf längst bekannte altägyptische Bräuche war. Denn Dreifaltigkeiten gab es im Alten Ägypten beinahe in jedem größeren Stadttempel, jeder Tourist kann sich auch heute noch davon überzeugen. Nur nennt man es eben nicht Dreifaltigkeit, sondern Triade. Davon gab es reichlich:

die Triade von Memphis: Ptah, Sechmet, Nefertem

die Triade von Theben: Amun, Mut, Chons

die Triade von Latopolis: Chnum, Menhit, Nebetu

und viele andere mehr. [5]

Dieses gnostische Dogma hat allerdings Eingang in den Koran gefunden:

„Siehe, Jesus gleicht vor Gott dem Adam, den er aus Staub erschuf, er sprach zu ihm: werde, und er ward."
Koran, Sure 3, Vers 52 [2] [49]

„O Schriftleute, überschreitet nicht eure Religion und saget von Gott nichts als die Wahrheit. Wahrlich, der Messias, Jesus, der Sohn Marias, ist der Gesandte Gottes, und sein Wort, das er getan hat in Maria und ein Geist von ihm. So glaubet an Gott und seine Gesandten, und saget nicht: Dreiheit. Lasset dies, euch zum Guten. Wahrlich, Gott ist ein Einheitsgott; [darüber] erhaben ist er, einen Sohn zu besitzen."
Koran, Sure 4, Vers 169 [3] [49]

Doch ein weiterer Glaubenssatz der Gnostiker ist eindeutig aus der religiösen Welt der Alten Ägypter entnommen:

Das jedem Menschen innewohnende geistige Prinzip des *Pneuma* (des göttlichen Funken) muss dem Menschen als unterschiedliches Element zur *Psyche* (Seele) bewusst werden, um sich von der materiellen Welt lösen zu können.

Die in Ägypten seit Jahrtausenden als feststehende Tatsache verstandene Existenz zweier Elemente auf der spirituellen Ebene, das *Ba* und das *Ka* – wir kommen darauf noch ausführlich zurück – wird in dieser gnostisch-christlichen Lehre ganz offen übernommen.

---

[2] Und wieder einmal haben wir wikipedia bei einer Ungenauigkeit erwischt. Im Artikel „Īsā ibn Maryam" wird dieser Vers unrichtig als Sure 3, Vers 59 bezeichnet. Wer nach den Angaben von wikipedia im Koran sucht, wird in die Irre geführt.

[3] Neuerlich stimmt das Zitat in der wkipedia nicht – er wird dort unrichtig als Vers 171 bezeichnet.

Jene Teile der Schriften aus Nag Hammadi, welche nicht von Muhammad Alis Mutter verfeuert wurden – und das waren weitaus die meisten – machte man zu Geld. Die verschlungenen Wege, welche die Dokumente dann genommen haben, würden ein eigenes Buch, geradezu einen Wirtschaftskrimi rechtfertigen, doch haben wir ein anderes Ziel. Jedenfalls kamen alle wieder im Koptischen Museum in Kairo zusammen. Dort wurden alle Papyri aufgelistet.

Einer davon trägt den Titel: „Über die Achtheit und die Neunheit"

Jetzt bin ich besonders neugierig geworden. Erst einmal ist aus dem Titel zu entnehmen, dass die altägyptische Religion ganz heftig in christliche Lehren gewirkt hat, sonst müßte sich kein gnostischer Gelehrter der Mühe unterziehen, dieses Thema genauer zu untersuchen. Aber es ist eine vertrackte Geschichte mit diesem Dokument über die Achtheit und die Neunheit.

Es ist in fünf Kapitel gegliedert, deren erstes und drittes jeweils einen Dialog zwischen Hermes Trismegistos (ja, ganz richtig, das ist jener, der uns schon in Fußnote 1 einige Seiten vorher begegnete) und seinem Schüler Tat (Tatium) schildert; das zweite und vierte Kapitel sind jeweils Gebete, welche Hermes Trismegistos und Tat gemeinsam sprechen. Das Dokument beginnt sehr vielversprechend:

„Oh mein Vater, du hast mir gestern versprochen, dass du mein Denken in die Achtheit hineinbringst und mich anschließend in die Neunheit hineinbringst. Du hast gesagt: Dies ist die Ordnung der Überlieferung."

Über die Achtheit und die Neunheit (De Ogdeade et Enneade), Nag-Hammadi-Schriften VI,6; 1,1

Hermes Trismegistos erklärt sich bereit, nun die Gesamtheit der Lehren sowohl der Achtheit als auch der Neunheit, die er nicht trennt, sondern betont, dass das Eine zum Anderen führt, seinem Schüler klarzulegen. Doch es kommt ein wenig anders.

Im fünften Kapitel beauftragt er den Schüler alles, was nun kommt, in einem Buch aufzuschreiben:

„Oh mein Sohn, schreibe dieses Buch für den Tempel in Diopolis in Hieroglyphen, wobei du es nennen sollst: „Die Achtheit offenbart die Neunheit“!“

Über die Achtheit und die Neunheit (De Ogdeade et Enneade), Nag-Hammadi-Schriften VI,6; 5,1

Alle, die sich selbst ein Bild dieses Dokuments machen wollen seien auf Anhang D verwiesen, dort finden sie den kompletten Text.

Ein wenig unbefriedigt bleibt man nach dem Studium dieses Papyrus zurück, denn es erweist sich als ein Vorwort zu einem mit Spannung erwarteten Buch. Doch wo ist dieses Buch?

Hermes Trismegistos beauftragte Tat mit der Niederschrift. Die wird dieser getreulich verfertigt haben. Doch wo suchen?

Wie wir bereits in Fußnote 1 erfahren haben, hat das überlieferte Werk des Hermes Trismegistos (die hermetischen Schriften) große mystische Tendenzen und war unter anderem über viele Jahrhunderte eine der maßgeblichen Quellen der Alchemie. Wie das mit den Menschen so ist, gab es eine Menge von Trittbrettfahrern, die unter dem Mäntelchen des dreimal großen Hermes ihre eigenen Traktate verbreiteten. Daher gilt: zurück zu den Quellen.

Die hermetischen Schriften werden von zahlreichen antiken Autoren erwähnt. Jamblichus gibt an, dass es 42 Bücher gewesen sein sollen. Auch der bedeutende Kirchenlehrer Augustinos von Hippo erwähnt diese hermetischen Bücher. Besonders in seinem Buch über den Gottesstaat bestätigt er, dass in den hermetischen Schriften viel Wahres über Gott und die Schöpfung gestanden habe.

Doch die erstarkende katholische Kirche macht mit allen überkommenen, mutmaßlich und ganz bestimmt häretischen Schriften Schluss. Das antike Schriftgut wird letztlich unterdrückt, sodass erst in der Renaissance die antiken Schriften so nach und nach wieder auftauchen und analysiert werden. Doch da sind es nur noch 17 Bücher des Dreimal Mächtigen Hermes. 1706 erscheint die erste deutschsprachige Ausgabe.

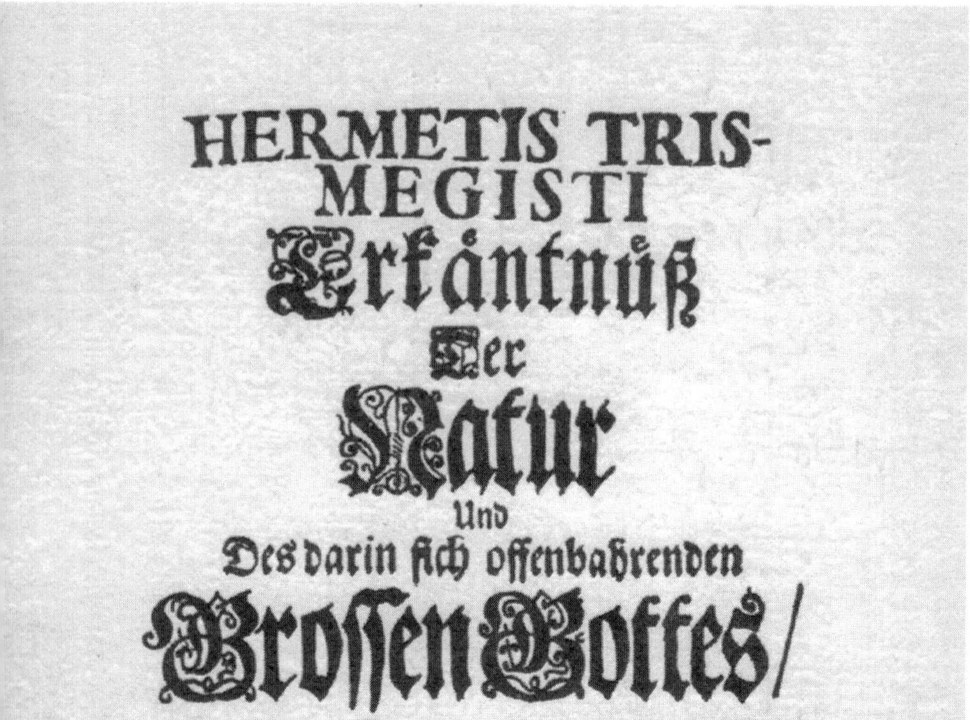
HERMETIS TRIS-
MEGISTI
Erkäntnüß
Der
Natur
Und
Des darin sich offenbahrenden
Grossen Gottes/
Begriffen in 17. unterschiedlichen
Büchern/ nach Grichischen und La-
teinischen Exemplarē in die Hochteutsche
Sprache übersetzet/
Verfertiget
Von
ALETHOPHILO.

HAMBURG/
Verlegung Samuel Heyls und Gottfried Liebezeits.

Abb. 15a: Titelblatt der deutschsprachigen Ausgabe der 17 Bücher des Hermes Trismegistos von 1706

Der Münchner ORA-Verlag gab 1964 die über 200 Jahre alte Schrift neu heraus, allerdings ohne ISBN. Dabei kann ich mich des Eindrucks nicht erwehren, dass dahinter die Rosenkreuzer stehen, denn im Buch ist deutlich eines ihrer Symbole angebracht. Und ORA – ist das nicht Latein und heißt „bete"?

Lassen wir dies einmal dahingestellt. Ich bin im Besitz dieses Nachdrucks und habe natürlich sofort nachgeforscht. Leider – das von Tat auf Weisung von Hermes Trismegistos Niedergeschriebene findet sich nicht in dieser Sammlung.

Es bleibt die Erkenntnis, dass die gnostischen Schriften intensiv vom altägyptischen Gedankengut beeinflusst waren.

Eine Bemerkung, der Vollständigkeit halber, sei mir noch gestattet. Gemäß dem Dreikaiseredikt von 380 n. Chr. gab es im Römischen Reich keine andere Religion mehr als das Christentum. Alle Tempel verwaisten, sie wurden anfangs nur heimlich, dann gar nicht mehr besucht, die Priester wurden zerstreut in alle Winde und mit den Jahren deckte sie der Sand zu. Der altägyptische Götterglaube war in allen Städten und Dörfern Ägyptens erloschen.

In ganz Ägypten? Nein!

Ein Tempel tief im Süden, auf der Insel Philae, trotzte dem Religionsgebot des Römischen Reiches – der Haupttempel der Göttin Isis. Denn Isis war die verehrte Göttin der Blemmyer, eines kriegerischen Nomadenvolkes aus Nubien. Und diesen, außerhalb des Römischen Reiches lebenden Menschen, konnte das Christentum nicht verordnet werden. Die ständigen Raubzüge der Blemmyer waren ein Problem für die Römer, bis schließlich der Feldherr Florus 451 n. Chr. die Nomaden mehr oder weniger besiegen konnte. Es wurde ein Friedensvertrag ausgehandelt, nach dem die Blemmyer ihren Isiskult weiter auch in Philae ausüben konnten, dafür gab es keine Überfälle mehr auf römisches Gebiet.

Isis – und damit die gesamte altägyptische Theogonie – wurde in Philae weiterhin verehrt und angebetet – bis 642 n. Chr. Da machten die muslimischen Araber, die Ägypten eroberten, tatsächlich mit der

Verehrung ägyptischer Götter Schluss, mit einer Religion, die mehr als 4.000 Jahre stabil existierte.

Geschwisterheirat

Das Götterpaar war in der theologischen Vorstellung der alten Ägypter aber mehr als bloße Verbindung zur Zeugung weiterer Gottheiten – es war das Symbol einer Ganzheit, die sich aus Gegensätzen ergänzte. Männlich und weiblich, Leben und Tod, Tag und Nacht, Erde und Himmel, Einatmen und Ausatmen. Ohne dieses aus Teilen bestehende Ganze wäre für die alten Ägypter keine Existenz möglich gewesen. Wer an die Symbolik von Yin und Yang denkt, wird nun schwer ins Grübeln kommen.[4]

Den alten Ägyptern war vollkommen klar, dass Götter nur von Göttern gezeugt werden können. Daher konnte es unter Göttern nichts anderes als geschwisterliche Befruchtung geben. Das hatte

---

[4] Die unzertrennliche Gegensatzpaarung, etwa Licht-Schatten, Tag-Nacht, Sein-Nichtsein, etc. ist eine Archetype, die aus unserem Begriffsdenken, aus unserem Streben, die Welt zu erklären und zu verstehen, nicht entfernt werden kann. Die grundsätzlichen Möglichkeiten des Menschen zur positiven, also schöpferischen und nützlichen, als auch zur negativen, destruktiven und zerstörerischen Tätigkeit sind keine neuen Erkenntnisse, die spiegeln sich schon deutlich sichtbar in der ägyptischen Götterwelt wider: Osiris – Seth. Die altägyptische Theologie ist ein sehr gut gelungener Versuch, Existenz zu erklären, sowohl an sich als auch jene des Menschen. Daraus und aus dem Bestreben, alles in Einklang zu bringen, resultierte im alten Ägypten das Prinzip der Maat – des ausbalancierten Gleichgewichts, des Prinzips, nach dem ein Mensch leben soll. Im Totengericht der Ägypter (aus dem der „Tag des Gerichts" der Juden und das „Jüngste Gericht" der Christen hervorgegangen sind) wird geprüft, ob die Sünden eines Menschen schwerer wiegen als die Feder der Maat – der ausgleichenden Gerechtigkeit, dem Bestreben Negatives zu vermeiden.

Die moderne Psychologie kam um diese elementare Erkenntnis der unauflöslichen Gegensatzpaarungen natürlich auch nicht herum. C.G.Jung hat dies als „niemals vom anderen, Entgegengesetzten getrennt" erkannt (Gesamtwerk C.G.Jung, Bd. 9/I, § 194) und als *syzygisch* benannt (griech. συζυγοσ, syzygos = zusammengejocht, gepaart). Die Existenz dieser unauflöslichen Gegensätzlichkeit wird daher als *Syzygie* bezeichnet.

Auswirkungen ins reale Leben. Denn Pharao (wörtliche Übersetzung: „Hohes Haus“) war nicht nur ein Titel, sondern die Emanation, also die als Mensch verkörperte Erscheinung eines Gottes – somit ein auf Erden wandelnder Gott in Menschengestalt – zumindest in der theologischen Betrachtung.

Und diese war gleichzeitig die Betrachtung der Ägypter ihres täglichen Lebens. Der Gedanke an einen säkularen Blick auf die Existenz wäre den Ägyptern nicht gekommen – sie als Menschen und alles in ihrem Umkreis, jegliches Leben und die gesamte Natur, waren eine Schöpfung der Götter, unzweifelhaft, denn keinem Menschen war die Fähigkeit gegeben, etwa einen Esel oder eine Palme herzustellen. Daher hatte das gesamte Leben, das durch den Willen der Götter entstanden war, für die Götter und deren Willen ausgerichtet zu werden.

Also blieb einem Pharao, so er Nachkommen haben wollte, gar nichts anderes übrig als mit einer eigenen Schwester die Thronfolge zu sichern – diese Rolle war auch der Schwester klar. Daher waren die Pharaonenkinder grundsätzlich darauf eingestellt, miteinander zu kopulieren. Die königliche Geschwisterliebe war jedoch nicht nur auf die bloße Fortpflanzung und Sicherung des göttlichen Wandelns auf Erden gerichtet – und damit so nebenbei auf die Erhaltung der persönlichen Herrschaftsansprüche und der Dynastie, sondern war oft tief und innig, wie etwa der Blumenstrauß verriet, den die junge Anches-en-Amun ihrem früh verstorbenen Halbbruder und Ehegatten Tut-anch-Amun ins Grab legte.

Die beiden Geschwister sind nun nicht, wie man ursprünglich annahm, die Kinder von Amenhotep IV. – der nach der Religionsrevolution den Namen Echnaton annahm – und dessen Großer Gemahlin Nofretete. Denn die schöne Frau stammte nicht aus göttlicher Linie – ihre Herkunft ist unklar. Sie kommt aus der Familie des hohen Verwaltungsbeamten Eje und dessen Frau Tij, die als die „Große Amme“ der Nofretete bezeichnet wurde. Was wohl bedeutet, dass Nofretete aus einer früheren Ehe Ejes stammt und Tij die Halbwaise als Kind angenommen hatte.

Ein wenig verwirrend wird die Familiengeschichte der 18. Dynastie über die Mütter. Denn nicht nur Ejes Frau, also die Stiefmutter von Nofretete, führte den Namen Tij, sondern auch die Gattin von Amenhotep III. Deren Kind, Amenhotep IV., der spätere Echnaton, heiratete Nofretete. Somit hatte Nofretete sowohl eine Stiefmutter als auch eine Schwiegermutter mit demselben Namen. Damit man sie voneinander unterscheiden kann, wird Ejes Frau in der modernen Literatur als „Tij" und Echnatons Mutter als „Teje" geschrieben. Damit wird die oft angestiftete Verwirrung in der Literatur über den entsprechenden Abschnitt der ägyptischen Geschichte ein wenig gemildert.

Der Name von Tut-anch-Amuns Mutter ist nicht bekannt, wohl aber ihre Mumie. Im Grab Nr. 35 im Tal der Könige wurden die Mumien von zwei Frauen gefunden – eine jünger, eine älter. Die ältere konnte als Teje, die Gattin von Amenhotep III. und damit als Mutter von Echnaton identifiziert werden. Die jüngere (in der Fachliteratur als KV35YL bezeichnet – King Valley für KV, dann die Nummer des Grabes und YL für „Younger Lady") war eine Tochter Tejes und somit Echnatons Schwester, möglicherweise Nebet-tah. Diese jüngere Dame erwies sich aufgrund von DNA-Analysen als Mutter von Tut-anch-Aton, dem späteren Tut-ench-Amun.

Tut-ench-Amun heiratete seine Halbschwester Anchespaaton, die später den Namen Anches-en-Amun annahm. Als der Pharao in jungen Jahren starb [17] war keines ihrer Kinder mehr am Leben, daher wurde die Prinzessin zum Schacherobjekt zwischen den präsumtiven Nachfolgern, da eine Heirat Anches-en-Amun's mit wem auch immer als Thron-Nachfolger die Legitimation dessen göttlicher Abkunft ermöglichte. Sie wollte jedoch in den sie immer heftiger bedrängenden Palastintrigen nicht untergehen und schrieb in höchster Not einen Brief an den mächtigen Hethiterkönig Schuppiluliuma I., dass er ihr einen seiner Söhne als Gemahl schicke, der kräftig in Ägypten aufräumen solle.

Sie schrieb, dass ihr Mann gestorben sei und sie keine Söhne habe, der mächtige Hethiterfürst habe aber deren viele, und er möge ihr einen davon zum Manne geben, damit die Herrscherlinie erhalten bliebe.

Der gewiefte Machtmensch Schuppiluliuma I. witterte vorerst eine Falle und sandte seine Spione aus, doch die berichteten ihm, dass sich alles tatsächlich so verhielt, wie Anches-en-Amun geschrieben hatte. Also brach ein hoffnungsvoller Hethiterprinz namens Zannanza nach Ägypten auf, um Pharao zu werden. [16]

In der Zwischenzeit musste Anches-en-Amun gegen ihren Willen den bereits alten Eje heiraten, der als Vater von Nofretete einer ihrer eigenen Schwieger-Großväter war. Nach dieser Heirat gibt es keine Spur mehr von Anches-en-Amun, nicht einmal ihr Grab konnte bisher gefunden werden – sie verschwand einfach aus der Geschichte.

Eje und Haremhab, der schon unter Tut-anch-Amuns Großvater Amenhotep III. ein tüchtiger Offizier und mittlerweile zum Oberbefehlshaber des Heeres aufgestiegen war, lenkten die Geschicke des Landes. Eje jedoch verstarb nach vier Jahren Regentschaft, und Haremhab verstand es, die Macht allein an sich zu ziehen. Er heiratete eine Urenkelin von Amenhotep II. Damit erlangte er als Usurpator die göttliche Legitimation.

Der machthungrige und energische Haremhab, damals noch Mitregent von Eje, ließ den heranreisenden Hethiterprinz kurz nach Überschreiten der ägyptischen Grenze, welche damals etwa in Höhe der heutigen Nordgrenze Israels lag, von seinen Agenten ermorden. Haremhab schien schon damals seine eigenen Pläne zu verfolgen.

Als er die Nachricht vom Tod seines Sohnes erhielt, wollte Schuppiluliuma I. furchtbare Rache nehmen und ein Heer aufstellen, wie es die Welt noch selten gesehen hatte. Doch zum Rachefeldzug, das möglicherweise Ägypten in hethitische Hand gebracht hätte, kam es nicht mehr. Eine furchtbare Pestseuche brach aus und raffte auch den König der Hethiter dahin.

Zurück zu *Nun* – da gibt es vielleicht noch eine Kleinigkeit zu berichten:

„Der Herr und Moses redeten miteinander Auge in Auge, wie Menschen miteinander reden. Wenn Mose aber dann ins Lager zurückging, wich sein Diener Josua, der Sohn Nuns, ein junger Mann, nicht von seinem Zelt."

Die Bibel, 2. Buch Mose 33,11 [15]

Dann gibt es noch eine seltsame Konstellation in der biblischen Schöpfungsgeschichte (die, wie wir mittlerweile wissen, in ihren Grundsätzen aus dem Alten Ägypten stammt) welche zu dem ägyptischen Grundsatz der Ergänzung der Gegensätze, insbesondere männlich und weiblich, ganz fantastisch paßt. Es gibt nämlich in der Bibel zwei verschiedene Berichte über die Erschaffung des Menschen. Um jene Leser, welche nun meinen, dass doch nicht wahr sein kann, zu beruhigen, erlaube ich mir die jeweils selbe Stelle aus zwei verschiedenen, der Allgemeinheit jederzeit zugänglichen Bibeln zu zitieren:

„Lasst uns Menschen machen als unser Abbild, uns ähnlich. Sie sollen herrschen über die Fische des Meeres, über die Vögel des Himmels, über das Vieh, über die ganze Erde und über alle Kriechtiere auf dem Land. Gott schuf also den Menschen als sein Abbild, als Abbild Gottes schuf er ihn. Als Mann und Frau schuf er sie. Gott segnete sie, und Gott sprach zu ihnen: seid fruchtbar, und vermehrt euch, bevölkert die Erde, unterwerft sie euch, und herrscht über die Fische des Meeres, über die Vögel des Himmels und über alle Tiere, die sich auf dem Land regen."

Die Bibel, Gen. 1,26-28 [15]

„Lasset uns Menschen machen in unserem Gleichnis; und sie sollen sich untertan halten die Fische des Meeres und die fliegenden Geschöpfe der Himmel und die Haustiere und die ganze Erde und alle sich regenden Tiere, die sich auf der Erde regen. Und Gott ging daran, den Menschen in seinem Bilde zu erschaffen, im Bilde Gottes erschuf er ihn; männlich und weiblich erschuf er sie. Auch segnete Gott sie, und Gott sprach zu ihnen: „Seid fruchtbar und werdet viele und füllet die Erde und unterwerft sie [euch], und haltet [euch] die Fische des Meeres und die fliegenden Geschöpfe der Himmel untertan und jedes lebende

Geschöpf, das sich auf der Erde regt.“

Die Bibel, Gen. 1,26-28 [14] [5]

Ganz eindeutig spricht Gott zu einer Mehrzahl: „Lasset uns Menschen machen ...“, als ob Gott einer aus der Achtheit wäre, der im Kreise der Götter einen Erschaffungsprozess vorschlägt. Auch hier haben wir wieder ein Indiz für die Übernahme ägyptischen Gedankengutes in die hebräische Religion.

Das Argument des Majestätsplurals, das Gott hier für sich verwendet, greift meiner Meinung nach nicht, denn viel später, als Moses Auskunft erheischt, mit wem er es denn da vor dem brennenden Dornbusch zu tun hat, erhält er bloß die barsche Anwort: „Ich bin, der ich bin!“, und da ist keine Spur eines Majestätsplurals zu bemerken.

So ganz am Rande kommt für die Menschwerdung noch etwas ganz Erstaunliches:

„Da formte Gott, der Herr, den Menschen aus Erde vom Ackerboden und blies in seine Nase den Lebensatem. So wurde der Mensch zu einem lebendigen Wesen.“

Die Bibel, Gen. 2,7

Da bleibt einem doch der Atem weg, denn genauso wird die Erschaffung des Menschen bei den Alten Ägyptern geschildert. Etwas später gehen wir nochmals darauf ein.

Sehr bemerkenswert ist, dass Gott den Menschen in männlicher und weiblicher Form erschafft, also gleichzeitig. Aber halt! War es nicht so, dass Eva erst aus einer Rippe des Adam gemacht wurde? So stehts doch in der Bibel! Genau:

„Dann sprach Gott, der Herr: Es ist nicht gut, dass der Mensch allein bleibt. Ich will ihm eine Hilfe machen, die ihm entspricht.“

Die Bibel, Gen. 2,18

---

[5] Da die beiden Bibeln in der Substanz der Aussagen gleich sind und sich nur in verschiedenen, nicht essentiell wichtigen Formulierungen unterscheiden, folgen wir in diesem Kapitel der Einheitsübersetzung [15]

Moment mal – die Menschen waren doch im 1. Buch der Bibel schon zu zweit, waren doch schon ein Paar! Und jetzt, im zweiten Buch, ist Adam single?

„Da ließ Gott, der Herr, einen tiefen Schlaf auf den Menschen fallen, so dass er einschlief, nahm eine seiner Rippen und verschloß ihre Stelle mit Fleisch. Gott, der Herr, baute aus der Rippe, die er vom Menschen genommen hatte, eine Frau und führte sie dem Menschen zu."
Die Bibel, Gen. 2, 21-22

Vergessen wir, dass diese Stelle die Gläubigen an die Außerirdischen derart interpretieren, dass Adam narkotisiert, ihm genetisch verwendbares Zellmaterial entnommen und daraus das weibliche Gegenstück produziert wird.

Aber Gott kann sich nicht widersprechen, auch und schon gar nicht im von ihm selbst inspirierten Schöpfungsbericht. Also muss zwischen Gen. 2,7 und Gen. 2,18 irgendetwas geschehen sein. Zumindest eines ist klar: Adams erste Frau ist nicht mehr da. Verschwunden. Wird nicht mehr erwähnt. Eva ist eindeutig die zweite Frau Adams.

Dass es sich um zwei unterschiedliche Schöpfungsberichte handelt, geben heutzutage sogar die Bibelwissenschafter zu.

Auch den Israeliten war die Diskrepanz schon klar. Und da tauchen in der jüdischen Literatur ab und zu Andeutungen auf, geistern angeblich durch Midrasch und Talmud, aber so richtig fassen kann man diese erste Frau in den jüdischen Texten nicht. Explizit erwähnt wird sie erst in einem sehr obskuren Werk, dem „Alphabet von Ben Sira, 22a-23b und 33a-b, Odzare Midraschim". Und dort wird auch ihr Name genannt: Lilith.

Die jüdischen Legenden berichten, dass es zwischen den gleichzeitig erschaffenen Adam und seiner Lilith zum Streit kam, da sie ja beide völlig gleichberechtigt in die Welt gesetzt worden waren. Und Lilith wollte beim Sex angeblich nicht unten liegen, da sie sich dadurch abgewertet gefühlt habe. Und Adam wollte natürlich auch nicht unten liegen, weil sich sonst ja er abgewertet gefühlt hätte. Als

Gott der Herr den wahrscheinlich lautstarken Streit schlichten wollte, indem er anordnete, dass Adam oben liegen sollte, fühlte sich Lilith erst recht zurückgesetzt und geriet in Wut. Sie schrie Gott dem Herrn einen seiner Namen ins Gesicht; einen jener Namen, die nie ausgesprochen werden durften und zog ihrer Wege. Natürlich war es nicht gut, dass Adam allein blieb, aber mit der streitbaren Feministin Lilith war nicht gut Kirschen essen. Daher musste eine neue Partnerin her, denn mit der Ex war es ein für alle Mal aus.

„Und der Mensch sprach: Das endlich ist Bein von meinem Bein, und Fleisch von meinem Fleisch. Frau soll sie heißen, denn vom Mann ist sie genommen."
Die Bibel, Gen. 2, 23

Was übersetzt wohl heißen mag: diese Frau wird nicht mehr aufbegehren, denn sie ist nichts ohne meine Existenz. Diese Frau hat zu gehorchen.

Und irgendwie muss sich die Geschichte, wenn auch nur in kleinen, eingeweihten Kreisen, erhalten haben. Da gibt es doch in Faust I von Goethe folgenden Dialog in der Walpurgisnacht:

Mephistopheles: *„Lilith ist das."*

Faust: *„Wer?"*

Mephistopheles: *„Adams erste Frau. / Nimm dich in Acht vor ihren schönen Haaren, vor diesem Schmuck, mit dem sie einzig prangt. / Wenn sie damit den jungen Mann erlangt, / So läßt sie ihn so bald nicht wieder fahren."*

Frauen vergessen Kränkungen und Beleidigungen nicht so leicht. Wunderbar hat das Emanuel Schikaneder, der Textdichter von Mozarts Zauberflöte, formuliert, als er die Königin der Nacht singen läßt: „Der Hölle Rache kocht in meinem Herzen."

Offensichtlich verwindet es Lilith nicht so einfach, dass Adam nun eine neue Gespielin hat. Sie wird Zwietracht säen. Also macht sich die Ex, diese falsche Schlange, an die naive Eva heran und flüstert ihr so manches ein, um sich vor allem an jenem zu rächen, der ihr die Herabwürdigung befohlen hat: an Gott dem Herrn. So gibt sie Eva die verbotene Frucht, wie gesagt, diese falsche Schlange. Aus welchem Grund sonst hätte Michelangelo sie in der Sixtinischen Kapelle genauso gemalt? Als Frau mit Schlangenkörper?

Abb. 15b: Der Sündenfall und die Vertreibung aus dem Paradies; Deckenfresko Sixtinische Kapelle, Vatikan

Gar vieles wurde übernommen

Die Israeliten haben also nicht nur die Schöpfungsgeschichte, sondern auch Personennamen aus Ägypten übernommen – der Vater von Josua hieß Nun. Und schließlich ist auch Moses ein ägyptischer und kein semitischer Name. Die Bedeutung von „Moses“ ist allerdings kein Name an sich, sondern nur Namensbestandteil. Die angeblichen Israeliten waren somit nichts anderes als ausgewanderte Ägypter, die erst viel später zu einem Volk namens Israel zusammenfinden sollten.

„Moses“ bedeutet soviel wie „ist geboren“.

Der ägyptische Begriff ging ins Hebräische als Name ein und blieb bis heute auch in Varianten wie etwa „Mosche“ oder „Moische“ erhalten.

Für Ägypter bedeutete „Moses“ sinngemäß übersetzt „er ist da“. Dies machte aber alleinstehend für Personenbezeichnungen keinen Sinn. Sie hätten sich gefragt, wer als Patron des Geborenen fungieren sollte, denn der Name wäre erst mit der Zuordnung komplett gewesen, wie etwa bei Thutmosis oder Sobekmosis. Zwangsläufig entsteht dabei die Frage: weshalb hat der Ägypter Moses den ersten Teil seines Namens, die Zuordnung zu einer ägyptischen Gottheit, verschwiegen?

Oder – hat er das gar nicht, sondern wurde sein Name erst später, möglicherweise aus ideologischen Gründen verkürzt? Dafür spricht Einiges – und wir werden dieser Frage etwas später noch auf den Grund gehen.

Wer meint, dass nicht allzu viel aus der ägyptischen Schöpfungsgeschichte von den Israeliten übernommen werden konnte, da sie ja eine eigene in Form der Bibel hatten, liegt falsch, wie bereits bewiesen wurde. Der ägyptische Schöpfungsmythos, der von den Israeliten übernommen wurde, ist mit Sicherheit mindestens 2.500 Jahre älter als jener der Bibel. Vielleicht nehmen wir noch eine kleine Kostprobe mit:

Nach der ägyptischen Schöpfungsgeschichte trat aus den ursprünglichen acht kosmischen Prinzipien der personifizierte Gott Chnum als einer der Schöpfergötter hervor, dem das Bild des Widders zugeordnet ist. Gott Chnum ging daran, Menschen, Tiere und Pflanzen auf seiner Töpferscheibe aus Lehm zu erschaffen. [13]

Abb. 16: Der widderköpfige Gott Chnum erschafft auf der Töpferscheibe die Menschen. Wandbild im Chnum-Tempel auf der Insel Elephantine.

Dies ist eine sehr überzeugende Parallele zum biblischen Schöpfungsbericht. Was uns nicht wundern sollte, denn die Israeliten haben ihn ja aus Ägypten mitgenommen, wie wir vorhin festgestellt haben. Insbesondere die Tatsache, dass beide Schöpfungsmythen auf Lehm oder Erde als Grundstoff für die Erzeugung eines lebenden Wesens zurückgreifen, ist doch sehr aussagekräftig.

In der jüdischen Tradition läßt dieser Gedanke später den aus Lehm geformten und vom weisen Rabbi (welcher genau es war, darüber gibt es verschiedene Versionen) gelenkten Golem entstehen.

In der ägyptischen Schöpfungsgeschichte ist die Erschaffung des Menschen etwas differenzierter dargestellt. Wie auf Abb. 16 ersichtlich stellt Chnum nicht nur den Menschen, sondern auch sein *Ba* her. *Ba* ist in der altägyptischen Mythologie ein seelischer Aspekt des Menschen, der mit seinem Körper verbunden ist – untrennbar, solange der Mensch lebt. Nach dem Tod kann sich das *Ba* vom Körper lösen, daher wird es im ägyptischen Totenbuch als Vogel mit menschlichem Kopf dargestellt.

Dennoch bleibt das *Ba* als Träger der unvergänglichen Kräfte Bestandteil des toten Körpers, es kehrt immer wieder zu dem Toten zurück. Damit dies auch gesichert ist, wird das *Ba* mit Speisen und Getränken, welche man dem Toten mit ins Grab gibt, angelockt. Mißlingt dies, so schwirrt das *Ba* ungebunden herum und wird zur Freiseele. [13]

Abb. 17: Ba-Aspekt der menschlichen Seele, den toten Körper verlassend

Die alten Ägypter kannten insgesamt drei verschiedene seelische Aspekte, sie haben es sich also nicht einfach gemacht. Der erste seelische Aspekt, das *Ba,* kann am ehesten mit dem Bewusstsein eines Menschen gleichgesetzt werden, das gemeinsam mit dem Menschen geschaffen wird und als selbstständige Einheit existiert.

Das Bewusstsein kann sich vom Körper lösen. In unseren Tagen wird dies immer wieder von Personen berichtet, welche Nahtoderfahrungen machten. Diese Personen haben den Eindruck, als könnten sie sich vom Körper lösen und etwa Operationen von oben betrachten, welche an ihrem eigenen Körper vorgenommen werden. Dabei scheint diesem frei schwebenden Bewusstsein diese Fähigkeit genommen zu werden, wenn es gelingt, den fleischlichen Körper zu reanimieren. Das Bewusstsein muss dann wieder in den lebenden Körper zurück.

Es gibt umfangreiche Literatur über solche Ereignisse, und jeder kann sich darüber ein eigenes Bild machen, ob es dieses Phänomen gibt oder nicht. Dabei sollte man nicht außer Acht lassen, dass Personen mit solchen Erlebnissen zumeist tief davon geprägt werden und ihre Lebenseinstellung mit ihrem Wertesystem neu und oft radikal ordnen.

Gott Chnum erzeugt sowohl den Menschen als auch sein *Ba*, aber damit die beiden wirksam aneinander gebunden werden, muss noch etwas geschehen. In der biblischen Schöpfungsgeschichte ist es Gott, der den Atem des Lebens in die aus Erde geformte Gestalt des Menschen bläst. Bei den alten Ägyptern ist es *Amun*, eines der ursprünglichen acht kosmischen Prinzipien, das durch dieselbe Methode wirksam wird.

Amun ist das Verborgene, das im Lufthauch Wirkende, das „In-allem-Seiende". Erst dieser göttliche Hauch von Amun, die wirkende Kraft des kosmischen Prinzips, verbindet in der religiösen Vorstellung der alten Ägypter die körperliche Hülle mit dem daran festgebundenen und erst nach dem Tode frei beweglichen Bewusstsein.

Abb. 18: Ka-Hieroglyphe

Abb. 18a: Ka-Hieroglyphe als Namensbestandteil in Pharaonenkartuschen. Abydos, Tempel Setoy I., Königsliste

Dieser verborgene Teil des Seelischen hieß bei den Alten Ägyptern *Ka*, das am Besten wohl mit dem Unterbewussten gleichgesetzt werden kann – die moderne Psychologie hat, wie wir einige Seiten vorher schon feststellen konnten, die psychischen Gegensatzpaarungen Bewusstsein-Unterbewusstsein bestätigt. Das *Ka* konnte in der Vorstellung der altägyptischen Theologie den leblosen Körper ebenfalls verlassen, blieb jedoch bei ihm, um Schutz und Fürsorge zu gewähren.

Nun wird sonnenklar, dass die Gnostiker, wie vorher erwähnt, die jahrtausendealten Vorstellungen der Ägypter übernommen haben.

Waren der leblose Körper, das *Ba* und auch das *Ka* wieder beisammen, so konnte die Seele mitsamt dem Körper des Verstorbenen zu einem *Ach* werden, und erst in diesem Zustand das ewige Leben erreichen. Aus diesem Grund war es unbedingt notwendig, den toten Körper zu erhalten – um den flügge gewordenen Seelenkomponenten die Rückkehr und Vereinigung zum gewohnten Individuum zu ermöglichen. Ohne diese Vereinigung wurden Ka und Ba zu freien Geistern, die sich ohne Halt zwischen den Welten verloren.

Erst das *Ach* konnte vor das Totengericht kommen und sich der Beurteilung durch Osiris stellen, um ins Paradies *sechet-iaru* eingelassen zu werden – wir kommen darauf noch etwas ausführlicher zurück.

So hat sich die Vorstellung der unsterblichen Seele aus der Ägyptischen Theologie in der jüdischen, und damit in deren Fortsetzung, der christlichen Religion, erhalten. Und, wie der *Ach*-Zustand nahelegt, auch die Idee der „Auferstehung des Fleisches", denn nur wenn *Ach* mit Körper das Totengericht überstand, war das ewige Leben garantiert.

In diesem Zusammenhang vielleicht ein durchaus interessanter Hinweis: Das Totengericht wurde im Jenseits, im *duat*, abgehalten. Da der Verstorbene nicht selbst dorthin gelangen konnte, musste er sich der Hilfe eines Fährmannes namens *Mahaf* bedienen [44]. Scheinbar hat sich auch die klassische griechische Mythologie bestimmte Elemente aus der ägyptischen geholt, da bei den Griechen ein gewisser Charon seines Amtes waltet – manche (und nicht nur diese) Parallelen liegen auf der Hand.

Doch das war noch lange nicht alles, was die Israeliten von Ägyptern übernommen haben. Als die verschiedenen kanaanäischen Stämme zur Völkergemeinschaft Israel zusammenwuchsen, was etwa ab dem 13. Jhdt. v. Chr. begann und im 11. Jhdt. v. Chr. den Abschluss fand, blieb aus dem theologischen Gerüst der Altägypter allerhand bis in unsere Tage erhalten, wovon hier nur einige Beispiele angeführt sind:

Kain und Abel: Im Mythos des Gottes *Osiris* – dem wir schon kurz als Sohn von Himmel und Erde, also von *Nut* und *Geb*, begegneten, finden wir die erste Parallele. *Osiris* und *Isis* liebten einander bereits im Bauch ihrer Mutter, daher war dieses Götterpärchen füreinander bestimmt. *Nut* gebar noch eine weitere Tochter, *Nephthys*, und einen weiteren Sohn, *Seth*. Der machte ihr schon bei der Geburt Schwierigkeiten, denn er brach aus ihrer Seite hervor. Alle Kinder

Nuts werden in menschlicher Form dargestellt, nur Seth wird mit dem Kopf eines bisher nicht identifizierten Tieres ausgestattet. Alle bisherigen Versuche, den schmalen Kopf mit der nach unten gebogenen Schnauze und den eckigen Ohren einem bestimmten Tier, u.a. einem Esel zuzuordnen, überzeugen nicht. Wahrscheinlich ist ein fuchs- oder schakalartiges, bereits ausgestorbenes Tier die Vorlage zum Kopf des *Seth*. Der uns bekannte klassische Schakal dient einem anderen Gott als Attribut.

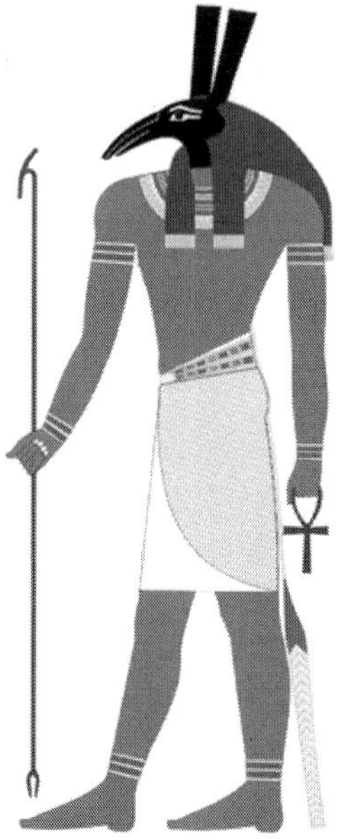

Abb. 19: Seth

Osiris erhielt von seinem Vater die Machtbefugnis über die fruchtbare Erde und die von ihr hervorgebrachten Lebewesen. *Seth* war zuständig für Dürre, Chaos, Leid, Gewalt, Störungen jedweder Art. Für die ägyptische Theologie machte dies Sinn, denn das gedeihliche Sprießen der Pflanzen und das Heranwachsen des Viehs musste einen Verderben bringenden Gegenpart haben, um ein Ganzes zu bilden. Diese Zuordnung zu negativ besetzten Eigenschaften wird *Seth* wohl maßlos geärgert haben. Seine Wut wuchs nur noch mehr, als er dahinterkam, dass seine Schwester und Frau *Nephthys* von seinem Bruder *Osiris*, der doch mit *Isis* verheiratet war, sich ein Kind wünschte. Und wie Frauen so sind, hat sie ihren Kopf durchgesetzt. Ob sie *Osiris* nun in der Gestalt von *Isis* besuchte oder nicht – sie gebar *Anubis*.

Seth packte der Neid auf *Osiris*, der alles Gute abbekommen hatte, auch seine Frau, wohingegen er selbst nur die Personifikation allen Ungemachs war. Aus Wut darüber, der Benachteiligte zu sein, ermordete *Seth* seinen Bruder *Osiris*.

„Adam hatte nun Verkehr mit Eva, seiner Frau, und sie wurde schwanger und gebar Kain ... Sie gebar ein zweites Mal, nämlich Abel, seinen Bruder. Abel wurde Schafhirt und Kain Ackerbauer. Nach einiger Zeit brachte Kain dem Herrn ein Opfer von den Früchten des Feldes dar; auch Abel brachte eines dar von den Erstlingen seiner Herde und von ihrem Fett. Der Herr schaute auf Abel und sein Opfer, aber auf Kain und sein Opfer schaute er nicht. Da überlief es Kain ganz heiß, und sein Blick senkte sich."

Die Bibel, 1. Buch Mose 4,1-5 [15]

Also hat der Brudermord nicht in der Bibel, sondern wesentlich früher in Ägypten Eingang in die theologische Literatur gefunden. Oft wird diese Schilderung als letztes Echo der Auseinandersetzungen zwischen den ersten Ackerbauern und Nomaden am Beginn der sogenannten „Neolithischen Revolution" in der Jungsteinzeit verstanden, als der Übergang von der Jäger- und Sammlerkultur zur ortsfesten Ackerbaukultur stattfand. Die Nomaden konnten das eifersüchtige Hüten des Landes durch die Ackerbauern wohl nicht verstehen – und mussten aufgrund ihrer geringeren Ressourcen unterliegen.

Möglicherweise ist in dieser Auseinandersetzung auch die Ursache zu suchen, dass die Errichter der Tempelanlagen von Göbekli Tepe in der Türkei den Untergang ihrer bisherigen Lebensweise begriffen – und ihre Kultbauten samt den alten Traditionen der Jägervölker sorgfältig begruben. Deren Welt war zu Ende gegangen. [18]

Doch die Parallelen zwischen Kain (Seth) und Abel (Osiris) gehen noch viel weiter. Dazu müssen wir ein wenig ausholen.

Allgemein bekannt ist, dass nicht alle religiös motivierten Schriften Eingang in die Bibel fanden, sowohl im Alten als auch im Neuen Testament – wir haben davon ja schon im Kapitel über die Gnostiker einiges gelesen. Die Reihenfolge der Schriften, welche in der Bibel im Alten Testament enthalten sind, wurde von hebräischen Theologen festgelegt – kanonisiert. Viele nicht kanonisierte Schriften blieben daher vom offiziellen religiösen Brauch und der „reinen" Lehre ausgegrenzt – aus vielerlei Gründen. Die nicht im Kanon der Bibel enthaltenen Schriften werden als *Apokryphen* bezeichnet.

Welche Schriften nun kanonisiert wurden (und warum) ist eine spannende Geschichte, die den Raum dieser Abhandlung bei weitem sprengt. Hier soll nur festgehalten werden, dass die Kanonisierung des Alten Testamentes, also die Aussortierung nicht gewünschter Schriften, schon sehr früh einsetzt. Dem König Josia von Judäa (641-609 v. Chr.) etwa war die religiöse Vereinheitlichung ein sehr wichtiges Anliegen, da er die einheitliche theologische Ausrichtung als wichtiges Identitätsmerkmal des Staates ansah – was ja auch die ursprüngliche Absicht der Verfasser der vier Moses-Bücher war – um eine staatliche Identität ähnlich jener von Ägypten zu schaffen. Die staatliche Ordnung Ägyptens beruhte seit grauen Vorzeiten zum großen Teil auf dem durchkomponierten, schlüssigen theologischen Konzept, das alle Ägypter mit einer gemeinsamen Grundlage des täglichen Lebens verband. Die Heilige Schrift ist daher als politisch verwendbares Manifest verfaßt worden [50] – eine Absicht, die ja funktioniert hat. Mohammed hat mit dem Koran nichts anderes beabsichtigt – und das hat ja im Großen und Ganzen auch funktioniert.

Moment – habe ich von den vier mosaischen Büchern geschrieben? Ja, genau.

Aber es gibt doch fünf – darum heißen die fünf Bücher Mose auf Griechisch „Pentateuch", weil das griechische Wort „penta" eben „fünf" bedeutet?

Stimmt.

Aber das Fünfte Buch, das nichts Anderes als eine umfangreiche Gesetzessammlung ist, wurde – so ein Zufall aber auch – anläßlich der Renovierung des Tempels in Jerusalem gefunden. Und diese Renovierung fiel in die Regierungszeit welchen Königs? Erraten – Josia!

Während der Babylonischen Gefangenschaft gab es weitere Bestrebungen zur Vereinheitlichung, die später von den Propheten Esra und Nehemia vorangetrieben wurden. Der Kanonisierungsprozeß der hebräischen Schriften fand erst mit der jüdisch-pharisäischen Synode von Jamnia (das liegt im heutigen Gaza-Streifen) um 90 n. Chr. seinen Abschluss. Dabei wurde auch festgelegt, dass ab dieser Synode Anhänger der christlichen Lehre aus dem Jerusalemer Tempel und den Synagogen ausgeschlossen blieben.

Angeblich existierten an die 40.000 verschiedene religiöse Schriften, und diese wiederum in zahllosen Abschriften und Ausgaben, die höchstwahrscheinlich beim Brand der Bibliothek von Alexandria in Rauch aufgingen. Übrig blieben einige wenige, welche sowohl im hebräischen Index der verbotenen Bücher standen als auch in jenem der Christen – obwohl die beiden Listen gewisse Unterschiede aufwiesen. Aber auch diese kümmerlichen Reste der einstigen Fülle machten den Wächtern der reinen Lehre – sowohl den hebräischen als auch den christlichen – genug Schwierigkeiten. Mussten sie sich doch mit Arianern, Nestorianern, Manichäern, Essenern, Pharisäern und vielen anderen Abweichlern und Haarspaltern auseinandersetzen – was nicht immer ohne Blutvergießen abging.

Die Funde von Qumran (1945) und Nag Hammadi (1947) brachten neben einigen bereits bekannten Schriften eine Fülle bisher nicht bekannter Dokumente zutage. Und im 20. Jahrhundert ließ sich der Deckel nicht mehr auf dem einzig richtigen Schriftenkanon der einzig wahren Religion draufhalten. Die Leute wollten wissen, was in den Apokryphen stand. Und vor allem, warum sie diese nicht lesen hätten sollen.

Unter diesen Apokryphen – und damit kommen wir wieder zu Kain und Abel – fand sich eine namens „Schatzhöhle" [38]. Und darin wird die ewige Frage gelöst: Wie, bitte, haben sich die Söhne von Adam und Eva, Kain und der später geborene Seth, fortgepflanzt? Lesen wir:

„Dann stiegen Adam und Eva von diesem heiligen Berg bis zu seinen Grenzen nach unten herab, und dort erkannte Adam sein Weib Eva. Sie ward schwanger und gebar den Kain samt seiner Schwester Lebuda. Dann war sie abermals schwanger und gebar den Abel samt seiner Schwester Kelimat."

Schatzhöhle 5, 18-20

Adam hat Eva natürlich schon früher gekannt, diese Formulierung bedeutet nichts anderes als dass Adam Eva als weibliches Wesen erkannte, also mit ihr kopulierte. Und Eva gebar zweimal hintereinander Zwillinge. Hier liegt die Parallele zur innerfamiliären dynastischen Pflege der Ägypter klar auf der Hand. Die beiden Brüder hatten keine Wahl – sie mussten ihre Schwestern heiraten.

„Als die Kinder groß wurden, sprach Adam zu Eva: „Kain soll Kelimat, die mit Abel geboren ward, heiraten und Abel die mit Kain geborene Lebuda!" Da sprach Kain zu seiner Mutter Eva: „Ich heirate meine Schwester und Abel soll die seinige nehmen;" Lebuda war nämlich schön."

Schatzhöhle 5, 21-22

Hier existiert eine weitere Parallele: War es nicht Osiris, der mit Isis verbunden war, aber seine Schwägerin Nephthys, immerhin Isis' Schwester, begehrte und gar schwängerte? Und offensichtlich war das nicht angenommene Opfer des Kain bloß ein Vorwand – es ging tatsächlich um die Frau – und natürlich um die attraktivere:

„Als Adam diese Worte vernahm, ward er darüber sehr böse und sprach: „Es ist eine Gebotsübertretung, wenn du deine mit dir geborene Schwester heiratest. Nehmt euch aber von den Baumfrüchten und den jungen Schafen und besteigt den Gipfel des heiligen Berges; dann geht in die Schatzhöhle hinein und bringt dort eure Opfer dar! Betet dann vor Gott und verbindet euch hernach mit euren Weibern!" Nachdem Adam, der erste Priester, mit seinen Söhnen Kain und Abel auf den Gipfel des Berges hinaufgegangen war, fuhr der Satan in Kain, er solle seinen Bruder Abel wegen Lebuda töten, aber auch deswegen, weil sein Opfer von Gott verstoßen und nicht angenommen ward, während

Abels Opfer angenommen wurde. Und Kain steigerte seinen Neid gegen Abel noch weiter. Und als sie in die Ebene hinabstiegen, erhob sich Kain gegen seinen Bruder Abel und tötete ihn durch einen Schlag mit einem Feldstein. Sofort aber empfing er das Todesurteil. Und so war er alle seine Lebenstage in Bedrängnis, und Gott vertrieb ihn ins Gefilde von Rod. Da nahm er seine Schwester mit und wohnte daselbst.
Schatzhöhle 5, 23-32

Nun ist klar, weshalb in der kanonisierten Bibel davon nichts zu finden ist. Es handelt sich um Inzest, Verbindung jeweils von Bruder und Schwester zwecks Zeugung von Nachkommen. Und dieses Arrangement wurde noch dazu vom ersten Priester, von Adam, befürwortet – gut, es war ja niemand anderer da. Doch das geht heutzutage gar nicht, dachten sich die Verfasser der Bibel [50].

Adam wollte noch das kleinste Übel zustandebringen, nämlich dass jeweils Partner aus dem anderen Paar bestimmt werden, doch spielte Kain nicht mit. Welche seiner beiden Schwestern er mit nach Rod nahm, wird leider nicht erwähnt. Nehmen wir einmal an, dass er seinen Kopf durchsetzte und mit seiner Zwillingsschwester fortan durchs Leben ging.

Inzest war in der jüdischen Gesellschaft strikt verboten:

„Verflucht ist, wer sich zu seiner Schwester, der Tochter seines Vaters oder der Tochter seiner Mutter legt."
Die Bibel, 5. Buch Mose, 27, 22

Was nicht zuletzt zur ewigen Feindschaft mit den Moabitern und Ammonitern führte. Diese beiden Stämme entstanden – nach der Bibel – aus der inzestuösen Verbindung von Lot mit seinen beiden Töchtern.

Die Auferstehung: *Seth* (diesmal der ägyptische Gott und nicht der namensgleiche 3. Sohn von Adam und Eva) sperrte den toten Bruder Osiris in einen verschlossenen Kasten und warf ihn ins Meer, damit der Ermordete von niemand mehr gefunden werden konnte. Doch das Meer spülte ihn an die Küste von Byblos, wo ihn *Isis* fand und zurück nach Ägypten brachte. Und sie machte sich daran, *Osiris* zum Leben zu erwecken. Da raste *Seth* vor Zorn, bemächtigte sich abermals des Bruders und zerriß und zerstückelte ihn in viele Teile, die er über die ganze Welt verstreute.

Damit scheint in der Menschheitsgeschichte der erste Holzsarg aufgetaucht zu sein.

Die Wiederbelebung dürfte sich in einem der ältesten Rituale erhalten haben, das die Alten Ägypter vollzogen: dem Mundöffnungsritual. Obwohl es sich dabei weniger um die Mundöffnung, sondern die Erweckung der Sinne des bereits Verstorbenen handelt. Dabei wurden besondere Geräte verwendet, welche die Paläo-Seti-Anhänger als unpräzise Erinnerungen an medizinische Instrumente zur Intubation interpretieren.

Abb. 20: Zeichen für mesechtiu

Abb. 20a: Zeichen für Stierschenkel

Die klassische Interpretation der Ägyptologen ist jedoch, dass es sich bei dem wichtigsten Gerät, dem *mesechtiu*, um eine abstrahierte Form eines Stierschenkels handelt, der in allen Opferritualen eine besonders herausragende Rolle spielte. Mit der Darreichung dieses herausragend kostbaren Opfergutes sollen die Sinne etwa einer Götterstatue erweckt und die Gegenwart des Gottes in diese Statue gerufen werden. Dafür gibt es Hinweise aus den Pyramidentexten der 5. Dynastie:

„Horus schnitt ab die starken Arme/Hüften (Beine) deiner (Osiris) Feinde und Horus brachte sie abgeschnitten zu dir (Osiris).“
Pyramidentext 653a–b

Dennoch dürfte die klassische Interpretation ziemlich danebenliegen. Das Gerät, welches in Abb. 20 dargestellt wird, hat in der Gardiner-Liste den Lautwert „nw“, was etwa wie „nauw“ oder „new“ ausgesprochen wird. In derselben Liste wird es als „Dechsel“ bezeichnet, was mit Mundöffnung einfach logisch nicht zusammenpaßt. Denn eine Dechsel ist eine Axt, deren Schneide quer zum Schaft angebracht ist und zum groben Bearbeiten von Holz verwendet wird. Das hat mit dem „*mesechtiu*" für die Mundöffnung rein gar nichts zu tun – und eine Bearbeitung mit der Axt hätten die Alten Ägypter an einer Mumie in keinem Fall zugelassen. Dazu gibt es sogar bildliche Beweise:

Abb. 21: Mundöffnungsritual, Papyrus Hunefer ca. 1300 v. Chr., British Museum

Auf diesem sehr schönen Papyrusbild wird das Mundöffnungsritual an der Mumie des Hunefer zelebriert. Ein Priester hebt soeben das *mesechtiu* an die Lippen der Mumie. Wer das Bild etwas genauer betrachtet, erkennt eine weiße Stele rechts hinter der Mumie, und genau darunter ist ein Tisch mit Opfergaben aufgebaut, verschiedene Werkzeuge hängen an der Wand oberhalb des Opfertisches.

Auf dem Tisch erkennen wir einen Stierschenkel, und darüber mehrere Dechseln in verschieden großen Ausführungen. Rechts neben den Dechseln ist ein Instrument, das nur ähnlich wie eine Dechsel aussieht und ident mit jenem ist, das der Priester soeben handhabt. Es handelt sich also um etwas ganz anderes als die Dechsel.

Damit ist auch die von den Ägyptologen behauptete Verbindung zwischen dem Stierschenkel und dem Sternbild des Großen Wagens aus meiner Sicht reine Esoterik, da wird zuviel Mysteriöses, durch nichts Belegtes hineininterpretiert.

Das Mundöffnungsritual stammt offenbar aus der prädynastischen Periode, also aus der Frühzeit der Altägyptischen Kultur. Das Ritual war der zentrale Bestandteil jeder Grablegung, einer der bedeutendsten Vorgänge zur Sicherung des Lebens nach dem Tode. Und die Hebräer haben es wie vieles andere in seiner spirituellen Bedeutung übernommen:

„Befreie mich von meiner Blutschuld o Herr, du Herr meiner Rettung, dass meine Zunge freudig deine Gerechtigkeit kundtut. O Herr, mögest du diese meine Lippen öffnen, dass mein eigener Mund kundtun möge."

Die Bibel, Psalmen 51, 14-15

Kommen wir zur Wiederauferstehungsgeschichte zurück: *Isis* wollte die Geschichte mit dem in viele Teile zerlegten Leichnam nicht enden lassen – sie wollte Rache. Gemeinsam mit ihrer Schwester und Schwägerin *Nephthys*, die ja schon ein Kind von *Osiris* hatte, suchte und fand sie alle Teile von *Osiris* und begann ihn zusammenzusetzen.

In manchen Varianten des Mythos fanden die beiden Schwestern den Penis ihres Bruders nicht mehr und mussten das männliche Glied durch ein Lederimitat ersetzen (auf was alles die Frauen schon vor 6.000 Jahren gekommen sind), in den meisten Varianten der Story wird darauf jedoch nicht eingegangen. Die beiden Frauen setzten die Teile des *Osiris* zusammen und banden sie fest aneinander, damit er nicht mehr auseinanderfallen könne – möglichweise war dies auch eine der theologischen Begründungen für das Einbalsamieren – dass der Körper erhalten bliebe, um *Ba* und *Ka* ewige Heimstatt zu sein und vor Verwesung und Auseinanderfallen zu bewahren – da er sonst das Weiterleben des *Ach* nicht mehr gewährleisten konnte.

Abb. 22: Der tote Osiris aufgebahrt, links Isis, rechts Nephthys. Auf den Bettpfosten machen sich die Symbole der Ba- und Ka-Seelen des toten Gottes zum Abflug bereit. Auf dem Baldachin über Osiris die Emanation der Isis um sich zur Zeugung von Horus auf Osiris' Penis niederzulassen.

Schließlich lag der tote, frisch zusammengesetzte *Osiris* aufgebahrt da und *Isis* ging daran, ihren Racheplan auszuführen. Sie ließ sich auf dem Penis ihres Gatten nieder, um von ihm zu empfangen.

Auch in dieser Situation sehen die Verfechter jener Lehre, die behauptet, dass die Götter nichts anderes als technisch überlegene Außerirdische waren, für ihre Vorstellungen eine Bestätigung. Isis' Befruchtung konnte nach deren Auslegung dieser Geschichte nichts anderes sein als die antike Version einer posthumen *in-vitro*-Fertilisation. Schließlich ist es heutzutage durchaus möglich, dass eine Frau mit dem Sperma eines bereits Verstorbenen befruchtet wird. Das muss für die technisch weit überlegenen Außerirdischen geradezu ein Klacks gewesen sein.

Aus dieser Vereinigung entstand *Horus*, der Sohn *Osiris'*. Der sollte, sobald er herangewachsen war, den Vater rächen. *Horus* bekämpfte *Seth* bis aufs Blut, beide trugen Blessuren davon – *Horus* verlor ein Auge und *Seth* seine Hoden. Doch den Sieg konnte keiner der beiden davontragen – *Seth* war unbesiegbar, da er als Bestandteil eines Ganzen gesehen wurde. Das traf jedoch auch für *Horus* zu, der den Platz seines Vaters eingenommen hatte.

Schließlich konnte *Horus* seinen Onkel *Seth* überwältigen und brachte ihn gefesselt vor den Sonnengott *Re*, damit dieser zu Gericht über *Seth* sitze.

Nun hatte *Re* mit *Seth* auch noch ein Hühnchen zu rupfen, da *Seth* einst auf der Barke des *Re* während der Fahrt durch die *Duat* (auf dieses Thema kommen wir noch) am Bug stand und mit seiner Kampfkraft die Schlange *Apophis* im Zaum halten konnte, welche *Re* verschlingen wollte. Da *Seth* jedoch seine Wichtigkeit überschätzte, forderte er Anerkennung und schließlich ultimativ Insignien und Macht von *Re*, um selbst als Sonnengott aufzutreten – er wollte eben seinen Frust aufgrund der seinerzeitigen göttlichen Zurücksetzung kompensieren.

Doch *Re* fesselte den Aufmüpfigen, ersetzte auf der Barke *Seth* durch *Thoth* und überantwortete den gefesselten Gott *Isis* und *Horus*, die der Sache ein Ende setzen wollten. *Horus* schnitt *Seth* den Kopf ab. Anders als *Osiris* war damit *Seth* jedoch nicht getötet. Er verwandelte sich in einen brüllenden Drachen, fuhr ins Erdreich und ward nicht mehr gesehen.

Wenn man bedenkt, dass *Seth* immer als negatives Element im Konzert der ägyptischen Gottheiten erschien und zunehmend als böse, in der Spätzeit etwa ab der 23. Dynastie den ausschließlichen Charakter des personifizierten Bösen erhielt und diese Zeit mit der Staatswerdung des Königreiches Juda zusammenfiel, können wir wieder die Übernahme altägyptischen Götterglaubens in die jüdische und damit christliche Lehre feststellen:

„Und ich sah einen Engel aus dem Himmel herabkommen mit dem Schlüssel des Abgrundes und einer großen Kette in seiner Hand. Und er ergriff den Drachen, die Urschlange, welche der Teufel und der Satan ist, und band ihn für tausend Jahre. Und er schleuderte ihn in den Abgrund und verschloß diesen und versiegelte ihn über ihm, damit er die Nationen nicht mehr irreführe, bis die tausend Jahre zu Ende wären. Nach diesen Dingen muss er für eine kleine Weile losgelassen werden.“

Die Bibel, Offenbarung 20,1-3 [14]

Man kann den Kampf zwischen *Seth* und *Horus* auch als mythologische Umsetzung jenes Kampfes bezeichnen, welcher der Vereinigung von Ober- und Unterägypten voranging. Doch ist dies zweifelhaft, da sich die Pharaonen jeweils als Herrscher der beiden Landesteile bezeichnet haben – und nicht als Herrscher eines einzigen Landes. In den Köpfen der Menschen scheint die Trennung zwischen Ober- und Unterägypten immer bestehen geblieben zu sein – sicherlich auch durch die Tatsache der sprachlichen Abweichung der beiden Regionen – sie redeten in ähnlichen, sehr nahe verwandten, aber doch klar unterscheidbaren Dialekten.

Der nun tote, durch die festen Bandagen zur Unbeweglichkeit gezwungene *Osiris* wurde vom Rat der Götter mit neuen Aufgaben betraut.

Als Beweis für ein Weiterleben nach dem Tode wurde Osiris als funkelnder Stern an den Körper seiner Mutter *Nut*, also an den Himmel, gefügt.

Ziel für alle Verstorbenen war daher in das himmlische Gefolge des *Osiris* zu treten und ebenfalls als Stern auf *Nuts* Haut zu glänzen. Doch das war erstens nur Pharaonen möglich (für gewöhnliche Sterbliche war das Paradies *sechet-iaru* bestimmt), und zweitens gar nicht so einfach. Denn es gab – wie wir bereits hörten – mehrere Aspekte des jenseitigen Lebens. Neben dem *Ba* gibt es noch das *Ka*.

Das *Ka* können wir nun am Besten als Essenz der Lebenskraft, welche Teil des Wirkens von Amun in allem ist, begreifen. Hier findet sich das Ego des Verstorbenen, die schützende Kraft. Sie ist nicht an den toten Körper gebunden und kann sich frei bewegen. Um die schützenden Fähigkeiten zu nutzen regt man das *Ka* an, sich in einem Standbild der verstorbenen Person zu manifestieren und bringt ihm, um das Quartier in der Statue als angenehm zu empfinden, Opfergaben dar.

Diese religiöse Handlung kennen wir schon vom Mundöffnungsritual von Götterstatuen her. Die an sich sehr langwierige, sich über viele Tage hinziehende Zeremonie der Mundöffnung, mit welcher die Gegenwart eines Gottes in eine Statue bewirkt wurde, hat sich weiterentwickelt. In Kurzformen wurde die Zeremonie schon in den ersten Dynastien auch für normal sterbliche Menschen angewendet – die Priester erschlossen sich damit eine weitere Quelle ständiger reicher Opfergaben. Schließlich muss der Mensch – und Priester sind auch nur Menschen – von irgend etwas leben. Und die Priester konnten – und wollten – von den reichlichen Opfergaben sehr gut leben.

An Beispielen dafür bis in unsere Zeit des 21. Jahrhunderts mangelt es dafür nicht, unabhängig von der konfessionellen Ausrichtung. Betätigen sich die Mönche vom Berg Athos in Griechenland als unantastbare Geldwäscher mit sagenhaftem Vermögen, so meint ein deutscher Provinzbischof sich ein unglaublich teures Palais errichten zu müssen. Doch zurück ins Alte Ägypten.

Erst wenn die beiden seelischen Aspekte der Person miteinander verschmolzen wurden, konnte der Tote ins ewige Leben im Gefolge Osiris' als Stern am Himmel oder ins Paradies eintreten. Die Verschmelzung der beiden Komponenten mit dem leblosen Körper bezeichneten die alten Ägypter als *Ach*. Die Rollen waren klar verteilt. So steht etwa an der Nordwand der Grabkammer in der Pyramide des Pharao Unas, Letzter der 5. Dynastie, ca. 2375-2345 v. Chr. als einer von vielen Sprüchen, die als „Pyramidentexte“ bezeichnet werden:

„Der Ach gehört in den Himmel, der Leichnam in die Erde!“

Um ein *Ach* zu werden, bedurfte es einiger Umstände, welche nur die Hinterbliebenen unter kräftiger Zuhilfenahme der Priester vollbringen konnten. Dazu gehörte eine würdevolle Bestattung, was eine ordentliche Einbalsamierung, Aufbewahrung des Toten in einem möglichst prunkvollen Sarg (der bei hochgestellten Persönlichkeiten und Pharaonen – wie etwa bei Tut-ench-Amun durchaus aus mehreren ineinander gestapelten Särgen bestehen konnte), ausreichend Beigaben für ein komfortables Leben, Mobiliar, etc.

Aber auch Uschebtis waren erforderlich. Das sind kleine menschliche Statuen, welche keine bestimmte Person darstellen, sondern nur Funktionen erfüllen sollen – etwa alle im Jenseits möglicherweise anstehenden Arbeiten für den Verstorbenen durchzuführen.

Die Ausstattung der Gräber richtete sich nach Vermögenslage der Familie des Verstorbenen und dessen Bedeutung im gesellschaftlichen Leben.

Abb. 23: Grab Nr. 359 in Deir-el-Mdina, der Arbeitersiedlung am Tal der Könige, offenbar Grab eines Aufsehers

War die Ausstattung des Grabes noch eine Sache der Handwerker – Steinmetzen, Maurer und Maler – so blieb das den Toten verklärende Begräbnisritual den gierig geöffneten Händen des Priestertums vorbehalten.

Das Ritual diente der spirituellen Reinigung der seelischen Komponenten des Verstorbenen. Erst wenn alle Rituale vollzogen und das Andenken an den Toten von den Hinterbliebenen durch oftmalige Andachten geehrt, sowohl *Ba* als auch *Ka* durch reichliche Opfergaben zur Betreuung des Verblichenen ermuntert wurden, war eine Verschmelzung von *Ba* und *Ka* zum *Ach* möglich.

Dabei gab es keine festgesetzten Fristen – das Totengedenken musste immer hochgehalten werden. Die Priester erstrebten ständige Zuwendungen von den Gläubigen. (Manche Bräuche sind einfach unausrottbar).

Aber auch die Steinschneider und Bildhauer machten ihren Schnitt – es war notwendig, die Gedanken an den Toten in Form einer mehr oder weniger kleinen Figur oder Darstellung eines Sarges zu konzentrieren und diese mit dem Andenken erfüllten Votivgaben zum Grab des Verstorbenen zu legen.

Zu guter Letzt nutzten die alten Ägypter die Auferstehungskraft des Gottes Osiris für ihre eigenen Gräber. Als Anreiz für die beiden Seelenkomponenten wurden in vielen Gräbern Osiris-Betten oder der in schon beinahe industrieller Massenproduktion hergestellte Korn-Osiris gefunden. Die Osiris-Betten waren Holzschalen in Form eines ägyptischen Sarges, in welche Erde und Samen gelegt wurden, damit die Samen sprießen und *Ba* und *Ka* an die Auferstehung erinnert werden und sie zur Vereinigung animieren sollten. Denselben Zweck erfüllte der Korn-Osiris, ein Ziegel aus gebranntem Ton in der Form von Osiris, auch in ihn wurden Samen und Erde zwecks baldigen Keimens gelegt. So kam der Blumentopf bis in unsere Tage.

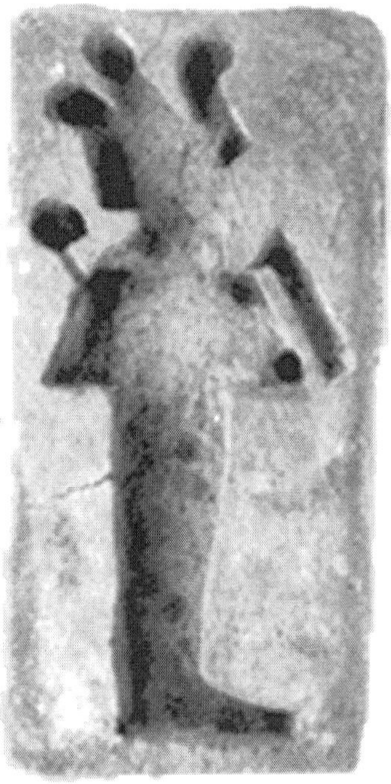

Abb. 24: *Korn-Osiris*

Das Jüngste Gericht, die Erste: Die alten Ägypter sahen in der Sonne die Verkörperung des Sonnengottes *Re* (oder auch *Ra*). Dabei musste zur Aufrechterhaltung des Gegensatzes eine zweite Komponente beteiligt sein. Die Sonne war somit als Erscheinungsform ihres Charakters *Re*, und in der Erscheinungsform als Sonnenscheibe *Aton: „Sein Leib ist der Aton."* [12] Aus der Tatsache, dass abends die Sonne im Westen untergeht und morgens im Osten wieder aufgeht, wurde geschlossen, dass die Sonne – und damit der Sonnengott *Re* – während der Nacht unterhalb der Erde den Halbkreis von West nach Ost durchläuft, unsichtbar für die lebenden Menschen.

Das schuf ein logisches Problem, denn unterhalb – da war die Unterwelt. Aus diesem Grund finden sich fast alle Nekropolen, Grabstätten und Totentempel auf der linken Nilseite, also im Westen – dem Eingang ins Totenreich zugewendet. Eine Ausnahme von dieser Regel gibt es in der Amarna-Zeit, in welcher die Gräber auf dem östlichen Nilufer liegen, der aufgehenden Sonne zugewendet. Dies ist durch die religiöse Revolution Echnatons bedingt.

Also musste *Re* durch das Jenseits, durch das Totenreich reisen, um am nächsten Morgen im Osten aufgehen zu können. Doch das Totenreich war voller Gefahren und Dämonen, es lauerte *Apophis*, der Schlangendämon, der die Gesamtheit der in der Finsternis lauernden Mächte verkörpert, und nach *Seths* Höllenfahrt mit ihm vereinigt wurde, um das Infernalische der im Totenreich lauernden Gefahren noch zu steigern.

Den alten Ägyptern war selbstverständlich klar, dass *Re* nicht zu Fuß durch die Unterwelt gehen kann. Während des Tages fuhr der Sonnengott mit seinem wie Gold erstrahlenden Sonnenschiff über das Firmament, das sich die Ägypter auch als Fluss oder Gewässer vorstellten. Des Nachts gab es einen schwachen Abglanz der Fahrtstrecke der Sonnenbarke in Form der Milchstraße zu sehen, sozusagen als himmlisches Kielwasser der göttlichen Barke. Da die Ägypter abgesehen vom Meer naturgemäß nur eine Wasserstraße kannten, nämlich den Nil, setzten sie die Milchstraße mit einem himmlischen Nil gleich. Wieder haben wir die Einheit eines Ganzen, welches aus zwei sich ergänzenden Hälften besteht. Wohl niemand hat dieses Gedankenkonstrukt besser ausgedrückt als Pharao Echnaton:

„Du schaffst den Nil in der Unterwelt und bringst ihn herauf nach deinem Willen, die Menschen am Leben zu erhalten, da du sie geschaffen hast. Du bist ihrer aller Herr, der sich abmüht an ihnen, du Herr aller Lande, der für sie aufgeht, du Sonne des Tages, gewaltig an Hoheit! Selbst alle Fremdländer erhältst du am Leben, hast du doch einen Nil an den Himmel gesetzt, dass er zu ihnen herabkomme und Wellen schlage auf den Bergen, wie das Meer, um ihre Felder zu befeuchten mit dem, was sie brauchen. Wie wirksam sind deine Pläne, du Herr der Ewigkeit! Den Nil am Himmel, den gibst du den Fremdvölkern und allem Wild der Wüste, das auf Füßen läuft; aber der wahre Nil kommt aus der Unterwelt nach Ägypten.“

Auszug aus „Der Große Sonnenhymnus“, Pharao Amenophis IV. Echnaton, 1350-1334 v. Chr. [19]

In Ägypten ist der Wechsel der Jahreszeiten nur schwach merkbar, wenn man von den Nilfluten absieht, also ist der Unterschied in der Dauer von Tag und Nacht nur gering. Daher hat man schon sehr früh im 4. Jahrtausend v. Chr. die Tageslänge in zwölf Stunden eingeteilt, ebenso die Nacht.

Abb. 25: Die Sonnenbarke Manezet ist auf ein Podest gestellt und wird zur Nachtbarke Mesektet umgerüstet – die Schilde an Bug und Heck symbolisieren die lebenserschaffende Kraft des widderköpfigen Gottes Chnum welche von der Sonnenscheibe auf die Erde gestrahlt wird – werden gegen andere, Re als Majestät darstellende, ausgetauscht und Gott Thoth steigt hinzu um den Kampf mit Apophis aufzunehmen.

Dass die Sumerer diese Einteilung ebenfalls besaßen, muss bis zur Entdeckung eines eventuell gemeinsamen Ursprungs (der nach heutigem Kenntnisstand lediglich hypothetischer Natur sein kann) als reiner Zufall gewertet werden, denn Sumerer und Ägypter hatten zur Zeit, als die Ägypter ihre Zeiteinteilung festlegten, keinen Kontakt. Die Ägypter verwendeten außerdem in ihrem Zahl- und Rechensystem auch nicht das von den Sumerern praktizierte, auf der Zahl 60 basierende Hexagesimal-System, sondern hatten für jede passende Gelegenheit unterschiedliche, spezialisierte Maß- und Zählsysteme. Darüber hinaus rechneten die Ägypter vorwiegend mit Bruchzahlen, welche die Sumerer kaum anwandten. Unterschiedlich zu den Sumerern kannten die Ägypter in ihrer zur Landvermessung eingesetzten Trigonometrie bereits die Zahl Null.

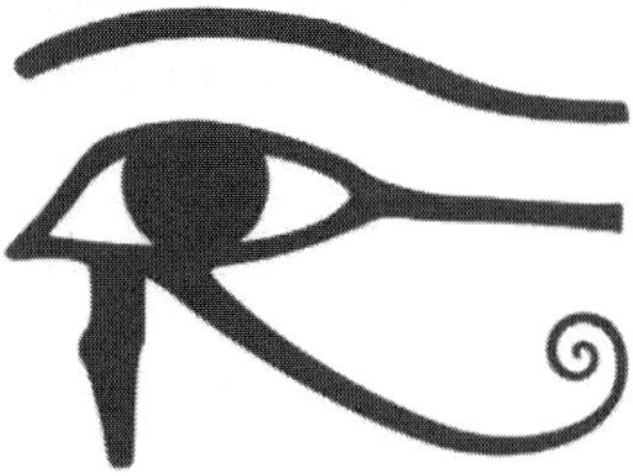

Abb. 26: Udjat-Auge

Wir lasen schon über den Kampf zwischen *Horus* und *Seth* und dass dabei *Horus* ein Auge verlor. Gott *Thoth* konnte das fehlende Auge mit seiner Magie wiederherstellen. Das Symbol dieses neuen Auges – das *Udjat*-Auge – hat wohl jeder schon einmal gesehen. Aufgrund der magischen Bedeutung dieses Auges als Mondauge – das gesunde Auge wurde als Sonnenauge des *Horus* bezeichnet – war es in der altägyptischen Medizin ein Amulett oder Zaubermittel. Aber es war auch ein Rezept zur Mischung von Pülverchen und Medikamenten. *Thoth* hatte das neue Auge nämlich aus verschiedenen Teilen zusammengesetzt, und diese Teile wurden als magische Rezeptur verstanden. Aber nicht nur – es ist auch eine hervorragende Anleitung zum Bruchrechnen mit 2er-Potenzen.

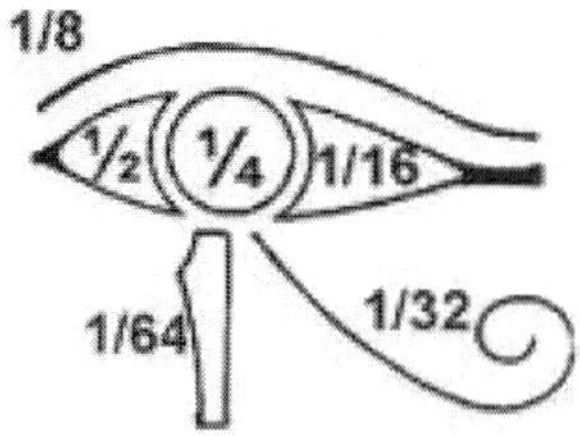

Abb. 27: Das Udjat-Auge als Recheninstrument für Bruchzahlen

Jeder Teil des Auges entspricht einem bestimmten Bruchteil. Die Brüche der 2er-Potenzen wurden mit Zahlzeichen geschrieben, welche exakt dem jeweils zutreffenden Bruchteil im *Udjat*-Auge entsprechen. Die Summe aller Bruchteile stellte ein Hohlmaß dar, das sogenannte *heqat,* das etwa 4,75 Litern entspricht. Ganz findige Köpfe werden feststellen, dass alle Teile zusammen nur 63/64stel ausmachen und somit kein Ganzes.

Stimmt – und nach altägyptischer Lesart auch wieder nicht.

Das fehlende 64stel gehört Gott Thoth als Lohn für seine Arbeit. Auf diese Weise konnte dem Gott immer geopfert werden, ohne dass etwas im normalen Alltag fehlte. Echt schlau, dieser Thoth – oder seine Priester.

Die altägyptischen Ärzte waren gleichzeitig ihre eigenen Apotheker, aber natürlich konnten sie nicht ständig alles, was gebraucht wurde, mit sich herumschleppen. Daher stellten sie Rezepte aus, damit die Kranken oder deren Angehörige die entsprechenden Ingredienzien für die Heilmittel, Tees und Salben selbst besorgen und in richtigem Verhältnis mischen konnten. Da wurde vielleicht auch 1/32 Ringelblumenblüten vorgeschrieben. Die Bezeichnung für diese Menge war im Rezept dann der Strich nach rechts unten mit eingerollter Endung.

Über die Griechen kam dieses Symbol nach Europa. Da wurde das „R“ für „Rezept“ mit dem eingerollten Ende verwendet, um medizinische Rezepte von profanen Küchengeheimnissen unterscheiden zu können. In unseren Breiten werden Rezepte heutzutage natürlich maschinell erstellt, doch in manchen Gegenden und besonders bei Apothekern ist das Zeichen immer noch in Verwendung. Eine echte Kuriosität, dass ein altägyptisches hieroglyphisches Zahlzeichen noch immer in Verwendung ist.

Für die Ägypter, die ständig alles vermaßen, stand fest: die Barke des Sonnengottes benötigte für die Durchfahrt des Jenseits eine bestimmte Zeit, und zwar genauso viel Zeit wie am Tageshimmel zu sehen war. Da der Tag zwölf Stunden hatte, dauerte auch die Nacht zwölf Stunden. Gewieft, wie sie als Mathematiker nun mal waren, konnten sie mit ihrer Geometrie aufgrund der ihnen bereits bekannten Winkelfunktionen einen Rechenwert ermitteln, welche Strecke die Sonnenbarke in einer Stunde zurücklegte. Nachdem die Sonnenbarke tagsüber auf dem Himmelsfluss, des Nachts aber auf dem unterirdischen Nil fuhr, entsprach die in einem Winkel des Halbkreisbogens (der nicht unserer Gradeinteilung entspricht) zurückgelegte Wegestrecke einer auf einem Fluss gefahrenen Teilstrecke. Diese wurde *iteru* genannt. Dieselbe Einheit gilt für die Zeit, allerdings bedeutet sie in diesem Fall eine Stunde.

Re fuhr natürlich nicht allein, er führte einen umfangreichen Hofstaat mit sich. Es gab weitere 908 Gottheiten, welche am Gelingen der nächtlichen Überwindung des Jenseits mitwirkten. Jede der Gottheiten hatte ihre Aufgabe, die innerhalb einer bestimmten Wegestrecke erfüllt werden musste. Dabei waren das natürlich keine Soloveranstaltungen, oft mussten viele Gottheiten zusammenwirken. Aus all den göttlichen Tätigkeiten ergab sich, dass im Totenreich in jedem *iteru*-Zeitmaß, also einer Stunde, exakt 309 *iteru*-Wegmaße von den Göttern zurückgelegt wurden.

Und nun wollen wir nicht in esoterische Spinnereien abgleiten, sondern uns nur an die Fakten halten. Aus welchem Grund auch immer setzten die Altägypter – einerlei ob in der Unterwelt oder im Diesseits – für das Wegmaß fest: ein *iteru* entspricht exakt 20.000 *meh*. Ein solches *meh* wiederum war nichts anderes als die „Alte Königselle". [20]

In der 2. Hälfte des 19. Jahrhunderts vermaß der britische Ägyptologe Sir William Flinders Petrie die Pyramiden von Gizeh und konnte als die an den Pyramiden verwendete Maßeinheit diese Alte Königselle feststellen. Sie war also ein Maß, welches beim Bau der Pyramiden schon existierte. Bisher konnte nicht festgestellt werden, ab wann diese Alte Königselle verwendet wurde – sie schien immer schon existiert zu haben.

Die Messungen von Sir William waren derart exakt, dass sie noch immer nicht überboten werden konnten. Sie sind für die Ägyptologen und die Pyramidologen noch immer das Maß aller Dinge – und werden es voraussichtlich bleiben.

Die Alte Königselle ist 0,524 Meter lang. [21] Machen wir eine kleine Rechnung:

1 Alte Königselle meh = 0,524 Meter

20.000 meh = 1 iteru Wegmaß (0,524 x 20.000) = 10.480 Meter = 10,48 km

309 iteru Wegmaß = Strecke von 1 iteru Zeitmaß

(309 x 10,48) = 3.238,32 km

Wegstrecke 12 iteru Zeitmaß = Länge der Fahrt durch das Totenreich

3.238,32 x 12 = 38.859,84 km

Die Zahlenfüchse bekamen ein ganz mulmiges Gefühl. Das war eine Wegstrecke, die ihnen sehr bekannt vorkam, geradezu verdächtig bekannt ...

Der Äquatorumfang – so steht es heute in allen Lehrbüchern – beträgt exakt 40.075,017 km. Die Fahrt des Sonnengottes durch die Duat nimmt 38.859,84 km in Anspruch. Die Differenz zwischen den beiden Werten ist 1.215,177 km oder 3,03 % Abweichung – und somit vernachlässigbar.

Diese merkwürdig treffsichere Zahlenmystik, die sich noch in vielen anderen Dingen manifestiert wie etwa den Maßen von Bauten – insbesondere der Cheops-Pyramide - führten nicht nur Sir William, sondern auch schon seine Vorgänger wie etwa John Greaves und Charles Piazzi Smyth zum Schluss, dass die Ägypter uraltes Geheimwissen in Form von bestimmten Maßen mathematisch verschlüsselten. Die Anhänger dieser Überlegungen sind in unserer modernen Zeit bereits sehr zahlreich geworden. Wer sich tiefer in das Thema einarbeiten möchte, dem seien etwa die in Youtube abrufbaren Vorträge von Axel Klitzke empfohlen, aber auch seine Bücher, etwa [22].

Man könnte auf den Gedanken kommen, dass die alten Ägypter durchaus von der Kugelgestalt der Erde und ihrer tatsächlichen Größe Kenntnis hatten – was auch richtig ist.

Abseits der religiösen Zahlenmystik wussten die Ägypter durch handfeste empirische Überlegung, dass die Erde eine Kugel war. Erathostenes von Syene (276/273-194 v. Chr.), ein ganz außergewöhnlich wißbegieriger Mensch, der beinahe 50 Jahre lang die Bibliothek von Alexandria leitete, in der das gesamte Wissen der damaligen Welt zusammgefaßt war, stieß in den zahllosen ihm zur Verfügung stehenden Schriften immer wieder auf die Behauptung, dass unsere

Erde eine Kugel wäre. Als Wissenschafter wollte er diese Behauptung überprüfen.

Er ließ sowohl in Alexandria als auch in Assuan, das die Griechen Syene nannten, jeweils eine metallene Halbkugel mit innen angebrachter Gradeinteilung und einem Schatten werfenden Stift im Zentrum der Halbkugel aufstellen. Daneben ließ er die exakte Entfernung zwischen den beiden Orten feststellen, wahrscheinlich durch Schrittzählung. Assuan war für Eratosthenes deshalb interessant, weil zur Sommersonnenwende die Sonne dort keinen Schatten warf. An weiter nördlich gelegenen Orten gab es zum gleichen Zeitpunkt jedoch Schatten.

Die Überprüfung des Schattenwurfs an beiden Orten zum Zeitpunkt der Sommersonnenwende ergab eine Schattendifferenz von einem 50stel eines vollen Kreisbogens – modern ausgedrückt $7^{\circ}12'$. Die bekannte Strecke galt es nun mit 50 zu multiplizieren, damit der Kreisbogen komplett wurde, und schon war der Umfang der Erde errechnet. Eratosthenes kam in heutige Distanzen umgerechnet auf 41.750 km – das bedeutet zum Äquatorumfang in unseren Tagen von 40.075,017 km eine Differenz von 1.675 km oder eine Abweichung um 4,18 %. Gleichzeitig handelt es sich wohl um eines der ersten empirischen wissenschaftlichen Experimente, die jederzeit nachvollziehbar waren.

Man könnte nun feixen, dass die religiöse Zahlenakrobatik des Alten Reiches da schon viel treffsicherer war. Zur Ehrenrettung von Eratosthenes muss gesagt werden, dass sich bei einer Luftlinie von 850 km zwischen Alexandria und Assuan ein gewisser Meßfehler einschleichen muss, wenn ein Sklave die Distanz mittels Abschreiten feststellt.

Nichtsdestoweniger wussten die Ägypter seit den Anfängen ihrer Zivilisation: die Erde ist eine Kugel. Und Erathostenes hat die alte Kenntnis mit einfachen, aber wirksamen Mitteln bestätigt.

Doch kommen wir wieder zurück zur Fahrt durch die Unterwelt. Diese wird in verschiedenen Jenseitsbüchern ganz genau beschrieben. Alle diese Jenseitsbücher basieren auf dem *Amduat*, „Das Buch von dem, was in der Duat ist" oder auch „Das Buch der verborgenen Kammern" genannt. Dieses Buch geht in seinen Inhalten bis in die Anfänge der ägyptischen Kultur zurück und ist ein Beleg dafür, dass die religiösen Vorstellungen der Ägypter Mitte des 4. Jahrtausends v. Chr. schon vollständig ausgebildet waren.

Nachdem der Sonnengott Re jeden Morgen wiederaufersteht, Osiris durch die Künste seiner Schwester und Gattin von den Toten auferstand, den Menschen vom Schöpfergott Chnum die über den körperlichen Tod hinaus bestehende Ba-Seelenkomponente geschenkt wurde, in allem was existiert der Lebenshauch von Amun vorhanden ist, war es für die Ägypter nur logisch, dass die auf Erden wandelnde Gottheit, Pharao, ebenfalls als Gottheit die Duat, die Jenseitswelt, durchfahren musste um zu einem Teil von Osiris' himmlischem Gefolge zu werden.

Dies führte bereits im Alten Ägypten zwangsläufig zu mehreren theologischen Konzepten, welche ins Christentum übernommen wurden:

Grundsätzliche Unsterblichkeit der Seele: (die zum Ach vereinigten Ba und Ka, der Existenz an sich begründende Hauch des Amun, Aufgaben der Hinterbliebenen für die Unsterblichkeit der Seele zu sorgen – soweit in ihren Möglichkeiten: Reinigungsrituale etc.)

Wiederauferstehung: (neuerlicher Sonnenaufgang nach der Fahrt Re's durch die Unterwelt, Auferstehung des Osiris)

Die Wiedergeburt – die Reinkarnation – wurde nicht ins Christentum übernommen. Diese Idee kommt auch nicht aus dem alten Ägypten, sondern aus den asiatischen Religionen und war den ägyptischen Theologen des 4. vorchristlichen Jahrtausends offenbar unbekannt. [23] [24]

Paradies, Himmlische Gefilde: als Belohnung für die Redlichen (Eingliederung des Ach in das Gefolge des Osiris als glitzernder Stern auf der Haut der Göttin Nut um den Glanz der Götter für immer zu genießen – was zumeist nur göttlichen Personen, also Verstorbenen aus der Familie Pharaos zugestanden wurde – oder Wechsel in das Paradies *sechet-iaru*, in dem man immer angenehm leben und seine Uschebtis die anfallenden Arbeiten verrichten lassen konnte). Nicht zuletzt stammt aus der ägyptischen Theologie die noch immer vorhandene Vorstellung der „Guten" im Himmel und das Eingehen ins Paradies.

Hölle: nur die Redlichen, welche sich von ihren Sünden erfolgreich befreien konnten, durften in die himmlischen Gefilde. Für jene, die als Sünder sich nicht reinwaschen konnten, stand das „Verborgene Land der Toten" in Aussicht, in dem die Verstorbenen von Schlangen und Dämonen gequält wurden. Ab der Amarna-Zeit machte man aber mit den Sündern kurzen Prozeß. Da stand das Ungeheuer Ammit bereit, um das Herz des Sünders und damit seine Seele und Existenz restlos zu vernichten.

Das Jüngste Gericht, die Zweite: Pragmatisch, wie die Ägypter nun mal waren, konnten sie nicht glauben, dass ein Unredlicher, also ein schlechter Mensch, etwa ein Verbrecher, ebenso in die ewigen Gefilde in Osiris' Gefolge eingehen sollte. Da musste es doch noch eine Bewertung, sozusagen ein Gericht geben, eine Instanz, welche Gutes belohnt und Böses bestraft. Und tatsächlich: wir haben schon bei der Story zwischen Osiris und Seth von einem Göttergericht gehört, das von Re geleitet wurde. Dort haben wir auch gehört, dass Osiris eine neue Aufgabe erhielt.

Diese Aufgabe war das Totengericht. Osiris wurde als Herrscher und Richter über alle Toten eingesetzt, eifrig assistiert von seinem schakalköpfigen Sohn Anubis. Anubis ist der wachsame Geist im Haus der Toten, dem Ort der Einbalsamierung und Konservierung der Leichname; Anubis schützt die Mumien vor bösen Mächten. Und – das Wichtigste – er leitet die Wägung der Herzen beim Totengericht.

Abb. 28: Das ägyptische Totengericht. Beliebte (und massenhaft erzeugte) moderne Reproduktion des Papyrus Hunefer

Der Ach des Verstorbenen hat auf seinem Weg zum Totengericht eine gefahrvolle Reise zu bestehen, er begegnet Dämonen, welche ihn vernichten, wenn er deren Namen nicht kennt und sie damit direkt anspricht; er kommt vor Pforten, die sich ihm nicht öffnen, wenn er nicht laut deren Namen ausspricht (ein Abglanz dieses alten Religionsbuches findet sich noch im „Sesam öffne dich!" aus den Geschichten von Tausendundeiner Nacht) und vieles mehr. Für diese Reise hat der Tote nicht viel Zeit – kommt er nicht rechtzeitig in der „Halle der vollständigen Wahrheit" an, ist er verloren.

Damit der Verstorbene die auf ihn wartenden Hürden erfolgreich besteht, wird ihm eine Anleitung mit ins Grab gelegt – das Totenbuch - das er hoffentlich schon zu Lebzeiten studiert hat, aber nun immer darin nachschlagen kann.

Abb. 28 veranschaulicht das Totengericht. Im oberen waagrechten Balken ist ganz links der Verstorbene zu sehen, wie er die auf ihn lauernden Dämonen besänftigt, indem er sie bei ihren Namen ruft und damit zu erkennen gibt, dass er sie kennt. Hat der Tote nun alle Gefahren der Reise überwunden, führt ihn Anubis an der Hand (ganz links) in die „Halle der vollständigen Wahrheit“, wo das Totengericht stattfindet.

Vor dem Toten steht nun die große Waage, am anderen Ende sitzt der mumifizierte Gott Osiris unter einem prunkvollen Baldachin und überwacht das Gericht. Die Geiergöttin Nechbet überbringt ihm die Feder der Göttin Maat. Diese Göttin ist die Schirmherrin für Recht, Wahrheit und Ordnung. Hinter Osiris assistieren seine Schwestern Isis (im weißen Kleid) und Nephthys (im schwarzen Dress).

Vor Osiris befinden sich auf einer Lotosblüte die vier Söhne des Haroëris und der Isis – welche sich nach Osiris' Versetzung an den Himmel wohl mit ihm getröstet haben mag – als Kanopen (Deckelkrüge) des Verstorbenen. In diesen Kanopen wurden nach bestimmten Regeln die mumifizierten Organe des Verstorbenen untergebracht: Magen, Leber, Lunge und Unterleibsorgane. Für den Fall des positiven Urteils werden die Organe mit dem Toten vereint.

Anubis bringt den Toten vor die Waage und legt auf die rechte Waagschale die Feder der Maat, in die andere Waagschale das Herz des Toten. Dann überwacht Anubis den Wägevorgang. Während sich die Waagbalken bewegen, spricht der Verstorbene den 125. Spruch des Totenbuches, das „Negative Sündenbekenntnis“.

Das ist in drei Teile gegliedert: eine Begrüßung der Götter, das Sündenbekenntnis an sich sowie eine Abschlussrede, eine Art Plädoyer. Wer sich mit diesem „Negativen Sündenbekenntnis“ auseinandersetzt, wird aus dem Staunen nicht herauskommen. Nicht nur, dass hier die Urform der Beichte vorliegt. Es scheint, als habe Moses, der Ägypter, aus diesem „Negativen Sündenbekenntnis“ die biblischen und uns geläufigen Zehn Gebote formuliert. Die vergleichende Religionswissenschaft bestätigt diese Ansicht. Dieser Spruch 125 des altägyptischen Totenbuches ist auch im Internet kaum aufzutreiben, daher ist er im Anhang A aus [25] vollständig zitiert.

Abb. 29: Kanopenschrein des Tut-anch-Amun

Anubis stellt fest, auf welche Seite sich die Waage neigt – ist die Wahrheit in Form der Feder der Göttin Maat schwerer oder ist die Waage im Gleichgewicht, so ist dies ein für den Verstorbenen günstiges Ergebnis. Ist jedoch das von Sünden erfüllte Herz des Hingeschiedenen schwerer, ist dies das Ende der verstorbenen Person, und zwar endgültig.

Der Prozeß des Abwägens der Taten eines Menschen hat ausgehend von den religiösen Vorstellungen des alten Ägypten Eingang in die religiöse Literatur des Judentums und damit auch des Christentums gefunden.

„Danach sah ich alle Geheimnisse der Himmel, wie das zukünftige Reich verteilt wird, und wie die Handlungen der Menschen auf der Waage gewogen werden.“

Das Buch Henoch, 2. Teil, Die vier Angesichtsengel 2,1 [38]

Bei der Zusammenstellung des jüdischen Kanons der religiösen Schriften, dem Tanach, fand das Buch Henoch keine Berücksichtigung, obwohl es zum religiösen Schrifttum gehörte und durchaus bekannt war – sogar im Neuen Testament wird darauf verwiesen:

„Auch ihnen gilt, was schon Henoch, der siebte nach Adam, geweissagt hat: ...“

Der Brief des Judas, 14 [15]

Das Buch Henoch ist nicht das Einzige, das von den jüdischen Theologen zwar als lesenswert, aber nicht für die Lehre an sich wichtig erachtet und daher zu einer Apokryphe wurde. Also fand es wie viele andere auch keinen Eingang in den Kanon der religiösen Schriften des Christentums, obwohl etwa die Essener den Inhalt des Henoch-Buches kannten. Das Buch wäre vollkommen in Vergessenheit geraten, wenn es nicht Bestandteil des religiösen Kanons der christlichen äthiopischen Kirche geworden wäre. In den Schriftfunden aus Qumran befanden sich Teile des originalen, in Aramäisch geschriebenen Henoch-Buches. Doch zurück zur „Halle der vollständigen Wahrheit“ und der Abwaage.

Der ganze Vorgang der Abwaage wird vom ibisköpfigen Gott Thoth – dem Gott der Schreiber und der Wissenschaft – protokolliert. Das Protokoll wird Osiris übergeben, derweil führt der falkenköpfige Gott Haroëris den Toten vor Osiris, der seinen Spruch fällt.

Unter der Waage lauert das grauenvolle Ungeheuer Ammit, das die Kraft eines Löwen, die Stärke eines Nilpferdes und die unentrinnbaren Kiefer eines Krokodils hat. Erwartungsvoll hat es seinen Kopf zu Osiris gewendet. Wenn das Urteil des Gottes negativ ist – das von Sünden erfüllte Herz des Delinquenten schwerer wiegt als die Feder der Wahrheit – fällt das Ungeheuer über den Verstorbenen her, verschlingt ihn und tötet ihn ein zweites, endgültiges Mal. Wen Ammit verschlingt, dessen Existenz ist für alle Ewigkeit ausgelöscht.

Nichts fürchteten die Ägypter mehr als diesen zweiten Tod. Dieses Totengericht fand als das Jüngste Gericht Eingang nicht nur ins Judentum, sondern direkt in den christlichen Glauben:

„Und fürchtet euch nicht vor denen, die den Leib töten, und die Seele nicht können töten; fürchtet euch aber vielmehr vor dem, der Leib und Seele verderben kann in der Hölle."
Matthäus 10,28 [35]

Da im 125. Spruch des Totenbuches alles aufgeschrieben war, was man nicht tun durfte, stellte es einen Leitfaden für ein den Göttern gefälliges Leben dar – und ist damit wie schon erwähnt der Vorläufer der Zehn Gebote – siehe Anhang A.

Die Vergöttlichung eines Menschen außerhalb der pharaonischen Familien – und damit die Vermeidung des Totengerichtes – fand nur ganz selten statt, etwa in der Person des Architekten Imhotep, dem Errichter der Stufenpyramide des Pharao Djoser der 3. Dynastie.

Wir haben in diesem ausführlichen Ausflug ein wenig davon erfahren, welche Bedeutung die Religion, der Glaube an die Götter, für den ägyptischen Durchschnittsbürger innehatte. All seine Bestrebungen liefen nur auf das Eine hinaus: die Erhaltung des Lebens im Jenseits, im Paradies von *sechet-iaru*. Daher musste das gesamte Leben im Diesseits dem Erreichen dieses Ziels untergeordnet werden. Die Religion wurde damit neben der normalen Gerichtsbarkeit zum Gesetzgeber. Alle Entscheidungen des realen Lebens waren abzuwägen im Hinblick auf das Totengericht. Um Sicherheit zu erlangen wurden die Priester befragt, nahm man an Zeremonien und Festen teil.

Den Göttern musste geopfert werden und die Opfer – wer nahm diese entgegen? Die Priester natürlich. Die Opfer selbst bestanden aus Naturalien, da sich in Ägypten echtes Münzwesen erst in der Spätzeit, vorwiegend in der Ptolemäer-Dynastie entwickelte. Jedoch gab es eine Silber-Gewichtseinheit, über die alle Gegenstände und Käufe abgerechnet wurden, etwa: ein feiner Krug hat den Wert von

X Silbereinheiten, und der Käufer konnte je nach Verhandlungsgeschick den Wert der Silbereinheiten in Stoffen, Gurken, Hasen oder sonst etwas, worauf sich der Verkäufer einließ, als Kaufpreis dagegensetzen.

Geopfert konnte natürlich alles werden. Vom Stier bis zu Getreidekörnern praktisch jede Ware, selbstverständlich auch Landbesitz. Der Tempel nahm alles in Verwahrung. So kam es, dass in den Tempeln oft große Getreide- und andere Vorräte lagerten, auf welche bei Notfällen für das Volk zurückgegriffen werden konnte. Auch wurden nicht gleich alle geopferten Stiere, Schafe, Ziegen, etc. geschlachtet. Bei den Feiern nicht benötigtes und daher überzähliges Vieh wurde auf den Landflächen der Tempel geweidet. Aber auch in Arbeitskraft konnte bezahlt werden. Dieser Umstand trug dazu bei, dass die Sklavenwirtschaft in Ägypten bei Weitem nicht die Bedeutung wie etwa im klassischen Griechenland oder im Imperium Romanum hatte.

In der Frühzeit der ägyptischen Zivilisation besaß jeder Verwaltungsbezirk – in der Literatur wird ein solcher als „Gau“ bezeichnet – einen Hauptgott und einige Nebengötter. Nichtsdestotrotz lag über allen Gottheiten ein gesamtheitlich theologisches Konzept, in dem den Göttern ihre Eigenschaften zugewiesen waren, in dem sie ihre Funktionen erfüllten und ihre Genealogie nachverfolgbar war. Liturgische Abläufe waren überall und für alle Gottheiten sehr ähnlich – für die bedeutenderen im Pantheon natürlich umfangreicher und weihevoller als für die kleineren, nicht so bedeutenden Götter.

Doch wie das so ist im Leben – mit Vereinheitlichung der verschiedenen Landesteile und Zusammenführen des gesamten Landes unter der Doppelkrone rückten auch religiöse Zentren ins Blickfeld der Mächtigen. Und Macht ist die wohl härteste Droge auf unserem Planeten. Wer sie einmal gekostet hat, will davon nicht mehr lassen und giert nach immer mehr. Auch Priester sind nur Menschen, und die altägyptischen Priester waren sich ihrer Macht über das gemeine Volk sehr wohl bewusst.

Um die Macht des eigenen Tempels – und damit des eigenen Gottes – zu vergrößern, wurden theologische Konzepte entworfen und versucht, damit Machtansprüche der Tempel untereinander zu verändern. Denn es ist natürlich besser, wenn alle Opfergaben beim eigenen Tempel abgeliefert werden als bei irgendwelchen anderen. Dabei durfte jedoch das Volk nicht außer Acht gelassen werden. Wenn das Volk etwas nicht verstand, wendete es sich vielleicht einer anderen, leichter verständlichen Auslegung der geltenden Lehre zu.

So steht fest, dass vieles aus Ägypten in das theologische Gebäude mitgenommen wurde, das bis heute ins Christentum wirkt. Man nehme etwa als Beispiel die unbefleckte Empfängnis der Jungfrau Maria.

War es nicht Isis, welche vom bereits toten Osiris ein Kind empfangen hatte (übersetzt: vom Heiligen Geist)? Und dieses Kind, Horus (im Christentum Jesus), als Retter der Welt, wie wir sie kennen, gegen den Widersacher, den Vertreter des Chaos und des Bösen, nämlich Seth, antreten muss? Jesus wurde gefoltert, und Horus hat im Kampf ein Auge verloren. Jesus gewann den Kampf gegen den Widersacher nicht, dafür nahm er die Sünden der Welt auf sich. Horus konnte den Kampf ebenfalls nicht für sich entscheiden, obwohl er Seth köpfte – Seth verwandelte sich in einen Drachen und fuhr in die Erde.

Den vergleichenden Religionswissenschaftern sind diese parallelen Vorgänge bzw. die Fortsetzung von Teilen der ägyptischen in der jüdischen und christlichen Theologie längst klar. [24]

Aber nicht nur rein spirituelle oder geistige Konstrukte nahmen die Auswanderer mit, sondern auch solche, die sich in körperlichen Zeichen manifestierten. So etwa die Beschneidung.

In Sakkara wurde unter einigen anderen das Grab des angesehenen Arztes *Anch-am-Hor* ausgegraben, der ein Zeitgenosse des Pharao Pepi I. (2332-2283 v. Chr.) war, also im Alten Reich zu Beginn der 6. Dynastie lebte. Das Grab war ganz erstaunlich groß und vor allem mit vollständigen Abbildungen der Instrumente und des Wirkens des Verstorbenen versehen. Ein Wandrelief zeigt eine Beschneidungsszene. Diese wird heutzutage gerne Touristen als moderne Nachbildung auf Papyrus verkauft.

Abb. 29a: Beschneidungsszene, Detail aus dem Wandbild im Grab des Anch-am-Hor in Sakkara, 6. Dyn.

Abb. 29b: Zeitgenössische Darstellung auf Papyrus, als Mitbringsel für Touristen massenhaft angefertigt

Die Beschneidung war also allgemein geübter Brauch im Alten Ägypten. Die Untersuchungen an Mumien haben ergeben, dass die Männer fast ausnahmslos beschnitten waren, auch die Pharaonen. Seltsamerweise hat sich kein Hinweis darauf ergeben, woraus dieser Brauch entstanden ist. Für die Existenz der Beschneidung an sich gibt es sehr viele Nachweise, auch Herodot hat darüber berichtet, dass in Ägypten alle Männer beschnitten seien.

Man kann nur mutmaßen, dass die Beschneidung als Opfer an die Götter angesehen wurde, ein Stück von sich selbst herzugeben, eventuell im Zuge eines Mannbarkeitsritus an der Schwelle vom Kindsein zum Mannesalter. [61] Doch bleibt dies reine Spekulation. Aus dem gesamten reichen Schrifttum der Ägypter, das sich erhalten hat, ist über die Begründung der Beschneidung an sich nichts zu erfahren. [62]

Und doch muss etwas dran gewesen sein, denn Jachwe der Herr donnert:

„Das ist mein Bund zwischen mir und euch samt deinen Nachkommen, den ihr halten sollt: Alles was männlich ist unter euch, muss beschnitten werden. Am Fleisch eurer Vorhaut müßt ihr euch beschneiden lassen. Das soll geschehen zum Zeichen des Bundes zwischen mir und euch. Alle männlichen Kinder bei euch müssen, sobald sie acht Tage alt sind, beschnitten werden in jeder eurer Generationen, seien sie im Haus geboren oder um Geld von irgendeinem Fremden erworben, der nicht von dir abstammt. Beschnitten muss sein der in deinem Haus Geborene und der um Geld erworbene. So soll mein Bund, dessen Zeichen ihr an eurem Fleisch tragt, ein ewiger Bund sein. Ein Unbeschnittener, eine männliche Person, die am Fleisch ihrer Vorhaut nicht beschnitten ist, soll aus ihrem Stammesverband ausgemerzt werden. Er hat meinen Bund gebrochen."

Die Bibel, 1. Buch Moses Genesis 17, 10-14 [15]

Was nichts anderes heißt: der nicht beschnittene Jude ist des Todes.

Ein Unterschied ist auf jeden Fall erkennbar: Die Beschneidung im Alten Ägypten fand offenbar an Erwachsenen – oder zumindest

Herangewachsenen – statt. Jachwe bestimmt für dieses Ritual den achten Lebenstag, also die Verletzung eines Säuglings.

In der jüdischen Glaubensgemeinschaft muss daher – ohne jede Debatte – die Beschneidung am achten Tag ausgeführt werden, denn es ist Gottes Gebot. Das steht sogar höher als das Ruhegebot des Sabbats oder an Jom Kippur. Beschnitten wird auch am Sabbat.

Bei den alten Ägyptern führte die Operation offenbar ein Arzt wie Anch-am-Hor aus, bei den Juden ist es ein besonders ausgebildeter Funktionsträger, der Mohel. Bei streng orthodoxen Juden ist es Vorschrift, dass der Mohel mit seinen Lippen das Blut vom verletzten Penis des Säuglings saugt.

Im Verlauf der Bildung des Königtums der Israeliten schildert die Bibel noch ein besonderes Stück aus der Geschichte um die Vorhaut, als David um die Tochter des Königs Saul warb:

„Saul antwortete: So sollt ihr David sagen: Der König möchte keine andere Brautgabe als die Vorhäute von hundert Philistern, um an den Feinden des Königs Rache zu nehmen. Saul plante nämlich, David den Philistern in die Hände fallen zu lassen. Seine Diener berichteten David, was Saul gesagt hatte, und es war David recht, dass er so der Schwiegersohn des Königs werden sollte. Die gesetzte Frist war noch nicht um, als David sich auf den Weg machte und mit seinen Leuten zog; er erschlug zweihundert von den Philistern, brachte ihre Vorhäute zum König und legte sie vollzählig vor ihn hin, um sein Schwiegersohn zu werden. Und Saul gab ihm seine Tochter Michal zur Frau."
Die Bibel, 1. Buch Samuel, 18, 25-27 [15]

Bei den Griechen – wie eben auch Herodot – stieß dieser Brauch auf Unverständnis, dort galt ein Mann ohne Vorhaut als lächerlich. Da die Mission des Christentums auf vorwiegend griechisch besiedelte oder kulturell dominierte Landstriche traf, war die Beschneidung dort nicht durchzusetzen – und für die christliche Lehre auch gar nicht vonnöten. Das körperliche Merkmal des Neuen Bundes war bei den Christen die Taufe. Die Apostel und später auch die Kirchenlehrer wandten sich immer stark gegen den Brauch der Beschneidung. Paulus mahnt in seinem Brief an die Galater:

„Jene Leute, die in der Welt nach Anerkennung streben, nötigen euch nur deshalb zur Beschneidung, damit sie wegen des Kreuzes Christi nicht verfolgt werden. Denn obwohl sie beschnitten sind, halten sie nicht einmal selber das Gesetz; dennoch dringen sie auf eure Beschneidung, um sich dessen zu rühmen, was an eurem Fleisch geschehen soll. Ich aber will mich allein des Kreuzes Jesu Christi, unseres Herrn, rühmen, durch das mir die Welt gekreuzigt ist und ich der Welt. Denn es kommt nicht darauf an, ob einer beschnitten oder unbeschnitten ist, sondern darauf, dass er neue Schöpfung ist.“

Die Bibel, Galater 6, 12-15

Bei den Juden setzt sich die Beschneidung fort, und damit auch bei den Moslems. Obwohl es im Koran keine Verpflichtung zur Beschneidung gibt. Dafür im begleitenden Schrifttum, wie etwa im *Hadith* des Sahih al-Buchari:

„Abu Hureira, Allahs Wohlgefallen auf ihm, berichtete, dass der Prophet, Allahs Segen und Friede auf ihm, sagte: „Zur Schöpfung gehören fünf Dinge: Die Beschneidung, das Abrasieren der Schamhaare, das Kurzschneiden des Schnurrbarts, das Schneiden der Finger- und Fußnägel und das Auszupfen der Achselhaare.“

Hadith Nr. 5890

„Gültiger Geschlechtsverkehr tritt dann ein, wenn die beschnittenen Geschlechtsteile sich berühren.“

Sahihb Muslim, Buch 003, Nr. 0684

Da heben sich aber unsere Augenbrauen. Denn hier wird vom Geschlechtsverkehr allgemein gesprochen, und dabei gibt es zwei verschiedene Geschlechtsteile, die beschnitten sind.

Im Gegensatz muss daraus gefolgert werden, dass nach muslimischer Glaubenslehre es sich nicht um gültigen Geschlechtsverkehr handelt, wenn auch nur einer oder gar beide Partner nicht beschnitten sind.

Also geht die muslimische Lehre davon aus, dass auch Mädchen beschnitten werden. Diese furchtbare Verstümmelung, die Jahr für

Jahr mehrere junge Frauen das Leben kostet, wird in weiten Gebieten Afrikas – und auch in Ägypten – noch immer praktiziert.

Doch bei den Alten Ägyptern wurden nur junge Männer beschnitten. Auch in der indirekten Literatur wie eben Herodot gibt es keine Hinweise, dass auch Frauen beschnitten wurden. Das konnte auch an Mumien nicht festgestellt werden.

Die Erörterung, was es mit dem empörenden Thema der Beschneidung von Frauen in unserer Gegenwart auf sich hat, das soll in kundigere Hände gelegt werden, etwa jene der Feministinnen.

Amun auf Wanderschaft

Die Heidenangst der Ägypter vor dem zweiten Tod erübrigte etwa Überlegungen in Richtung einer Erbsünde. Eine konkurrierende Lehre anderer Religionen gab es einfach nicht, und die wenigen Fremden, die zu ihren Göttern in einer fremden Sprache beteten, verstand sowieso keiner. Übertritt zu diesen exotischen Religionen war ausgeschlossen, da sonst automatisch der zweite Tod eintrat. Die Götter bestraften Abtrünnigkeit unnachgiebig. Also blieb den Priestern nichts anderes übrig als ihren jeweiligen Gott als den einzig wahren und besten anzupreisen.

Was gar nicht so leicht war, da alle Götter ihre zugewiesenen Aufgaben und Tätigkeitsbereiche schon hatten. Und welche wäre da als Wichtigste hervorzuheben? Irgendjemand aus der Priesterschaft wird wohl den Einfall gehabt haben, dass der Anfang in Atum lag, dem Ur-Nichts, aus dem alles wurde, und dieses daher das Wichtigste ist. Aber das Nichts ließ sich nicht leicht als vergötterungswürdig hinstellen.

Da war das mit den aus Atum hervorgegangenen Urprinzipien vielleicht etwas leichter, werden sich einige Priester gesagt haben. Doch auch diese acht Ur-Prinzipien, welche schon erwähnt wurden, waren für die tägliche Verehrung und damit dem kräftigen Anzapfen der Ströme von Opfergaben des gläubigen Volkes, und zwar des gesamten, nicht so recht geeignet – bis auf einen:

Amun.

Amun war die existentielle Lebenskraft, das In-allem-Seiende, ohne das es gar kein lebendiges Leben geben kann, denn auch der Schöpfergott Chnum gestaltete aus Lehm zwar den Menschen und sein *Ba* auf der Töpferscheibe – das *Ka* erhielt der Mensch mit der Geburt – aber ohne den göttlichen Hauch des Amun wären es unbelebte Figuren geblieben.

In manchen Darstellungen wird Amun als Gott der Luft bezeichnet, was jedoch falsch ist. Diesbezüglich bringt Wikipedia den Nachforschenden auf eine falsche Spur. Gott der Luft ist Schu, dessen Bereich zwischen Himmel und Erde ist.

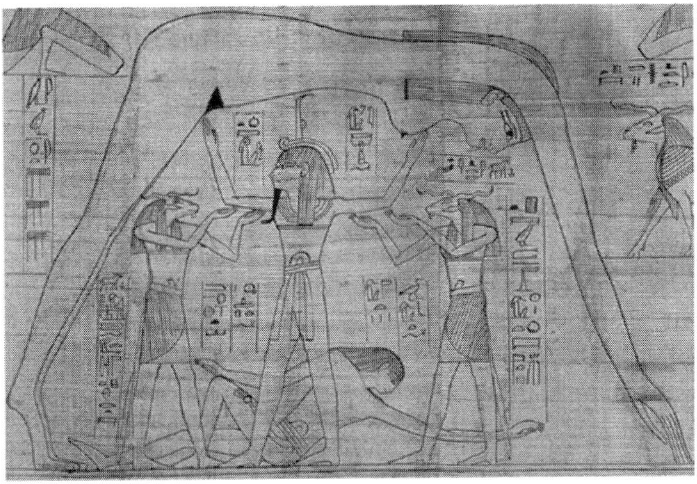

Abb. 30: Gott Schu (stehend mit erhobenen Armen), flankiert von zwei Heh-Hilfsgöttern, zwischen der Himmelsgöttin Nut und dem sich erhebenden Erdgott Geb

Folgerichtig setzten die Priester jenes Tempels, in dem speziell Amun verehrt wurde, ihren Ehrgeiz dahingehend ein, dass sie ihn im ganzen Land zum Bedeutendsten aller Götter machen wollten. Und ihre Argumentation war gut – was nutzte jegliche Kraft und Wirkungsweise des da oder dort amtierenden Gottes, wenn nicht die alles beseelende und belebende Kraft des Amun in allem und jedem am Werken wäre ....

Ohne die segensreiche Kraft von Amun sind alle Götter hilflos, was können sie schon bewirken! Nur Amun ist groß und mächtig, nur Amun ermöglicht euch, ein den Göttern gefälliges Leben zu führen, deshalb ist es richtig, dass ihr eure Götter verehrt und ihnen Opfer bringt, doch immer noch wichtiger ist die Verehrung von Amun, die Anbetung von Amun! Darum bringt Opfer für Amun, damit er euch die Lebenskraft erhält! Bringt große Opfer für Amun! Bringt größere Opfer für Amun als für die anderen Götter – er wird es euch vergelten, denn ohne Amun ....

So oder ähnlich wird wohl der religiöse Propagandafeldzug gelautet haben. Doch die Amun-Priester indoktrinierten nicht nur das gemeine Volk. Durch geschickte theologische Diskussionen brachten sie auch die Würdenträger, die hohen Beamten dazu, Amun gegenüber den anderen Göttern zu bevorzugen. Doch die Krönung dieses im Namen von Amun geführten missionarischen Feldzuges dürfte die Indoktrinierung der Pharaonenfamilie gewesen sein – sicherlich durch die ständig im Königspalast anwesenden Priester betrieben. Die Amun-Priester setzten alles daran, die Pharaonen in ihrer Sichtweise zu beeinflussen. Und die größten und schönsten Tempel für Amun errichten zu lassen. Denn aus eigener Kasse wollte man keine Bauten finanzieren – wozu gibt es Pharao?

Die theologischen Argumente der anderen Götterfakultäten waren wohl nicht einleuchtend und griffig genug, und so kam, was kommen musste: Gott Amun erreichte langsam aber sicher die Übermacht. Die Amun-Priester diktierten bald nach Belieben – alles, jedes und jedem.

Die Pharaonen wollten mit ihren Werken natürlich Amun gefällig sein. Daher bekam der zentrale Tempel des Amun die größten und schönsten Bauwerke, die teuerste Ausstattung. Und wo befand sich dieser zentrale Tempel des Amun?

In Karnak. Der Amun-Tempel von Karnak lief allen anderen den Rang ab. Immer wieder fügten Pharaonen dem immensen Bau neue Teile an – so etwa die bis heute eindrucksvollste Säulenhalle der Welt, welche Pharao Haremhab begonnen hatte und unter Ramses

II. fertiggestellt wurde; oder der wunderbar erhaltene Tempel von Ramses III. [26]

Abb. 31: Der Tempel von Karnak

Dabei war Amun ursprünglich nur einer von mehreren Göttern, welche in Karnak verehrt wurden. Hauptgott von Karnak war von alters her Month, ein falkenköpfiger Gott, der als Beschützer von Waffen und Kriegsgerät galt. Die Priester von Karnak bauten die Bedeutung des anfangs nachrangig verehrten Amun ab dem Ende des 3. Jahrtausends v. Chr. immer weiter auf.

Es war damals eine für Ägypten schwere Zeit. Auf dem Thron saß mit Pharao Pepi II. der am längsten regierende Monarch aller Zeiten[29]. Bereits mit 6 Jahren musste er aufgrund des frühen Todes seines Bruders die Pharaonenwürde übernehmen. In den ersten Jahren seiner Regierungszeit erledigten seine Mutter und ein Onkel die offiziellen Geschäfte. Mit zunehmender Dauer seiner Herrschaft wurde diese immer brüchiger, für die letzten 30 Jahre seiner Regentschaft gibt es von ihm so gut wie keine Nachrichten. Dafür aber von den Wesiren, welche die einzelnen Gaue verwalteten. Deren Paläste und Gräber wurden immer aufwendiger, immer unwilliger stellten sie Truppen und Steuern Pharao zur Verfügung und gebärdeten sich bald wie lokale Könige. Der greise Pharao scheint nicht imstande gewesen zu sein die Geschäfte des Staates wieder in die Hand zu nehmen, auch dürfte ein sich über Jahrzehnte hinweg erstreckender Kampf verschiedener Gruppen vorgeherrscht haben, die auf den scheinbar für alle Zeiten vor sich hin alternden Pharao Einfluss gewinnen wollten. Nach nicht enden wollenden 94 Jahren irdischer Regentschaft versammelte sich Pharao Neferkare Pepi II. im Jahr 2184 v. Chr. zu seinem göttlichen Vorgänger Osiris an den Nachthimmel.

Die beinahe unendlich lange Regierungszeit eines uralt gewordenen Mannes, der wohl über ein halbes Jahrhundert lang keine gravierenden Entscheidungen mehr fällen wollte und wohl zunehmend auch nicht konnte, hatte das Staatsgefüge zerrüttet. Zahlreiche schnell hintereinander erscheinende Nachfolger konnten die Geschicke des Staates nicht mehr ordnen. Sie scheiterten an den auseinanderstrebenden Interessen der lokalen Fürsten. Mit dem Ende der 6. Dynastie war auch das Ende des Alten Reiches gekommen.

Es folgte eine Phase der staatlichen Ohnmacht, Streitereien unter den Landesfürsten, wirtschaftlicher Verfall und eine Zeit der Not – die erste Zwischenzeit. Das Chaos, das im Lande geherrscht haben muss, kann man aus der Notiz des Geschichtsschreibers Manetho erkennen, der für die 7. Dynastie bemerkte, dass 70 verschiedene Pharaonen in 70 Tagen herrschten. Erst Pharao Mentuhotep I., dem vierten Pharao der 11. Dynastie, gelang es um 2055 v. Chr. wieder eine Zentralgewalt und damit die Ordnung herzustellen. Das Mittlere Reich entstand.

Sicher schon in der Regierungszeit Pepi II. begannen die Priester aus Karnak ihre Missionsarbeit, um nicht auch in der Bedeutungslosigkeit wie viele andere Tempel zu verschwinden – und sich möglichst reiche Opfergaben zu sichern, denn die Zeiten waren – wie berichtet – schwierig.

Die Missionsarbeit im Mittleren Reich war dabei von den politischen Umständen begünstigt. Die 11. Dynastie residierte in Theben, der dem Tempel von Karnak benachbarten Stadt. Die erneute Reichseinigung unter den Herrschern von Theben ermöglichte die intensive und landesweite Dominanz des Amun-Kultes. Wobei ein Wermutstropfen das Bild trübte: der in Karnak befindliche Tempel des bisherigen Stadt- und Provinzgottes Month war wesentlich größer und prächtiger als jener des Amun, der ja bisher nur eine „ferner liefen"-Position eingenommen hatte. Einen Pilger zum Tempel des Amun muss dies doch sehr irritiert haben, dass der eher unbedeutende Month eine derart viel schönere Behausung als der Wichtigste aller Götter hatte.

Dieses irritierende Bild musste korrigiert werden – ein neuer, größerer und schönerer Tempel als jener des Month musste her. Wie immer in solchen Fällen nutzten die Priester Eitelkeit und Gier der Herrschenden nach Selbstdarstellung aus. Wie konnte man sich denn mehr ein für alle Zeiten gültiges Denkmal setzen als mit einem von Pharao (dabei war es den Priestern völlig egal welcher gerade an der Macht war) gebauten Tempel? Und natürlich wird auch die religiöse Daumenschraube angesetzt worden sein: wenn du, lieber Pharao, und unser aller gnädiger Herrscher, nicht einen prachtvollen Tempel bauen läßt, wissen wir nicht, ob die Reinigung deiner Seele und die richtige Einbalsamierung nach deinem Tod problemlos funktionieren wird ... Aber wenn du spendabel bist, ja dann legen wir uns alle so richtig ins Zeug und räuchern und beten und singen und segnen was das Zeug hält ...

(Private Anmerkung: Wie war das mit den Ablaßbriefen der römischen Kirche im 15. und 16. Jahrhundert? War es nicht Johann Tetzel, der Dominikanermönch, katholischer Inkassant von Geldern für den Bau des Petersdomes zu Rom und Ablaßprediger in Sachsen, dessen Wahlspruch war: *„Je heller der Taler im Säckel klingt, desto schneller die Seele zum Himmel springt"*?

Nichts Neues unter der Sonne, möchte man mit Aristophanes sagen – dessen Ausspruch von Shakespeare okkupiert wurde. Und für uns in der Gegenwart Lebende auch nichts Überraschendes, dass zwar Tetzel die Ablaßbriefe verkaufte, aber neben ihm zwei Herren saßen, welche das Ablaßgeld, den Kaufpreis für die Freisprechung aller Sünden, einstreiften. Wer die beiden Herren waren?

Na wer schon: Beamte des Bankhauses Fugger aus Augsburg.

Übrigens: die Fugger-Bank gibt's heute noch.)

Folgerichtig machte man neben dem Month-Tempel Areal frei und begann mit dem Umbau des Amun-Tempels. Die ältesten Teile des heute sichtbaren Tempels in Karnak stammen aus der Regierungszeit des Pharao Senwosret (Sesostris) I. (1971-1926 v. Chr.) aus der 12. Dynastie.

In der Folgezeit hat jeder regierende Pharao den Tempel durch Zubauten erweitern lassen, dies wurde bis in die Zeit der römischen Kaiser fortgesetzt. In der 12. Dynastie erlangte Amun die Stellung des Hauptgottes, später dann schließlich jene des Reichsgottes. Die Amun-Priester hatten ihr Ziel erreicht. Ihr Tempel stand über allen anderen im Reich, sie waren die theologisch bestimmende Kraft im Alten Ägypten geworden.

Damit einher ging ein zunehmend anwachsender Einfluss der Amun-Priesterschaft. Das war Pharao – welchem auch immer – anfangs ganz recht, denn die Priester wurden für die Beruhigung des Volkes und der Würdenträger benötigt, um die Wirren der Ersten Zwischenzeit nicht noch einmal aufkommen zu lassen. Und Religion ist Opium für das Volk, erkannte viel später auch Lenin. Noch dazu wenn die Religion mit machtvoller Liturgie, großartigen Spektakeln und Feiern verbunden ist.

Doch wie wir das aus unserem Geschichtsunterricht kennen – irgendwann will einer der beiden – weltliche Macht oder religiöse Dominanz – über den anderen triumphieren. Da kann es dann schon geschehen, dass ein Kaiser im Winter barfuß um eine Burg wandert oder das religiöse Oberhaupt aus dem Exil agieren muss. So wird wohl auch die Entwicklung im (laut Homer) Hunderttorigen Theben gewesen sein. Der Amun-Tempel wuchs unaufhaltsam.

Month durfte nicht vergessen werden, er hatte in Theben die älteren Rechte, doch war er nicht das durchschlagskräftige Zugpferd, das den Amun-Priestern Macht, Ansehen und Würde verlieh. Also verlegten die Architekten die Straßen und Anlegestellen derart, dass plötzlich alles auf den Amun-Tempel ausgerichtet war.

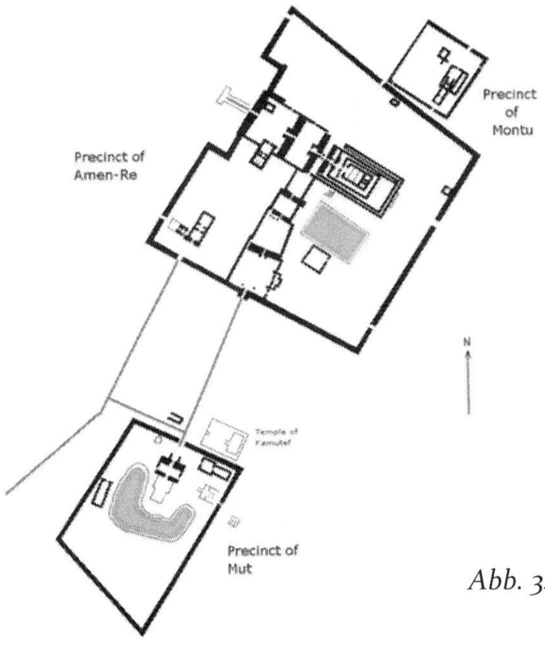

Abb. 32: Plan von Karnak

In Abb. 32 erkennen wir die Anlage, wie sie sich heute darstellt. Die Skizze wurde von einem britischen Zeichner hergestellt, die Beschriftungen sind daher in Englisch gehalten. „Precinct" bedeutet Bezirk, „Montu" ist die englische Version von *Month*, und Amen-Re ... Moment! Sind wir hier auf das Wörtchen „Amen" gestoßen?

Dass die Amun-Priester theologisch begründete Spitzfindigkeiten erfanden um andere Gottheiten wie etwa den Sonnengott Re mit

Amun verschmelzen zu lassen, liegt auf der Hand. Sie wollten keinen anderen Gott neben ihrem Amun groß werden lassen.

Also bedeutet Amen im Englischen nichts anderes als Gott Amun? Sehen wir einmal in der Krönung aller lexikalischen Werke nach, in The New Encyclopaedia Britannica, was wir dort unter „Amen" finden:

„Amen (Egyptian god): see Amon" [27]

Merken wir uns diesen Hinweis für später.

Abb. 32 läßt nicht nur erkennen, wie der Tempel des Month durch bauliche Maßnahmen aus der Optik der Gläubigen verschwand und sozusagen beiseite geschoben wurde, sondern zeigt auch den großen Tempel der Göttin Mut, der Ehefrau von Amun. Wie wir gelernt haben, ist ein Mann ohne Frau in der ägyptischen Vorstellung kein Ganzes – er benötigte eine (bessere?) Hälfte. Also musste neben dem Tempel für Amun auch einer für Mut aufgestellt werden. Und die Gläubigen hatten selbstverständlich auch diesem Tempel ordentlich Opfergaben zu übergeben.

Doch die Amun-Priester von Karnak kannten in ihrem Drang nach mehr und noch mehr Bedeutung keine Grenze. Theben war für lange Zeit Hauptstadt Ägyptens und durch die Aktivitäten der Amun-Priester auch religiöses Zentrum, gleichbedeutend mit dem Vatikan für die katholische Kirche. In der Sprache des Alten Ägypten hieß die Stadt *„Waset"*. Den heute gebräuchlichen Namen haben wir vom griechischen Sänger Homer aus der Ilias übernommen:

„Böt er sogar, was Orchomenos einbringt, oder Thebe
Hegt, Aigyptos' Stadt, wo die Häuser mit Schätzen gefüllt sind;
Hundert Tore besitzt sie; durch jedes einzelne ziehen
Zweimalhundert Männer mitsamt den Rossen und Wagen;"
Homer, Ilias, 9. Gesang, Vers 321-324 [28]

Somit war der sagenhafte Reichtum der Stadt schon zu Homers Zeiten, um 800 v. Chr., weltweit bekannt. Die Amun-Priester hatten ganze Arbeit geleistet. Doch sie sannen auf mehr – in heutigem Neudeutsch ausgedrückt: das alles wollten sie noch toppen.

Karnak lag am Nordrand von Theben. Die Priester wollten nun nicht nur unumschränkt in ihren Tempeln herrschen, sondern die ganze Stadt in ihre Klauen bekommen. Am Südrand, da gab es einen kleinen Tempel, ein Heiligtum für eine Gottheit, deren Namen heute nicht mehr bekannt ist. Wir wissen nur, dass der uns schon begegnete Pharao Senwosret I. aus der 12. Dynastie das alte Heiligtum umbauen ließ, und zwar zu einem Heiligtum des Gottes Chons.

Was insofern clever war, als Chons der Sohn von Amun und Mut ist. Mit der Zeit wuchs der Chons-Tempel, den wir heute als Tempel von Luxor kennen. Und damit bekamen die Amun-Priester eine optimale Bühne, sie riefen ein bisher beispielloses Fest, ein religiöses Spektakel ins Leben. Einmal im Jahr kamen alle drei Götter, Vater, Mutter, Sohn, zusammen. Die Standbilder von Mut und Amun wurden aus ihren Schreinen geholt und auf Barken gebracht, welche Theben nilaufwärts entlang der jubelnden Menge zum Chons-Tempel fuhren. Dort fand die zeremonielle Zusammenkunft der Familie statt.

Abb. 33: Prozessionsbarke des Amun, Wandrelief im Tempel von Karnak

Ursprünglich war es die Barke des Month, welche die Reise zurücklegte. Doch Month musste wehrlos die Delogierung seiner Barken an unauffällige Plätze hinnehmen.

Das war zwar ein wundervolles Fest, doch die Marketingspezialisten des Tempels sannen auf mehr, auf immer größere, weihevollere Feste. Und der Chons-Tempel im Süden der Stadt gab ihnen die Gelegenheit dazu. Also wurde das Areal weiter aufbereitet. Zwischen dem Tempel des Amun und jenem der Mut wurde eine breite, 300 Meter lange Prozessionsstraße angelegt, völlig eben, mit großen Steintafeln gepflastert, an beiden Seiten von insgesamt 66 Sphingen mit Widderkopf flankiert. Da konnte man das Volk in die religiösen Zeremonien mit einbinden, das Volk viel näher an die Prozessionen bringen. Das Rezept ist ja bewährt, baut man doch auch heute Fußballstadien ohne die Distanz von Laufbahnen oder Sprunggräben – man zieht die Fans näher ans Geschehen.

Das Rezept muss eingeschlagen haben. Doch den Amun-Priestern schwebte noch etwas viel Bombastischeres vor, etwas, das in seiner Art nicht mehr zu übertreffen war. Ohne Rücksicht auf irgendetwas oder irgendjemand wurde der Länge nach durch die bestehende Stadt hindurch eine weitere Prozessionsstraße angelegt, schnurgerade vom Tempel des Amun im Norden bis zum Tempel des Chons im Süden, 2,5 km lang. Und wiederum flankiert von Sphingen, diesmal 365 an der Zahl.

Warum 365? Natürlich als Symbol, dass Amun alle 365 Tage des Jahres regiert, über alle Menschen – und über alle Götter. Nach Fertigstellung der Allee wurden die Festlichkeiten umfangreich erweitert. Jetzt wurden die Götterstandbilder des Amun und der Mut aus ihren Schreinen geholt, auf modellhafte Barken gesetzt und von den Tempeldienern bis hinunter zum Chons-Tempel getragen.

Auf dieser langen Strecke gab es mehrere Andachtsstationen, wohl um den Trägern eine Pause zu gönnen oder sie durch eine neue Mannschaft zu ersetzen, aber auch um mit dem Volk liturgische Abläufe vollziehen zu können. Es muss ein äußerst eindrucksvolles Bild gewesen sein, wenn sich in gemessenem Schritt die Prozession näherte, sicherlich im Gleichschritt, da sonst die Barken nicht sicher zu tragen gewesen wären. Ganz in blendendes Weiß gekleidet kamen sie, voran die jungen Priester, Weihrauchgefäße schwingend, den betäubenden Duft in die Gläubigen links und rechts der Marschkolonne wedelnd, dann Priester, welche goldene Insignien und Zeichen der Götter vor sich hertrugen, gefolgt von den älteren, verdienten Priestern, welche die uralten Gebete und Lobpreisungen sangen, begleitet von der Musik zahlreicher Tamburine, Trommeln, Lauten und Sistren. Die Hohepriester schritten unter den ihnen rangmäßig zustehenden schattenspendenden Baldachinen den Götterbarken voran. An den Haltestationen setzten die Träger die Barken ab, die Gläubigen fielen auf die Knie und die Priester skandierten ihre Litaneien und Gottesanrufungen, die der unüberschaubare Chor der Gläubigen mit „Amun!"-Rufen nach jedem Satz beantwortete.

Abb. 34: Sphinxalle, südliches Ende vor dem Luxor-Tempel

Die Parallelen sind zu augenfällig, als dass es sich um bloße Ähnlichkeiten handelt. Das Schwingen der Weihrauchfässer, der Umzug von Christus- und Heiligenstatuen, der über dem Priester getragene Himmel zur Fronleichnamsprozession, die Kreuzwegstationen – all dies stammt aus dem kultischen Gebrauch des Alten Ägypten und hat sich bis in unsere Tage erhalten. Sogar die Sistren, Musikinstrumente, welche ausschließlich im Zuge von religiösen Zeremonien zur Untermalung besonders weihevoller Momente verwendet wurden, haben in der katholischen Kirche überdauert. Im Zuge der Wandlung in einer katholischen Messe ertönt der scharfe, durchdringende Klang der Viererschelle.

Das Amun-Fest dauerte 11 Tage und war ein lukratives Geschäft für die Bewohner von Luxor, denn die zahllosen Pilger mussten Quartier erhalten und versorgt werden. Und die notwendigen Opfergaben konnten die Pilger vor Ort erwerben. Und wieder sind die Parallelen so offensichtlich. Wovon leben heute Orte wie Fatima und Lourdes?

Das Geschäft lief wie geschmiert, also musste man versuchen, den Gewinn für den Tempel zu maximieren. Die Dauer des Festes wurde immer mehr ausgeweitet, bis es schließlich 27 Tage lang währte.[6]

Die Rückreise vom Chons-Tempel am südlichen Ende des heutigen Luxor nahmen die Götter Amun und Mut per Schiff in Angriff.

---

[6] Dem Besucher der heutigen Stadt Luxor bietet sich im August jeden Jahres ein ganz besonderes Bild. Da wird in der Stadt ein Fest gefeiert, wie es die Moslems nur selten zulassen. Da sind mehrere Tage alle Leute völlig ausgelassen, feiern, rauchen und essen was die Körper aushalten, besuchen Freunde und Verwandte, statten sich gegenseitig Besuche ab, alles ist in Aufruhr und quirlig durcheinander. Alle sind fröhlich – man feiert das Fest zum Gedenken des Abu al-Haggag, der wie ein Heiliger verehrt wird. Derartig ausgelassene, tagelang währende Feierlichkeiten gibt es in der muslimischen Welt eigentlich sonst nirgends. Dem hoch verehrten moslemischen Gelehrten, der 1243 in Luxor starb, hat man eine Moschee erbaut, in der er mit seiner Frau bestattet ist. Die Moschee wurde erbaut – nein, nicht neben, sondern auf dem Luxor-Tempel. Gut, damals war er wohl noch vom Sand bedeckt.
Wer an diesem Fest teilnimmt oder es je erlebt hat und um die jahrtausende lange Geschichte der Amun-Feierlichkeiten weiß, dem kommt vielleicht der Gedanke, daß sich die Bewohner von Luxor die gewaltigen, rauschenden Feste der fernen Vergangenheit bis auf den heutigen Tag nicht nehmen lassen – Islam hin oder her.

Am Chons-Tempel wurden die Götterstandbilder in die Barken verladen und traten nun die Fahrt stromab zum Karnak-Tempel an, entlang des Ufers von Theben, das mit jubelnden Menschen überfüllt war. „Amun! Amun! Amun!“ schallte es ununterbrochen tagelang durch die Stadt.

Aber schon lange bevor diese durchkomponierte Art der religiösen Feier zur perfekten Inszenierung wurde, setzten die Amun-Priester zur religiösen Alleinherrschaft an. Als erstes wurde – wie bereits angedeutet – der Sonnengott Re vereinnahmt. Denn Re konnte – wie alles andere auch – nur durch den göttlichen Hauch des Amun seine segensreiche Kraft entfalten. So kam es zur Verschmelzung der beiden, zu Amun-Re, der in Englisch als „Amen-Re“ bezeichnet wird, wie wir bereits gesehen haben. Die selbständige Verehrung von Re blieb durchaus erhalten, doch gelang es den theologisch wohl geschliffeneren Argumenten der Amun-Priester, den solitären Re als lediglichen Teilaspekt von Amun darzustellen.

Das ging noch mit einigen anderen Göttern so, etwa mit Khamutef, der noch ein kleines Sanktuarium neben dem Mut-Tempel behalten durfte. Aber auch dem Fruchtbarkeitsgott Min ging es nicht anders. Min war für die Amun-Priester wichtig, da er im Glauben der weitgehend bäuerlichen Bevölkerung eine überaus große Rolle spielte.

Min wurde von den durchaus nicht prüden Ägyptern recht anschaulich dargestellt. Gelebte Sexualität war ein Teil des Alltagslebens. Die Tätigkeit, welche zur Fortpflanzung führte, wurde als eine Selbstverständlichkeit des täglichen Lebens verstanden. Geheimniskrämerei bezüglich des Geschehens zwischen Mann und Frau war den Alten Ägyptern fremd. Ebenso die Bevorzugung des Mannes gegenüber der Frau, wie es bei den Semiten üblich war. Frauen waren im Alten Ägypten gleichberechtigt, und zwar in allen Belangen. Sie konnten selbständig handeln und Geschäfte machen, Prozesse anstrengen, sich scheiden lassen – was allerdings selten vorkam. Die Ehe war bei den Alten Ägyptern kein Ausdruck des Besitzrechtes über einen Ehepartner, sondern eine öffentlich eingegangene Gemeinschaft mit gegenseitiger Verpflichtung, um den Anforderungen des täglichen Lebens leichter gerecht zu werden – zusammen geht's einfacher oder: geteiltes Leid ist halbes Leid.

Abb. 35: Fruchtbarkeitsgott Min

Doch konnten die Ägypter sehr genau zwischen der spirituellen Funktion des Amun und der handgreiflichen Fruchtbarkeit des Min unterscheiden – obwohl sie wussten, dass der eine ohne den anderen nicht auskam – denn was nützte der göttliche Hauch, wenn keine Begattung stattfand? Daher kam es bei den Götterdarstellungen sehr häufig zum gemeinsam Auftreten von Amun und Min.

Min wurde mit erigiertem Glied, an das er die Hand anlegte, dargestellt. Die andere Hand war erhoben und hielt eine Geißel. Die Krone von Amun und Min war ident.

Die Bestrebungen zur Vorherrschaft eines Gottes waren eine Zeitlang recht erfolgreich, bis die Priester anderer Tempel und Götter mitbekamen, was die Genossen aus Karnak eigentlich vorhatten. Nun begann ein recht interessantes Gerangel zwischen den Tempeln um ihren jeweiligen Gott in eine bessere Position zu bringen. Dadurch kam es zu zahlreichen Verschmelzungen der verschiedenen Gottheiten, was die Ägyptologen anfangs in Verwirrung stürzte, denn weshalb soll es eine Göttin Hathor geben, eine Göttin Sechmet, eine Bastet, Isis etc. und von diesen untereinander die diversesten Verschmelzungen?

Die Lösung liegt wie immer im menschlichen Drängen nach Macht.

Abb. 36: Gemeinsamer Auftritt von Gott Amun (oben) und Gott Min (unten) Wandrelief im Tempel von Karnak

Theben war die Hauptstadt des Reiches, Amun der über allem strahlende Reichsgott, was wollten die Amun-Priester mehr? Sie dirigierten die religiösen Vorstellungen des Volkes, sie waren die einflussreichen Ratgeber und Verwalter, sie konnten auch im Herrscherhaus nach Belieben diktieren. Der von vielen Amtsgeschäften geplagte, oft auch mit Krieg und Abwehr von feindlichen Stämmen beschäftigte und daher auch oft und lange außer Haus weilende Pharao hatte keine Zeit und auch oft nicht den Durchblick oder die Detailkenntnis, um zu hinterfragen ob denn das auch in seinem Sinne war, was die Kleriker schon wieder von ihm wollten oder warum sie welche Meinung zum Besten gaben.

Sie jagte die Wüstenprinzen aus dem Land

Während die Priester des Amun ihre Pläne zur Ausweitung ihrer Macht vorantrieben, zogen düstere Wolken über Ägypten auf. Grund dafür war die Einwanderung semitischer Stämme aus Palästina. Das war an sich für die Ägypter nichts Ungewöhnliches, doch ab etwa 1900 v. Chr. nahm die Zuwanderung bedenkliche Formen an. Das hatte mehrere Gründe, doch dürfte es sich vor allem um Wirtschaftsmigranten handeln, die aus den kargen Wüstengebieten an „die Fleischtöpfe Ägyptens" (nach 2. Buch Mose 16,3) drängten. Die Aussichten, ein komfortableres Leben als in der Wüste zu führen, waren in Ägypten eindeutig besser.

Doch damit tauchten Probleme auf, wie wir sie aus unseren heutigen Migrationsströmen nur zu gut kennen. Es kam zum Aufbau einer Parallelgesellschaft durch die sich selbst als „Wüstenprinzen" bezeichnenden Stammeshäuptlinge. In der Sprache der Alten Ägypter wurde „Wüstenprinzen" als *hikau-choswet* ausgesprochen, woraus der griechische Geschichtsschreiber Manetho den für griechische Zungen leichter zu bewältigenden Begriff *Hyksos* machte, welcher bis in unsere Tage von den Historikern übernommen wurde.

Verehrung der in Ägypten ansässigen Götter fand von den Hyksos eher widerwillig bis gar nicht statt, stattdessen wurden ihre angestammten Gottheiten verehrt. Die Pharaonen dieser Zeit sahen zwar die Gefahr für das Reich heraufdämmern, doch sie waren unschlüssig, wie mit den Semiten, die man durchaus als Arbeitskräfte, Handelspartner und selten als Sklaven benötigte, umgehen sollte. Pläne, eine riesige Mauer zu bauen wurden gewälzt, einen für die Völker aus *retjenu* – so wurde von den Ägyptern Palästina genannt – unüberwindlichen Wall. Doch es kam nicht mehr dazu. Das Mittlere Reich der Ägypter ging zu Ende.

Im Herrscherhaus selbst gab es schwere Zerwürfnisse und Auseinandersetzungen, lokale Statthalter und Gaufürsten sahen ihre Stunde gekommen und riefen sich jeweils selbst zu Pharao aus, oft unterstützt durch die Priester der lokalen Tempel, die dazu wahrscheinlich oft genug mit einer Schwertspitze an Wanst oder Hals überzeugt wurden; oder von der Aussicht nun den Zentraltempel des Reiches – und damit die üppigen Opfergaben – beanspruchen zu können.

Zeitweise regierten verschiedene Dynastien nebeneinander, der Staat fiel auseinander. Ab 1663 v. Chr. herrschte in Memphis, etwas südlich des heutigen Kairo, die 13. Dynastie; in der Oase Fayum die 14., in Theben im mittleren Abschnitt des Niltales von Abydos im Norden bis zur Insel Elephantine im Süden die 17. Dynastie. Daneben gab es noch einige lokale Fürsten im Nildelta, welche die Pharaonenwürde ebenfalls für sich in Anspruch nahmen und von Manetho als 16. Dynastie zusammengefaßt wurden. Bei diesen dürfte es sich um sehr kleine Gebilde gehandelt haben, welche mit den Hyksos kollaborierten – was ihnen auf Dauer nichts nutzte. Zu allem Überfluss revoltierte die Bevölkerung der bisher von Ägypten beherrschten südlichen Provinzen des Landes Kusch und verjagten die ägyptischen Garnisonen nach Norden, bis in die Gegend des heutigen Assuan.

Die Hyksos wurden von Manetho als 15. Dynastie gelistet. Die Namen ihrer von 1663 bis 1555 v. Chr. regierenden Könige – die selbstverständlich auch die pharaonischen Würden für sich in Anspruch nahmen – verraten ihre Volkszugehörigkeit. So etwa führte der 2. Hyksos-Pharao den Namen „Jakobher".

Der frische, auch militärische Schwung der Hyksos führte zur Auslöschung der Dynastie von Memphis, auch die Teilreiche des Nildeltas und der Oasen verschwanden, und das letzte verbliebene Teilreich in Theben war den Hyksos tributpflichtig. Eine friedliche Koexistenz war das aber nicht. Den nun unterworfenen Ägyptern zum Hohn führten die Hyksos die Verehrung des bei den Ägyptern verhaßten Gottes Seth ein und zwei Hyksos-Pharaonen nahmen den Thronnamen „Apophis" an, den Namen des ungeheuren Schlangendämons aus der Unterwelt, der Re während seiner Fahrt durch die finsteren Gefilde zu verschlingen trachtet. Apophis I. schmäht den Pharao Seqenenre Ta'a II. aus Theben auch noch schriftlich, indem er verlangt, Seqenenre solle das nächtliche Brüllen der Nilpferde abstellen, da Apophis I. in seiner Nachruhe gestört sei – 850 km entfernt.

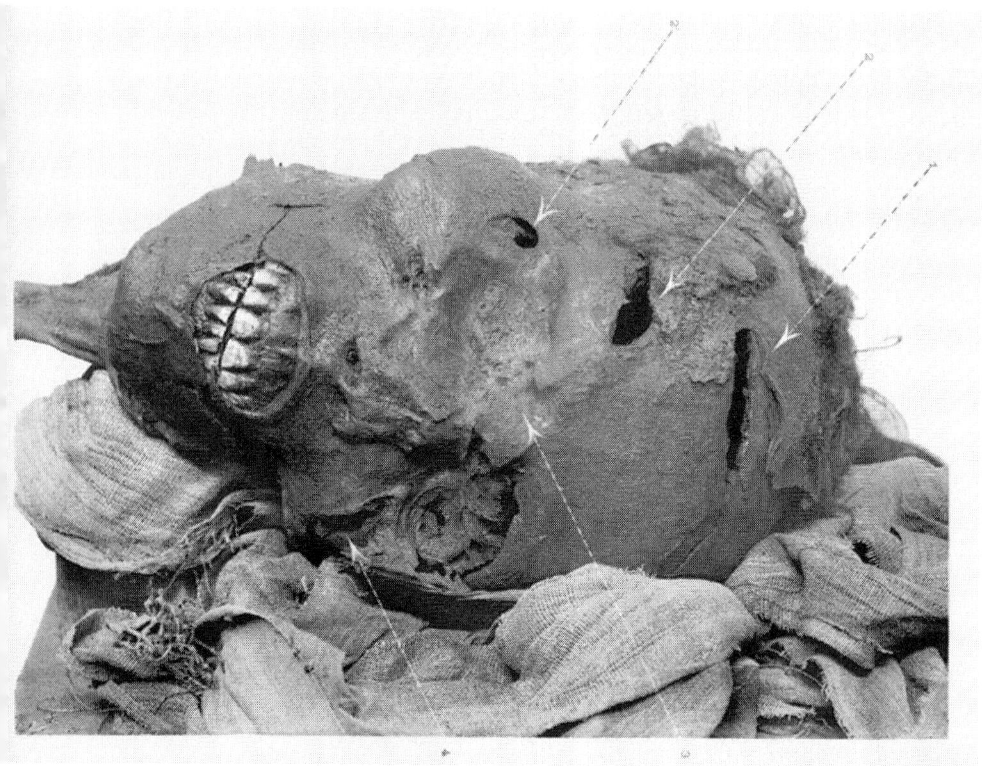

Abb. 37: Mumie des Seqenenre Ta'a II.

Seqenenre's Antwort war kriegerisch – und er fiel ihr zum Opfer, wie die zahlreichen Verletzungen an seiner Mumie beweisen. Die Ägypter wurden von den Hyksos nicht mehr ernst genommen, es schien nur mehr eine Frage der Zeit, bis auch Theben fallen werde.

Doch Kamose, der ältere Sohn Seqenenre's, wollte blutige Rache. Er wurde zum verbissenen, unbeugsamen Gegner der Hyksos und war zum Kampf bis auf den letzten Blutstropfen entschlossen. Alle

Ratgeber, der gesamte Hofstaat, rieten händeringend von dem Feldzug ab – die Hyksos waren militärisch überlegen. Doch Kamose war hart wie Kruppstahl. Er fügte den Hyksos zahlreiche Niederlagen in vielen kleinen Gefechten zu, vernichtete mehrere ihrer Festungen, befreite die Baharija-Osen und stand schließlich vor Auaris, der Hyksos-Haupststadt.

Apophis I. sandte einen Boten los, nach Süden, zum König von Kusch, um ihn zu unterrichten, dass Theben schutzlos war, denn Kamose stand mit seinen Truppen im Nildelta, und daher stellt das immer noch reiche Theben ein leichtes Opfer dar und, er, der König von Kusch, möge doch freundlicherweise mit seinem Heer in Theben einmarschieren und das Teilreich unterwerfen. Doch Kamose konnte den Boten abfangen. Die Nilflut machte der Belagerung ein Ende, in den Schlammfluten konnte niemand kämpfen, so zog sich Kamose nach Theben zurück. Die militärische Kraft der Hyksos war gebrochen. Doch Kamose waren nur drei kurze Jahre Regentschaft beschieden, in welchen er ununterbrochen Krieg führte.

Manetho führt in seiner nach Dynastien geordneten Königsliste Kamose als letzten Pharao der 17. Dynastie an, und Ahmose als ersten der 18. Dynastie. Tatsächlich jedoch gehörten sie ein und derselben Familie an – Ahmose war der jüngere Bruder des Kamose und folgte ihm auf dem Thron.

Ahmose I. wurde in ganz jungen Jahren Pharao, als zehnjähriger Knabe, und wie so oft übernahm die Mutter, Ahhotep I., die Regierungsgeschäfte. Sie setzte die Kriegszüge gegen die Hyksos fort und konnte noch im ersten Jahr ihrer Regentschaft – und damit auch der Regentschaft ihres Sohnes - die Hauptstadt der Hyksos, Auaris, erobern. In den folgenden Jahren trieben ihre Truppen die Hyksos-Stämme gewaltsam aus Ägypten hinaus nach Palästina. [29]

Die Hyksos-Herrschaft war gebrochen und das Ziel, Ägypten zu befreien, war erreicht. Doch sie gab keine Ruhe. Jedes Jahr überzog sie mit regelrechten Blitzkriegen Palästina und erstickte etwa aufkommenden Widerstand im Keim. Der heranwachsende Pharao nahm an diesen Kriegen offensichtlich teil. Als junger Mann zog er gegen Kusch im Süden zu Felde um auch dort die Grenze zu sichern. Das Reich war wieder errichtet. Und der Amun-Tempel blühte erneut auf.

Ahmose I. wird als Begründer des Neuen Reiches Ägyptens geführt, als Begründer der 18. Dynastie von Manetho aufgelistet – doch, wie wir inzwischen wissen – setzte sich verwandtschaftlich gesehen die 17. Dynastie nahtlos fort. Aufgrund der politischen Veränderungen scheint die Festsetzung einer neuen Dynastie jedoch verständlich. Nur dürfen wir nie vergessen – Manetho sah die Geschehnisse aus dem Blickwinkel eines Griechen, der 1300 Jahre nach der Vertreibung der Hyksos eine Auflistung aller Herrscher Ägyptens verfassen sollte. Und die 18. Dynastie – wir werden es noch sehen – hatte es in sich, in jeder Beziehung.

Die Familie, aus der Ahmose I. und seine Mutter Ahhotep I. (die in den Pharaonenlisten Manethos nicht vorkommt) stammen, wird in der Ägyptologie „Ahmosiden" genannt und bringt uns auf die Spur höchst interessantener Fakten, welche jedoch aus (später) verständlichen Gründen nie erörtert werden.

Die Verdienste von Ahhotep I. als „Vereinerin Ägyptens" blieben im historischen Bewusstsein der Alten Ägypter wie eingebrannt erhalten, sie wussten, wem sie zu verdanken hatten, dass die Fremdherrscher besiegt, außer Landes getrieben und ein für alle Mal bezwungen worden waren. In einer öffentlichen und feierlichen Dankeszeremonie im Amun-Tempel zu Karnak verlieh der Sohn der Mutter das Ehrengold der Pharaonen. Im 8. Pylon des Tempels von Karnak ist ein Gedenkstein an diese ergreifende Szene erhalten geblieben:

„Preiset die Herrin des Landes, die Fürstin der Uferländer der Haunebet, mit angesehenem Namen in jedem Fremdland, die das Volk leitet, die Königsgemahlin, Königsschwester, Königstochter und Königsmutter, die herrliche; die die Dinge kennt, die Ägypten vereint, sie versammelte seine Würdenträger, sie schützte es, sie brachte seine

Flüchtlinge zurück, sie gliederte die Opponenten wieder ein; sie befriedete Oberägypten und vertrieb seine Aufständischen, die Königin Ahhotep, sie lebe!"

Denkstein des Ahmose (Urkunden des ägyptischen Altertums. Deutsche Abteilung: Urk. IV, 21)

Die Verehrung der Ahmosiden und die besondere Pflege ihrer Totentempel und ihres Ansehens setzte sich über 300 Jahre lang bis in die ramessidische Zeit hinein fort, es gab sogar eine eigene Priesterkaste dafür.

Doch für uns ist der Name der Familienmitglieder interessant. Meist am Beginn des Namen jedes einzelnen Familienmitglieds – und es eine sehr zahlreiche Familie – findet sich die Silbe „Ah-", wie bei Ahmose oder Ahhotep, und zumeist erhält der Name Ahmose einen Zusatz, wie etwa bei Ahmose-Inhapi oder Ahmose-Satkamose. Doch es gab diese Silbe auch am Ende eines Namens, etwa bei Satiah. Untersuchen wir die Namen einmal näher:

Ahmose, Amun und Konsorten

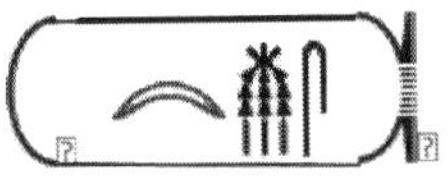

Abb. 38: Königskartusche von Ahmose I.

Ahmose – sein Name wird in der Königskartusche in Hieroglyphen geschrieben. Da dies heilige Zeichen in der Kartusche sind, entspricht jede Hieroglyphe einem Lautwert. In unserem Fall des Ahmose gibt's eine Abweichung, da das erste Zeichen, das wie eine umgedrehte Schüssel geformt ist, die Bezeichnung eines Gottes ist und daher einen festgelegten Lautwert als Silbe oder eigenständiges Wort hat. Die Ägyptologie hat ein System entwickelt, in dem die Lautwerte der Hieroglyphen in das von Linguisten verwendete IPA, das Internationale Phonetische Alphabet, umgesetzt werden.[30] Da es mehr Laute gibt als in unserem lateinischen Alphabet Buchstaben, gibt es im IPA viele uns nicht geläufige Zeichen. Nach diesem Alphabet werden die drei Hieroglyphen notiert:

Jʿḥ ms

Das sieht für mit dem IPA nicht vertraute Personen unaussprechbar aus, ist es aber gar nicht. Die ins Deutsche übertragenen Lautwerte:

J entspricht dem deutschen „J“

ˤ entspricht dem deutschen „ch“, wobei ein Vokal vorzusetzen ist (wir wissen schon, das Ägyptische schreibt kaum Selbstlaute). Aus verschiedenen vergleichenden Arbeiten der Ägyptologen gewannen sie die Überzeugung, dass diesem „ch“ ein „a“ vorgesetzt werden muss, also: „ach“

ḥ ist ein gedehnter Hauchlaut

Deutsch geschrieben wäre also die erste Hieroglyphe als

„Jach-hhh“ auszusprechen.

Die beiden restlichen Hieroglyphen bilden durch die Einbindung von Selbstlauten kein Problem:

ms entspricht „Mose“

Und die Bedeutung, die Übersetzung?

„Jach-hhh ist geboren“, „Jach-hhh ist da/vorhanden/ existiert“

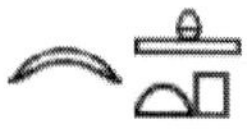

Abb. 39: Namenshieroglyphe von Ahhotep

Ahhotep – der Name von Ahmoses Mutter wird nicht in einer Kartusche geschrieben, da sie nie Anspruch auf den Thron stellte und nur für ihren Sohn regierte. Die Übersetzung der Lautwerte gemäß IPA ergibt:

Jˤḥ ḥtp

Ausgesprochen also mit der Ergänzung der Selbstlaute:

„Jach-hhh hotep“

Die Übersetzung:

„Jach-hhh ist zufrieden“

Aber wir wollen noch tiefer schürfen. Was, bitte, oder wer, ist zufrieden? Was oder wer ist „Jach-hhh“?

Das zu beantworten ist nicht einfach. Aber wir kommen dem Geheimnis trotzdem auf die Spur. Die Adelsfamilien in Ägypten hatten jede einen besonderen Familiengott, ähnlich wie die heutigen Adelsfamilien ein Wappen führen, dessen einzelne Teile jeweils eine bestimmte Bedeutung haben. Die Analyse der Wappen und ihre Ausdeutung nennt man Heraldik. Im alten Ägypten hatte also ein Gott den besonderen Schutz über eine Familie übernommen, oder die Familie hat ihn sich als Schutzgottheit auserkoren – der Effekt bleibt der gleiche. Daher fand der Name des Familiengottes in den Personennamen der Familie sehr oft seinen Niederschlag, bei den Ahmosiden ganz besonders oft.

„Jach-hhh“ ist eine alte, unabhängige Mondgottheit, die bereits in den Pyramidentexten der 4. Dynastie, also schon im Alten Reich, erwähnt wird und ihren Ursprung sicherlich bis 3200 v. Chr. zurückverfolgen kann, wahrscheinlich noch weiter. [31]

Lassen wir dies vorerst einmal wirken und kehren zurück zu den machtgeilen Priestern des Amun nach Karnak, dem riesigen Haupttempel von Theben. Vor allen Dingen waren die Priester einigermaßen zufrieden, wieder die religiöse Hegemonie über Ägypten zurückgewonnen zu haben. Doch die alten Machtgelüste waren nicht befriedigt, ganz im Gegenteil.

Da saß eine Familie auf dem Thron, welche sich als vom Mondgott Jach-hhh besonders begünstigt fühlte und daher Amun nicht als überragend und allein bedeutend empfand. Das konnte nicht hingenommen werden. Intrigant, wie die Priester in Karnak nun mal waren, suchten sie einen Weg, um Amun auch bei Pharao in den Vordergrund zu spielen. Sicherlich führten sie dabei auch die große Verbundenheit des Volkes mit Amun ins Treffen.

Ihre Bestrebungen waren von Erfolg gekrönt. Pharao Ahmose I. heiratete seine Schwester Ahmose Nefertari, welche eine ganze Reihe von beeindruckenden Titeln führte: *Königstochter, Königsschwester, Tochter einer Großen Königsgemahlin, Herrscherschwester, Königsmutter.* Beider ältester Sohn und damit Thronfolger war Amenhotep, der als Amenhotep I. der nächste Pharao werden sollte. Die Priester des Amun hatten sich bei der Wahl des Namens des Thronfolgers durchgesetzt. Die Eltern hatten da nicht mehr mitzureden. Und im Grunde genommen war es den Eltern durchaus recht. Der Name des Thronfolgers war ein Geschäft zwischen der weltlichen und der religiösen Macht, wie wir noch sehen werden.

Wenn Sie, verehrter Leser, verehrte Leserin, in einem Geschichtswerk den Namen „Amenhotep" nicht finden, so sehen Sie bitte unter „Amenophis" nach – das ist die gräzisierte (ins Griechische transponierte) Schreibweise desselben Namens – an dieser Verwirrung ist wieder einmal der Historiker Manetho schuld. Wir bleiben beim Original, bei Amenhotep.

Die Bedeutung des Namens „Amenhotep" ist „Amun ist zufrieden".

Erneut stoßen wir auf „Amen". Wie aus dem Namen von Amenhotep I. hervorgeht, ändert sich die Aussprache der ersten Namenssilbe plötzlich von „Amun" zu „Amen". Das ist in der altägyptischen Grammatik begründet.

„Amun" an sich ist der Name des Gottes, der für sich allein unverändert ist.

„Amen" ist grammatikalisch ein Fall, mit der Veränderung der zweiten Silbe wird angezeigt, in welchem Fall der Name des Gottes im Satzbau verwendet wird. Aus dem Namen von Ahhotep I., der Vereinerin des Reiches, haben wir gelernt, dass „hotep" die Vokabel für „zufrieden" ist. Da der Name des Gottes nun in Verbindung mit seiner Zufriedenheit verwendet wird, fehlt unserem Sprachverständnis das Hilfszeitwort, welches den Namen und das Eigenschaftswort „zufrieden" verbindet – das Wörtchen „ist".

Dieses gibt es im Ägyptischen nicht. An dessen Stelle tritt die Flexion, die Beugung des Lautwertes des Hauptwortes, also des Namens. Die Flexion von „Amun" zu „Amen" entspricht in Deutsch der Erweiterung von „Amun" zu „Amun ist" oder auch „Es ist Amun". Wozu wir im Deutschen zwei oder drei Worte gebrauchen, benötigt der Altägypter in diesem Fall bloß eines.

Daher wird der Ruf der ägyptischen Menschenmassen bei der Prozession des Amun-Standbildes durch Theben gar nicht die einfache Aussprache des Gottesnamens „Amun! Amun! Amun!" gewesen sein, sondern eine Anrufung oder Lobpreisung des Gottes: „Amun ist unsere Erlösung! Amun ist unsere Rettung! Amun ist der Herr aller Götter!"

In diesen kurzen Sätzen wurde daher tatsächlich „Amen ...! Amen ...! Amen ...!" gerufen.

„Amun ist ..." wird also „Amen" ausgesprochen.

Ganz phantastisch läßt sich dies bei Litaneien, Segenssprüchen oder Ähnlichem einsetzen, welche die Ägypter oft in erschöpfend langen und gebetsmühlenartig wiederholten Sprüchen durchhielten – man betrachte nur die Pyramidentexte [13], den Sonnengesang des Echnaton (Anhang B)[7] oder das Amduat [25]. Die ständige, rhytmische Anrufung des Amun erzeugt – wie alle oft wiederholten Wendungen, man denke nur an die „Ohrwürmer" der Unterhaltungsmusik – einen hypnotischen Effekt, ein Massenphänomen. In der bannenden, einenden Kraft auf Menschenmassen unterscheidet sich ein

[7] Für alle Leser, welche sich in die Materie vertiefen möchten, sei an dieser Stelle der Hinweis auf Psalm 104 in der Bibel gestattet. Ganz offensichtlich haben die hebräischen Editoren der alttestamentarischen Schriften den Aton-Hymnus für ihre Zwecke umgeschrieben. Wer diesen Psalm objektiv mit dem Großen Sonnengesang des Echnaton textkritisch vergleicht, wird schmunzeln, mit welchen schriftstellerischen Tricks die hebräischen Schriftgelehrten etwa schon im zweiten Vers die Sonnenscheibe Aton zu Jachwe umfunktionierten: *„...Indem du dich mit Licht umhüllst wie mit einem Gewand, die Himmel ausbreitest gleich einem Zelttuch ..."*

vielfaches, ständig ekstatisch skandiertes „Amen hotep!" in keiner Weise von der Wirkung eines „Sieg Heil!" [32]

An dieser Stelle erfaßt uns ein fürchterlicher Verdacht: Hat sich die Namensflexion des ägyptischen Gottes Amun ins Hebräische als Fremdwort eingeschlichen und ist so zu uns gekommen? Das kann nicht sein – die strenggläubig monotheistischen Israeliten hätten die Anrufung eines fremden Gottes nicht zugelassen.

Tatsächlich nicht?

Nehmen wir einmal an, es wäre wirklich nicht geschehen und seien wir davon ganz fest überzeugt. Aber Wissenschaft lebt nicht von Überzeugungen, sondern von Hinterfragen und Beweisführung. Also darf der Beweis dafür gesucht werden, ob die Überzeugung stimmt – oder auch nicht.

Gehen wir zurück zu den Befreiungskämpfen gegen die Hyksos. Wie wir schon hörten, wurde dieser Kampf von der Ahmosiden-Familie getragen, welche sich als Pharaonen von Theben bezeichneten – in der Zweiten Zwischenzeit.

Nach der erfolgreichen Vertreibung der Hyksos stand der siegreiche Ahmose I. vor einem beinahe unüberwindlichen Problem: seine Herkunft war bekannt, die Familie zwar uralt, aber eben nicht göttlich, hatte keine verwandtschaftlichen Beziehungen zur letzten legitimen 12. Dynastie, mit welcher das Mittlere Reich um 1780 v. Chr., also zwei Jahrhunderte zuvor, zu Ende gegangen war. Daher konnte die Würde des Pharao von einer zwar adligen, aber nicht dem Herrscherhaus entstammenden Familie nicht erlangt werden.

Ahmose I. war nach den erfolgreichen Feldzügen und der Wiedervereinigung Ägyptens jedoch – wie jeder Ägypter – um sein Weiterleben nach dem Tod besorgt. Und wie keinem anderen stand ihm die Vergöttlichung zu – seiner Meinung nach. Zwar war er kein Usurpator, sondern ein Befreier, aber er musste den Nachweis bringen, dass er göttlich war, sonst wars nichts mit dem schönen Pharaonen-Titel und ewigem Glitzern auf Nut's Haut. Und wer konnte diesen Nachweis besser als die Priester liefern, deren Geschäft es war, mit den Göttern zu reden? Hatte er nicht soeben den Amun–Tempel wieder in altem Glanz auferstehen lassen?

Jetzt sollten die Priester des Amun-Tempels einmal etwas für ihn tun. Die spitzfindigen Theologen hatten eine Lösung – natürlich sahen sie dabei auch auf ihren eigenen Vorteil. Und scheinbar planten sie dabei sehr lange in die Zukunft – jedenfalls ging ihre Absicht auf.

Für jeden Ägypter war verständlich, dass die Göttlichkeit ein Ganzes bilden musste, das aus zwei Teilen bestand. So bestand nicht nur das Problem der Göttlichkeit des Pharao, sondern auch jenes seiner Gemahlin. Familienintern war es eine ausgemachte Sache, dass Ahmose I. eine seiner Schwestern zu heiraten hatte, das war auch den Schwestern klar.

Und die spitzfindigen Theologen hatten die Lösung. Sie schufen ein neues Amt, und zwar die *Gottesgemahlin des Amun*. Amun residierte unzweifelhaft im Tempel von Karnak. Im ägyptischen Pantheon hatte Amun zwar eine Gattin, aber monogam blieben die Götter nicht immer, wie wir schon bei der Geschichte um Osiris gesehen haben. Nebenfrauen waren für die Pharaonen als Manifestation eines Gottes auf Erden eine Selbstverständlichkeit. Nun konnte sich im Alten Ägypten ein Gott nur mit göttlichen Wesen, also seinesgleichen, paaren. Die Ägypter trennten da noch streng. Die Griechen sahen das alles weniger kategorisch, da ließen die Götter ihren Trieben nicht nur untereinander, sondern auch mit Menschen freien Lauf.

Es musste also eine der Schwestern des Ahmose I. nicht nur ihn, sondern auch Amun heiraten, möglichst zuerst Amun, damit wurde sie zur Gottheit erhoben. Auf wen die Ehre zu fallen hatte machten sich die Geschwister untereinander aus – Ahmose I. Schwester Ahmose-Nefertari wurde die erste Gottesgemahlin von Amun. [33] [34]

Dann musste ein weiterer theologischer Dreh her. Um die Ehe vollziehen zu können nahm Amun die Gestalt ihres weltlichen Gatten, Ahmose I. an. So waren die daraus entstandenen Kinder göttlichen Ursprungs. Und das erste Kind, das aus dieser Vereinigung der

Götter hervorging, war ein Knabe. Er konnte gar keinen anderen Namen als Amunhotep erhalten: Amun ist zufrieden.

Beinahe könnte man den Namen als Verkürzung betrachten: Die Priester des Amun sind zufrieden. Wahrscheinlich haben sie dazu genickt.

Und die für die Erhaltung der Dynastie erforderliche Schwester entging dieser Notwendigkeit ebenfalls nicht – sie erhielt den Namen Ahmose-Meritatum II.

Der machtpolitische Teil des theologischen Kniffs zugunsten der Tempelkleriker dabei war, dass künftig nur noch die vom Tempel legitimierte Gottesgemahlin des Amun zur Zeugung legitimer Kinder der Thronfolge in der Lage war. Und wenn dem Tempel einmal eine nicht paßte – dann gäbe es ein Problem. Dieses ließ die Pharaonenfamilie jedoch durch reichliche Zuwendungen an den Tempel und Einbindung der Priester in die Staatsgeschäfte gar nicht aufkommen. Ahmose-Meritatum II. wurde die vierte Gottesgemahlin des Amun. [33]

Vielleicht war Ahmose I. beleidigt, weil er keine göttliche Würde erhielt, sondern Amun ihn nur als Zeugungsorgan verwendete. Nach einigem Hin und Her wurde auch dafür eine Lösung gefunden, schließlich konnten sie für ihren Plan einen enttäuschten und vielleicht sauertöpfisch reagierenden Pharao nicht gebrauchen. Die Priester verlegten daher die Funktion der Gottesgemahlin des Amun eine Generation in die Vergangenheit und stellten fest, dass diese Würde schon der Mutter des Herrscherpaares zugestanden hatte. So erhielt die Vereinerin des Reiches, Ahhotep I., posthum die Würde, die ihr zweifelsohne zustand, denn wie hätte sie das Reich einen können, wenn nicht durch göttliche Wirkung? [33]

War für die Tempelpriester gesichert, dass die Thronfolge nun nicht mehr ohne ihre Zustimmung erfolgen konnte, so gaben sie sich damit nur vorläufig zufrieden. Sie strebten ungebremst nach Machterweiterung. Hübsch wäre doch, wenn nicht nur die Thronfolge bestimmt, sondern die Dynastie selbst übernommen werden konnte. Die Tempelpriester des Amun wollten auch die weltliche

Macht mit allen ihren Vorteilen, die sie noch nicht genießen konnten, an sich reißen.

Für die Generation des Herrscherpaares und deren Kinder Amenhotep I. und Ahmose-Meritamun II. gab es diese Möglichkeit nicht mehr, doch vielleicht für deren Kinder?

Das Schicksal fuhr erst einmal dazwischen. Amenhotep I. kam spät zur Welt. Damit die Nachfolge jedoch gesichert war und der kleine Amenhotep eine gute Ausbildung erfuhr, war er sechs Jahre lang nomineller Mitregent seines Vaters, aber zum Zeitpunkt des Todes seines Vaters noch zu jung für die Regierungsgeschäfte. Daher wurde Ahmose-Nefertari im Sinne der Erhaltung der Dynastie initiativ. Sie übernahm kurzerhand wie seinerzeit ihre Mutter die Regentschaft und übergab sie zwei Jahre später an den herangewachsenen Sohn. Die Schwestergattin Ahmose-Meritamun II. gebar keine Kinder, sie starb früh. Die Dynastie drohte zu erlöschen.

Wieder war es Ahmose-Nefertari, welche die Initiative ergriff. Sie war zwar schon über 60 Jahre alt, dennoch kam an ihr niemand vorbei. Erst einmal übernahm sie neuerlich die Rolle der Gottesgemahlin des Amun, was ihr die Priester wohl nur zähneknirschend gestatteten, aber sie hatte ja den Titel schon und man konnte ihren Status als göttliche Person nicht widerrufen. Mit umsichtiger Hand ging sie daran, das Nachfolgeproblem zu lösen. Und sie konnte die Priester auf ihre Seite ziehen – war es nicht schon bei Ahmose I. so gewesen, dass er durch den theologischen Dreh göttlichen Status erlangte?

Ahmose-Nefertari wollte ein starkes Ägypten, und daher sah sie sich in den Reihen der in Frage kommenden Männer um. Ihre Wahl fiel auf einen energischen General in mittleren Jahren mit Namen Thutmosis. Und um die religiöse Komponente zufriedenzustellen war da noch eine Tochter von Ahmose I., die ebenfalls Ahmose hieß. Und da diese vom göttlichen Paar gezeugt worden war, trug sie den göttlichen Funken in sich. Also wurden Thutmosis I. und Ahmose verheiratet. Und um sicherzugehen auch gleich mit Ahmoses Schwester Mutnefert. Schließlich war Thutmosis I. nicht mehr der Jüngste, und die Erbfolge sollte gesichert werden.

Trotz der kurzen Regentschaft von sechs Jahren, welche Thutmosis I. vergönnt waren, gab es Nachkommen. Seine beiden ältesten Söhne starben zwar noch vor ihm, es verblieb der jüngste Sohn aus der Verbindung mit Mutnefert, der ebenfalls Thutmosis hieß. Und dessen ältere Schwester Hatschepsut, deren Mutter Ahmose war.

Thutmosis II. wurde von seiner Gattin und Schwester Hatschepsut dominiert. Sie wollte partout die Regierungsgeschäfte übernehmen, doch konnten die beiden ein Abkommen zur gemeinsamen Regentschaft schließen. Thutmosis II. erkannte sehr früh, dass Hatschepsut danach gierte, allein zu regieren und ein weiblicher Pharao sein wollte. Daher bestimmte er bereits zu seinen Lebzeiten ausdrücklich seinen mit der Haremsdame Isis gezeugten Sohn Thutmosis III. als Nachfolger.

Hatschepsut wird von den Amun-Priestern als Gottesgemahlin des Amun legitimiert. Ganze 14 Jahre kann die ehrgeizige Frau mit Thutmosis II. zusammen regieren, dann wird sie Witwe. Nun sieht sie ihre Zeit gekommen. Für den kleinen Thutmosis III. übernimmt sie – in bewährter Tradition – die Lenkung des Staates.

Doch vorerst geht sie behutsam vor. Sie schafft sich eine eigene, ihr ergebene Gruppe von Beamten, allen voran den tüchtigen Senenmut, den sie schlagartig in die höchsten Ämter katapultiert. Diese ihr ergebenen Beamten übernehmen nun die Funktionen, in die sie ohne ihre Gönnerin nie gekommen wären. Und sie kann den Balg, den ihr Verblichener mit der unbedeutenden Nebenfrau in die Welt setzte, nicht leiden. Er steht ihrer Regentschaft im Weg. Dennoch ist er der vom Amun-Tempel eifersüchtig bewachte Thronfolger, denn er ist das göttliche Erbe.

Die etwas verwirrenden Beziehungen und Namen lassen die Geschichte der ineinandergreifenden 17. und 18. Dynastie kompliziert erscheinen, daher ein kleiner Leitfaden durch die Herrschaftsabfolge:

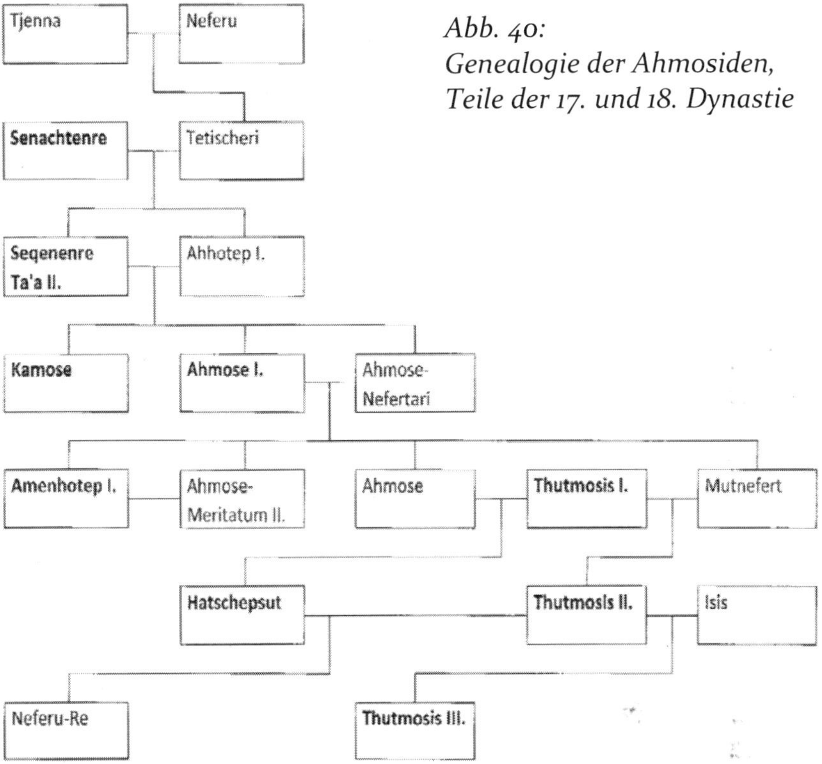

Abb. 40:
Genealogie der Ahmosiden,
Teile der 17. und 18. Dynastie

Doch das war das letzte Mal, dass sie Agitationen der Amun-Priester kampflos hinnehmen musste. Sie wagte zwar nicht, den heranwachsenden Pharao zu beseitigen, aber entzog ihn dem Einfluss des Tempels, indem sie ihn in die Armee steckte, wo er zu einem verdienten Heerführer heranwuchs. Und die Armee wurde ständig beschäftigt, mal gegen die Nubier im Süden, mal gegen die Libyer im Westen. Vielleicht fiel er ja im Kampf – so etwas soll ja schon vorgekommen sein; möglicherweise dachte sie an den tapferen Seqenenre Ta'a II, ihren Urgroßvater. Die nach Palästina und Syrien zurückgedrängten semitischen Völker hielt man ein für alle Mal besiegt und schätzte sie unter Hatschepsuts Regentschaft nicht als gefährlich ein.

Thutmosis III. war klug genug um zu wissen, dass das biologische Recht auf seiner Seite lag und er schon noch zum Zuge kommen werde – schließlich war seine Tante wesentlich älter und würde aller Voraussicht nach lange vor ihm abtreten. Eine Revolution oder Entmachtung durch das ihm treu ergebene Militär kam daher nicht in Frage. Thutmosis wünschte keine Schwächung im Inneren. Im 22. Jahr des Pharao Thutmosis III. starb Hatschepsut. Als eindrucksvolles Kulturdenkmal blieb ihr Totentempel in Deir-el-Bahari erhalten.

Abb. 41: Hatschepsut's Totentempel in Deir-el-Bahari

Thutmosis III. nahm die Zügel der Herrschaft fest in die Hand. Anders als seine Tante schätzte er die Gefahr aus Palästina und Syrien größer ein. Es gelang ihm in äußerst kühnen und überraschenden militärischen Manövern eine Union der Palästinensischen Fürsten unter Führung des Stadtkönigs von Kadesch zu zerschlagen, und fortan zog er jeden Sommer mit militärischer Macht über Palästina und Syrien her, konnte den Einfluss des Mitanni-Reiches auf ein Minimum beschränken und stieß bis zum Euphrat vor. Im Süden unterwarf er nilaufwärts Nubien bis zum 4. Katarakt, etwa in der Gegend der heutigen Stadt Meroë im Sudan. Durch Festungen und Garnisonen ließ er die neue Grenze absichern. Aus dieser Kolonisation entstand später das von ägyptischer Kultur geprägte Reich von Kusch, in dessen Hauptstadt bis ca. 300 n. Chr. der Amun-Tempel das bedeutendste Bauwerk war. Der britische Archäologe Breasted bezeichnete Thutmosis III. als „Ägyptischen Napoleon".

Aus der Verbindung zwischen Thutmosis II. und Hatschepsut stammte die Tochter Neferu-Re, welche von Hatschepsut als neue Gottesgemahlin des Amun ausgerufen worden war. Die Tempelpriester des Amun waren damit durchaus einverstanden, denn eine Ehe zwischen der Tochter von Hatschepsut und Thutmosis III., der immer wieder erkennen ließ, dass er den Priestern zugeneigt war, begünstigte ihre Pläne.

Doch Thutmosis III. heiratete Satiah, die Tochter eines verdienten Beamten aus der Ahmosiden-Familie, die Ururenkelin des Gründers der 18. Dynastie, also eine entfernte Verwandte. In Satiah's Name erscheint der Name des Familiengottes der Ahmosiden, also der göttliche Funke, der sich von den Amun-Priestern gut argumentieren ließ. Die beiden hatten mindestens drei Kinder, den Thronfolger Amenemhat, den Sohn Sa-Amun und die Tochter Nefertari.

Das Ziel der Machtbestrebungen der Amunpriester rückte nun in greifbare Nähe. Ihr Einfluss war wieder gewachsen, wie die Namensgebung der Söhne deutlich zeigt. Die fleißige Indoktrination bewirkte darüber hinaus, dass der Thronfolger früh in die Belange des Tempels miteinbezogen wurde – er erhielt die Funktion des *Vorstehers der Rinder der Herde des Amun*.

Doch wieder schien das Schicksal mitzuspielen und die Pläne der Amun-Priester zu verhindern. Satiah starb früh, und auch die beiden

Söhne des Paares. Thutmosis III. nahm abermals eine Hauptfrau, und zwar Meritre Hatschepsut, die Tochter einer Priesterin, also eine Bürgerliche. Das war nun aber gar nicht im Sinne der Amun-Kleriker. Doch die geduldigen Priester dachten und planten in langen Zeiträumen.

Vorerst mussten sie sich damit begnügen, dass die Kinder aus der zweiten Ehe des Pharao wieder Namen zu Ehren Amuns trugen: den neuen Thronfolger, der als Amenhotep II. Pharao wurde und dessen Schwester Meritamun. In konsequenter Verfolgung des Plans wurde nun Meritamun die neue Gottesgemahlin des Amun. [33] Und planmäßig heirateten die Geschwister. Jetzt musste doch gelingen, was solange angestrebt wurde.

Ein Traum im Schatten des Sphinx

Aber als ob ein göttliches Schachspiel abgehalten wurde: Meritamun starb ebenfalls sehr früh. Amenhotep II. heiratete eine bisher völlig Unbekannte namens Tia'a als Hauptfrau, welche ihm den Thronfolger Thutmosis IV. gebar. Und aus vielen Anzeichen muss man schließen, dass es zu Differenzen zwischen dem Hof und dem Amun-Tempel gekommen ist. Amenhotep II. ging die Einmischung des Amun-Klerus in seine Amtsgeschäfte sichtlich zu weit. Der Hof sann auf einen Weg, der Beeinflussung und Bevormundung durch die Tempelpriester zu entgehen.

Man musste die Amun-Priester auf deren eigenem Gebiet, der Theologie, ausmanövrieren. Daher wurde die Idee in die Welt gesetzt, dass Amun zwar für das Leben wichtig, aber ohne die belebende Kraft der Sonne, und damit des Re, ohne jegliche Wirkung blieb. Und dass die Sonne wichtig war, räumte ja schon die Fahrt des Re durch die Unterwelt der Duat ein. Ohne die wieder aufgehende Sonne konnte nichts wachsen und gedeihen.

Um es sich mit den Amun-Priestern nicht ganz zu verscherzen, drückte ihnen Pharao Amenhotep II. die Gleichwertigkeit der beiden Gottheiten aufs Auge und postulierte deren Verschmelzung. Und damit die Abwertung der Amun-Priester. Die Verschmelzung der beiden Götter wurde in eine neue Anrufungsformel der nun gleichberechtigten, miteinander verschmolzenen, es entstand der Amun-Re Hymnus als Anrufung des Sonnengottes. Ein Papyrus dieses Hymnus wird im Äyptischen Museum in Kairo aufbewahrt und trägt die Inventarnummer P. Kairo CG 58038. [51]

Vor verhaltener Wut mochten die Amun-Priester mit den Zähnen geknirscht haben, was wohl weit über die Tempelmauern hinaus vernommen werden konnte.

Der junge Prinz Thutmosis IV. wollte da noch eins draufsetzen, damit die Tempelpriester des Amun ein für alle Mal aus dem politischen Ränkespiel ausschieden. Und er schien noch zu Lebzeiten seines Vaters eine vielversprechende Methode gefunden zu haben. Hatte sein Vater begonnen, Amun mit Re zusammenzuschweißen, so wollte er noch einen Schritt weiter gehen und Re als Größten und Wichtigsten aller Götter fixieren. Im ersten Jahr seiner Regentschaft erteilte er den erstaunlichen Befehl, den großen Sphinx vor den Pyramiden vom Sand zu befreien.

Für die Ägypter war das etwas äußerst Ungewöhnliches, denn seit den unendlich lange vergangenen Zeiten der 4. Dynastie, in welcher nach herkömmlicher Meinung die Pyramiden errichtet wurden, ragte aus dem angewehten Wüstensand nur der Kopf der gewaltigen Statue. Und niemand hatte sich je um ihre Erhaltung gekümmert. Nun, es war Pharaos Befehl, und so begannen sie die gigantische Figur freizuschaufeln. Als sie in voller Größe, seit mehr als tausend Jahren, erstmals völlig frei lag, ließ Thutmosis IV. auch die beschädigten Pranken restaurieren und mit Kalksteinblöcken ummanteln. Wunderten sich die Ägypter über ihren Pharao und seine seltsamen Befehle, so gingen ihnen die Augen über, als er an der Brust des Löwenkörpers, zwischen den nun reparierten Pranken eine Steintafel aufstellen ließ. Die Tafel trug eine Inschrift, welche dazu angetan war, die religiöse Welt des Alten Ägypten aus ihren Angeln zu heben.

Denn auf dieser Tafel berichtete der neue Pharao von einem Traum – daher wird sie „Traumstele“ genannt. Ein Teil der Ausbildung eines angehenden Pharaos war militärischer Natur. Und so verbrachte der künftige Thutmosis IV. einige Zeit als Kommandant der Streitwagenkämpfer in Memphis, nahe dem heutigen Kairo. Eines Tages fuhr der junge Kommandant nur von seinem Wagenlenker begleitet hinaus in die westliche Wüste um Löwen zu jagen. Um die Mittagszeit wurde er müde, legte sich in den Schatten des Sphinxkopfes und schlief ein. Im Schlaf erschien ihm der Sonnengott Re in zahlreichen seiner Emanationen und versprach, ihm das Land Ägypten mit all seinen Schätzen und Herrlichkeiten zu übergeben und in seiner Gestalt auf Erden zu wandeln, wenn der junge Prinz die Statue freilegen und restaurieren lasse.

Die Amun-Priester von Theben verstanden die knallharte Kampfansage ganz genau.

Abb. 42: Sphinx von Gizeh mit Traumstele

Thutmosis IV. beendete damit die Vorherrschaft des Amun, der im Körper des Pharaos wohnte und nur durch die Vereinigung mit der von des Tempels Gnaden abhängigen Gottesgemahlin des Amun legitimiert war. Thutmosis IV. legitimierte sich selbst, indem er behauptete, dass der Sonnengott in ihm wohne und er die Eigenschaften des Pharao aufgrund der Gnade und des Geschenks des Sonnengottes ausübe.

Die Amun-Priester schäumten vor Wut. Da entzog sich Pharao mit einem hinterhältigen Dreh so einfach ihrem Einfluss.

Zwar nahm Thutmosis IV. seine Schwester Nefertari zur Frau, doch suchte er durch Heiratspolitik die syrischen Besitzungen abzusichern. Denn im Norden war ein mächtiger Gegner entstanden: die Hethiter. Diese bedrohten mit ihrer Expansion auch das Mitanni-Reich. Der König dieses Staates, Artatama I., wollte sich den Rücken, in dem Ägypten saß, freihalten und sandte daher seine Tochter Mutemwia an den Hof des Pharao. Allerdings wird in manchen wissenschaftlichen Publikationen Mutemwia als Ägypterin und entfernte Verwandte des Pharao bezeichnet.

Thutmosis IV. hatte allerdings noch weitere Frauen, darunter seine Schwester Nefertari, aber auch eine Semitin mit Namen Jaret. Aus seiner Regierungszeit sind keine großen Stiftungen an den Amun-Tempel mehr bekannt. Der Klerus des Amun schien den Bogen überspannt zu haben.

Das emsige Freischaufeln des Sphinx hatte nur kurzen Erfolg. Der Wind wehte die Statue wieder zu. Der griechische Weltreisende Herodot, der die Pyramiden etwa tausend Jahre nach der Freilegung durch Thutmosis IV. besuchte, sah den Sphinx gar nicht – er war zu diesem Zeitpunkt vollständig samt dem Kopf unter Sand begraben. Auch die Ausgrabungen, welche die römischen Kaiser Marc Aurel und Septimius Severus veranlaßten, hielten nicht lange vor. Napoleons Expedition fand nur den aus dem Sand ragenden Kopf. Erst zu Beginn des 19. Jahrhunderts v. Chr. wurde der Körper weitgehend ausgegraben.

Die Amun-Priester wollten ihre bisherige Stellung natürlich nicht so einfach preisgeben und machten lediglich vordergründig gute Miene zum bösen Spiel. Aber sie arbeiteten zäh daran, ihre alte Bedeutung wiederzuerlangen. Die ersten Erfolge stellten sich ein - der älteste Sohn von Thutmosis IV. und seiner Hauptfrau Mutemwia und damit der Thronfolger erhielt den Namen Amenhotep wie sein Großvater. Er trat später als Amenhotep III. eine beinahe 40 Jahre dauernde Herrschaft an. Aber auch zwei Töchter führten den Namen des Amun in ihrem: Amenemipet und Tent-Amun.

Amenhotep III.[8] trat das innenpolitische Erbe seines Vaters mit einer ganz persönlichen Note an: er wollte die Amun-Priester demütigen. Und ging dabei raffiniert vor.

Zuerst ließ er einen neuen Pylon im Zentraltempel des Amun, in Karnak, errichten. Ein Pylon ist ein Doppelturm, dessen beide Teile einen Ein- oder Durchgang umrahmen. Der zehnte und letzte Pylon stammt von Amenhotep III. Mit einer Breite von 66,7 m und einer Tiefe von 11,7 m war er der viertgrößte Pylon in Karnak. Aufgrund der harmonischen Abmessungen eines Pylons dürfen wir davon ausgehen, dass der Pylon Amenhotep III. etwa 21 m hoch gewesen ist. [26] Üblicherweise sind vor dem Durchgang eines Pylons jeweils links und rechts eine Kolossalstatue des Pharaos sowie je ein Obelisk zu finden.

Abb. 43: Pylon am Eingang zum Luxor-Tempel

[8] Erneut sei der Hinweis gestattet: die originale ägyptische Schreibweise ist Amenhotep, die gräzisierte Amenophis. Wenn man in einem Nachschlagewerk unter dem einen Namen nichts findet, dann sicher unter dem anderen. Es sind idente Personen.

Die Amun-Priester dürften nicht schlecht gestaunt haben, als der bockige Pharao, der ihnen das Wasser abgegraben hatte, aus heiterem Himmel nun den Amun-Tempel noch größer machen wollte. Doch die Demütigung bestand nicht in der Größe des Pylons, welcher in die Umfassungsmauer integriert, seinen Durchgang zum Mut-Tempel hatte, sondern in den Kolossalfiguren davor. Es wurden die größten Figuren, die je in Ägypten entstanden. Selbst der große Ramses hatte keine derartigen Giganten von sich anfertigen lassen.

Und davon sollte es gleich vier Exemplare geben: zwei am 10. Pylon des Karnak-Tempels und zwei bei seinem Totentempel. Von den Figuren am Pylon sind nur noch von einer die Füße erhalten – jeder Fuß zwei Meter lang und einen Meter breit.

Abb. 44: Füße der Kolossalstatue – meine Frau als Größenvergleich

Gegenüber von Theben, auf der anderen Seite des Nil, ließ er einen Totentempel für sich bauen, der alle bisherigen Dimensionen sprengte und größer war als der gesamte Karnak-Tempel des Amun.

Die beiden Kolossalfiguren vor dem Eingang sind – stark beschädigt - noch erhalten und werden Touristen heute als im freien Felde stehende Memnon-Kolosse gezeigt. Vom hinter den beiden Statuen gelegenen gigantischen Totentempel gibt es leider nur mehr sehr kümmerliche Ruinen.

Abb. 44a: Memnon-Kolosse – Statuen Amenhotep III.

Die politische Aussage war eindeutig: Was ist schon der Tempel von Amun gegen die Großartigkeit Paharo Amenhotep III.? Noch dazu wo dieser Pharao nicht Amun verkörpert, sondern die menschgewordene Manifestation des Sonnengottes Re ist? Nichts sollte in Karnak so groß sein, dass es den Standbildern Amenhotep III. gleichkam, er sollte alles überragen.

Die Wahl des Standortes der beiden Kolosse war eine mehr als starke Ansage gegen die Amun-Priester. Die alles überragenden Statuen des im Pharao manifestierten Sonnengottes Re standen auf dem riesigen Platz zwischen dem Amun-Tempel und dem Mut-Tempel – siehe Abb. 32, wo alle Prozessionen sich aufstellten, wo das

Volk sich massenhaft versammelte und von jedem Punkt des Platzes die überragende Bedeutung Re's in Form der beiden Statuen verinnerlichen konnte. Jede sich in Bewegung setzende Prozession, auch jene des Amun hinunter zum Chons-Tempel, fand nun unter den gnädigen Augen der Re-Standbilder statt. Und das für alle Zeiten.

Die von Amenhotep III. gewählte Methode zur Demütigung der Amun-Priester scheint überraschend diplomatisch und aufwendig, eine direktere Konfrontation wäre wohl effektiver gewesen. Aber ihm kam die Liebe dazwischen. Die Liebe zu Teje, der bürgerlichen Tochter eines hochrangigen Provinzbeamten. Denn wenn es keine Liebesheirat gewesen wäre, hätte der sonst auf alle innenpolitischen Ränke vorbereitete Amenhotep III. andernfalls bedacht, dass sein künftiger Schwiegervater Juja eine Reihe von Titeln trug, die gewisse Schwierigkeiten ankündigten:

Gottesvater,
Priester des Min und
Aufseher der Pferde und Vorsteher der Rinder des Min, des Herren von Achmim.
Mitglied der Elite,
Vorderster an Aktion,
königlicher Siegler und
einziger Freund.

Und es kam noch dicker. Sein neuer Schwager, der Bruder von Teje, war

Zweiter Priester des Amun.

Die Schwiegermutter Tuja war auch nicht untätig gewesen und durfte eine eindrucksvolle Liste von Ehrentiteln ihr Eigen nennen:

Große des Harems des Amun,
Große des Harems des Min und
Sängerin des Amun.

Nach Tejes Heirat mit dem Pharao kam noch

„*Königsmutter der Großen königlichen Gemahlin*" hinzu.

Wie wir schon erfahren haben, traten Amun und Min immer gemeinsam auf, wurden sogar als jeweils gegenseitige Emanationen betrachtet. Da hatte sich der Pharao schön in die Nesseln gesetzt. Das Imperium hatte zurückgeschlagen. Im Tempel des Amun zog Genugtuung ein. Amun war drauf und dran, den generationenlangen Kampf letztlich für sich zu entscheiden. Die Zähigkeit der Priester war von Erfolg gekrönt. Sie hatten gesiegt. Nun galt es das politische Terrain abzurunden.

Doch Amenhotep III. steuerte so gut er konnte dagegen. Mit zahlreichen Tempelbauten im ganzen Land förderte er die Verehrung von Aton, der als Gottheit personifizierten Sonnenscheibe, welche bereits sein Großvater Amenhotep II. verstärkt ins Leben rief [51], und welche sein Vater mit der politisch gelungenen Traumgeschichte weiter ausgebaut hatte. Aton war etwas niedriger im Rang als Re, da Aton nur die Sonnenscheibe repräsentierte, aber immerhin noch mit Re verbunden. In Heliopolis ließ er einen Tempel für den Sonnengott erbauen, und das Sed-Fest aus Anlaß seines 30jährigen Regierungsjubiläums ließ er entgegen der Wünsche der Amun-Priester nach dem Ritus des Sonnengottes der 5. Dynastie feiern. Im Zuge dieses Festes erklärte er sich öffentlich zum lebenden Gott und Stellvertreter des Sonnengottes Aton auf Erden.

Dadurch entstand aber ein neues religiöses Problem. Als Sonnengott Aton musste er mit der irdischen Kraft der Göttin Hathor vermählt sein, und diese konnte nur durch die vereinte Macht dreier Generationen von Trägerinnen des Titels der *Großen königlichen Gemahlin* erfüllt werden, da Hathor die Eigenschaften von Mutter, Ehefrau und Tochter in sich vereinte. Zwei Frauen, welche diesen Titel trugen, hatte er zur Hand: seine Mutter Mutemwia, die den Titel zurecht noch aus der Ehe mit seinem Vater trug und in seiner Kindheit auch einige Jahre Regentin des Reiches gewesen war; und seine Ehefrau Teje.

Um den religiösen Anforderungen gerecht zu werden, heiratete er die mit seiner Tante Mutemwia gezeugte Tochter Sitamun und erhob sie damit ebenfalls in den Stand der Großen Göttlichen Gemahlin. Dass die Ehe je vollzogen wurde ist nicht bekannt. Als Mutemwia starb, heiratete er mit Isis eine weitere seiner mit Teje gezeugten Töchter, damit standen ihm neuerlich die erforderlichen drei Großen Göttlichen Gemahlinnen nominell zur Verfügung.

Trotzdem war dies nichts als ein beherztes Rückzugsgefecht, denn der Tempel des Amun übernahm immer mehr weltliche Funktionen, bis an den Schreibtisch des Pharaos. Denn Ptahmose, der

Hohepriester des Amun

übte noch folgende Funktionen aus:

Wesir von Ober- und Unterägypten,

Bürgermeister von Theben,

Vorsteher aller Priester von Ober- und Unterägypten und

Wedelträger zur Rechten des Königs. Der Titel

Vorsteher aller Arbeiten des Königs

deutet an, dass er diverse wichtige Bauprojekte des Herrschers leitete. Objektiv betrachtet bedeuten die Titel nichts anderes als: der Pharao war entmündigt und der Tempel hatte alle Macht an sich gebracht.

Wie weit diese Machtübernahme ging, geht auch aus den Titeln hervor, welche Thutmosis, der älteste der Söhne von Amenhotep III. und Teje, trug:

Aufseher aller Priester von Ober- und Unterägypten.

So war der Kronprinz in der Hierarchie der Kleriker an die zweite Stelle gesetzt, denn der Vorsteher aller Priester und damit der Vorgesetzte des Thronfolgers war der Hohepriester des Amun. Aufseher gab es einige, doch nur einen Vorsteher. Man darf doch nicht glauben, dass sich die Priester noch einmal die religiösen Machtstrukturen aus der Hand nehmen lassen. Künftig wird das Reich durch sie regiert werden und Pharao nur noch eine nach Belieben lenkbare Marionette sein.

Titel und Würden wurden nur noch an willfährige Parteigänger des Amun-Tempels verteilt, etwa an Eje (mitunter auch Aja geschrieben), der höchstwahrscheinlich einer von Tejes Brüdern war – und dem wir schon kurz begegneten. Dieser Eje entpuppte sich im Laufe der weiteren Geschichte als wahre Schlange, als völlig kaltschnäuziger, opportunistischer Machtmensch geradezu macchiavellistischen Zuschnitts. Während der Regentschaft Amenhotep III. erhielt er das Amt eines Wesirs, also Statthalter eines Gaues und Stellvertreter des Pharao – und das wohl weniger auf Betreiben des Pharao als seiner verwandtschaftlichen Beziehung zum Amun-treuen Teil der königlichen Familie. Seine weitere Vorgangsweise läßt vermuten, dass er vom Amun-Tempel als nächster Pharao aufgebaut werden sollte.

Zunächst starb der Thronfolger Thutmosis. Der nächste in der Rangfolge hieß wie sein Vater Amenhotep. Der neue Kronprinz bekam wohl im Königspalast mit, wieweit die Priesterschaft mittlerweile das Zepter an sich gerissen hatte. Offensichtlich wollte er nicht als Marionette machtgeiler Priester fungieren. Er gedachte eine neue Wendung in das Spiel um die Macht einzubringen, und zwar radikal, wie es noch nie zuvor geschehen war. Der Prinz hatte wohl jahrelang das Intrigenkarrussell am Hof mitbekommen und darüber nachgedacht, wie die radikale Änderung zu bewerkstelligen sei. Er war ein Denker, ein Philosoph, der ins Getriebe der Ränkespiele eingreifen und sie nach seinen Vorstellungen verändern wollte.

Doch vorerst wiegte er die Priester in Sicherheit und gab sich den Anschein des folgsamen, in Amuns Händen ergebenen Pharaos. Mit großem Pomp wurde er in Amuns Tempel in Karnak als neuer Pharao Amenhotep IV. gekrönt.

Wie wir wissen, ist ein Königshof oft Kulminationspunkt vielfältiger Interessen. Wenn wir einmal die außenpolitischen Blickwinkel und diplomatischen Ränkespiele außer Acht lassen, scheint es nur das Generationen währende Ringen um die Macht des Pharaos zwischen der regierenden Familie und dem Tempel des Amun gegeben zu haben. Doch die innenpolitischen Strömungen sind vielschichtiger als es der erste Anschein vermuten läßt. Da spielt noch jemand mit.

Aus anderem Blickwinkel

Die Ahmosiden-Familie ist uns noch gut in Erinnerung mit ihren tapferen Königen, welche gegen die Fremdherrschaft der übermächtigen Hyksos antraten, wobei es nur Sieg oder totale Vernichtung geben konnte. Wir haben den von zahlreichen Hieben gefällten Pharao Seqenenre Ta'a II. vor Augen, wir haben von seiner unbeugsamen Frau Ahhotep gehört und von deren beiden Söhnen Kamose und Ahmose, welchen die Befreiung vom ausländischen Joch und die endgültige Vertreibung der verhaßten Semiten gelang.

Diese Familie fühlte sich von den Göttern ausersehen, über Ägypten zu herrschen. Ihnen allein war die Kraft gegeben, den Befreiungskrieg erfolgreich zu beenden, dank des Familiengottes „Jʿḥ“ und des Stadtgottes Amun. Mit den Amun-Priestern hatte diese Familie keine Schwierigkeiten, denn der Tempel war ihnen zu ewigem Dank verpflichtet – schließlich waren es die Pharaonen der Ahmosiden, welche den Amun-Tempel vor dem Untergang bewahrt hatten.

Möglicherweise legten die gefinkelten Priester noch ein Schäufelchen nach – auch sie hatten kein Problem mit den bisher in ihrem Sinn so zuverlässigen Nachfolgern des Ahmose I.

Ihr Bewusstsein des göttlichen Auftrages brachte die Ahmosiden dazu, ihr eigenes Süppchen im Gerangel um die absolute Macht zu kochen. Betrachten wir den genealogischen Ablauf einmal aus deren Warte.

Waren sie die unangefochtene Dynastie und von den Göttern zum Herrschen berufen, so erlitt diese Überzeugung einen argen Dämpfer, als Amenhotep I. ohne Nachfolger starb und der Familienfremde Thutmosis I. die Zügel des Staates in die Hand nahm. Der heiratete zwar zwei Schwestern von Amenhotep I., wodurch die Familie von zwei Seiten die Erbfolge sichern konnte. Der Plan war, dass die Kinder von Thutmosis I., egal aus welcher Ehe der beiden

Schwestern, nach göttlichem Auftrag wieder in die Ahmosiden-Familie einheiraten sollten, die daraus entstehenden Kinder wären wieder in einwandfreier Linie der von den Göttern auserwählten Familie gewesen. Im weiteren Verlauf der Handlung wird uns die Formel „von Gott auserwählt" noch beschäftigen.

Von den vier Kindern, welche aus der Ehe zwischen Thutmosis I. und Ahmose stammten, starben drei sehr früh. Nur die Tochter Hatschepsut überlebte. Aus der Ehe zwischen Thutmosis I. und Ahmoses Schwester Mutnefert stammt ein Sohn, der spätere Pharao Thutmosis II.

Und folgerichtig heirateten die beiden. Die reine Ahmosiden-Linie war daher für die Kinder der beiden wiederhergestellt. Pflichtgemäß bekamen sie solche Kinder – zwei Töchter. Doch Thutmosis II. liebte eine andere, eine gewisse Isis, von der niemand etwas wusste. Sie musste eine Bürgerliche gewesen sein.

Hatschepsut kochte vor Wut. Der verdammte Halbbruder, der noch das Blut des in die Familie eingeheirateten ersten Thutmosis in sich trug, hatte seine Pflicht zu tun – und einen Nachfolger zu zeugen. Das erledigte er aber lieber mit Isis, der Dame seines Herzens. Hatte Thutmosis II. nur noch die Hälfte des göttlichen Blutes in sich, so war der legitimierte Anspruch des aus der Verbindung Thutmosis – Isis stammenden Thronfolgers nun vollkommen verwässert.

Aus dieser Konstellation ist wohl die unerbittliche Reaktion der Ahmosiden-Familie und allen voran von Hatschepsut zu verstehen. Sie konnte nicht zulassen, dass ihre Familie noch weiter weg vom Thron gerückt wurde. Daher übernahm sie das Kommando. Im zweiten Jahr der Regierung von Thutmosis II. ließ sie sich im Tempel von Amun zum Pharao krönen – da werden wohl Zuckerbrot und Peitsche gleichermaßen gegen die Amun-Priester eingesetzt worden sein. Fortan regierte sie mit ihrem Gemahl gemeinsam. Nichts ging mehr ohne sie – und wie wir schon vernommen haben, hat sie um sich eine ihr ergebene Truppe aufgebaut. Die sicherlich mit Argusaugen wachte, dass da nicht noch ein präsumtiver Nachfolger weitab der eigenen Blutlinie zustandekam.

Und sollte dem Pharao etwas zustoßen – da war durch die Krönung Hatschepsut's schon alles geregelt. Sie war regierender Pharao. Sie konnte sich dann einen neuen Mann nehmen. Der stand auch schon bereit – ihr Cousin Ahmose Pen-Nechbet, Wesir von Theben, und – wie aus dem Namen schon hervorgeht – aus der Ahmosiden-Familie. Dann wäre die Blutlinie im Sinne der Götter und der von ihnen berufenen Familie wieder geschlossen. Doch Thutmosis II. war vorsichtig und ließ die anstehenden Kriege ausfechten ohne sie mit seiner Anwesenheit zu beehren. Das Risiko eines verirrten Pfeiles oder eines Unfalles war ihm zu groß.

Immerhin 14 Jahre gemeinsamer Regentschaft zogen ins Land, dann hielt Thutmosis II. den Zustand nicht mehr durch und er versammelte sich zu Osiris. Mit den Jahren allerdings war der in Warteposition verharrende Cousin auch älter geworden. Dass er schon verheiratet war – innerhalb der Familie – wäre kein Grund gewesen, Hatschepsut nicht zu heiraten, doch die beiden wurden auch nicht jünger.

Es trat Plan B in Kraft. Der Thronfolger Thutmosis III. wurde vom Geschehen am Hof separiert und in die Armee gesteckt, da sollte er sich bewähren – oder, was im Sinne der Familie noch besser wäre – in irgendeinem Gefecht zu Tode kommen. Doch diesen Gefallen tat ihr der junge Mann nicht. Er war zwar bei jedem Gefecht dabei, führte alle seine Kriegszüge persönlich an, und das waren beileibe nicht wenige, doch wie durch ein Wunder überlebte er alle Scharmützel. Natürlich war ihm klar, was seine Tante im Schilde führte.

Plan B führte also nicht zum erwünschten Ergebnis – daher heckte die Familie einen neuen Plan aus. Hatschepsuts ältere Tochter Neferu-Re kam als Ehefrau für Thutmosis III. aufgrund ihrer Tempelfunktion nicht in Frage – da sie zölibatär leben musste, was eine Ehe ausschloß. Der Name der jüngeren Tochter ist nicht bekannt. Aber die Tochter von Ahmose Pen-Nechbet, Satiah, kam in Frage. Der Druck auf Thutmosis III., diese Frau zu ehelichen, muss ungeheuer gewesen sein, denn er gab letztlich nach. Aber auf seine Art – er heiratete zusätzlich eine zweite Frau, Meritre Hatschepsut.

Diese war trotz der Namensähnlichkeit nicht Hatschepsuts Tochter, sondern eine Dame außerhalb der Familie. Als Hatschepsut starb, war keiner ihrer Pläne für die Regelung der Thronfolge im Sinne der Familie aufgegangen.

Nach ihrem Tod nahm Thutmosis III. fürchterliche Rache, die schlimmste, welche einer Ägypterin zugefügt werden konnte. Er ließ aus allen Denkmälern, die irgendwie erreichbar waren, ihren Namen tilgen. Er ließ ihren Namen aus allen Königslisten entfernen. Er ließ ihren Namen aus ihrem Sarg heraushauen. Damit konnte sie im Totengericht nicht mehr ihren Namen nennen, ihr Herz konnte daher nicht gewogen werden, sie konnte nicht eingehen in Osiris' Gefolge, sie konnte kein funkelnder Stern am Himmel werden. Ihr Ba konnte sich mit dem nunmehr namenlosen Körper nicht mehr vereinen und musste fortan für alle Zeiten als ruheloser, heimatloser Geist existieren, der keinen Einlaß ins Paradies, zu Osiris Gefolge oder wohin auch immer bekam. Ihr Körper war zur ewigen Unbeseeltheit verdammt – ohne jegliche Hoffnung auf Erlösung.

Nichtsdestoweniger schien es, als ob der letzte Plan Hatschepsuts doch noch erfolgreich war. Satiah brachte zwei Söhne und eine Tochter zur Welt. Als die Familie schon frohlockte und in diesen Kindern die Nachfolge und damit die Herrschaft der Familie gesichert sah, schlug das Schicksal zu. Satiah und ihre Kinder starben rasch nacheinander. Thronfolger wurde Amenhotep II., der Sohn von Meritre Hatschepsut.

Die Familie der Ahmosiden war nicht mehr Bestandteil der königlichen Familie. Sie waren nach so vielen Generationen von der höchsten Macht im Staat abgeschnitten. Der Schicksalsschlag von Satiah's und deren Kinder Tod muss die machtverwöhnte Familie im Innersten getroffen haben. Sie fühlten sich wahrscheinlich von den Göttern, vor allem ihrem Familiengott, ungerecht behandelt. Sie waren doch die Auserwählten, die Ägypten vor dem Untergang gerettet hatten.

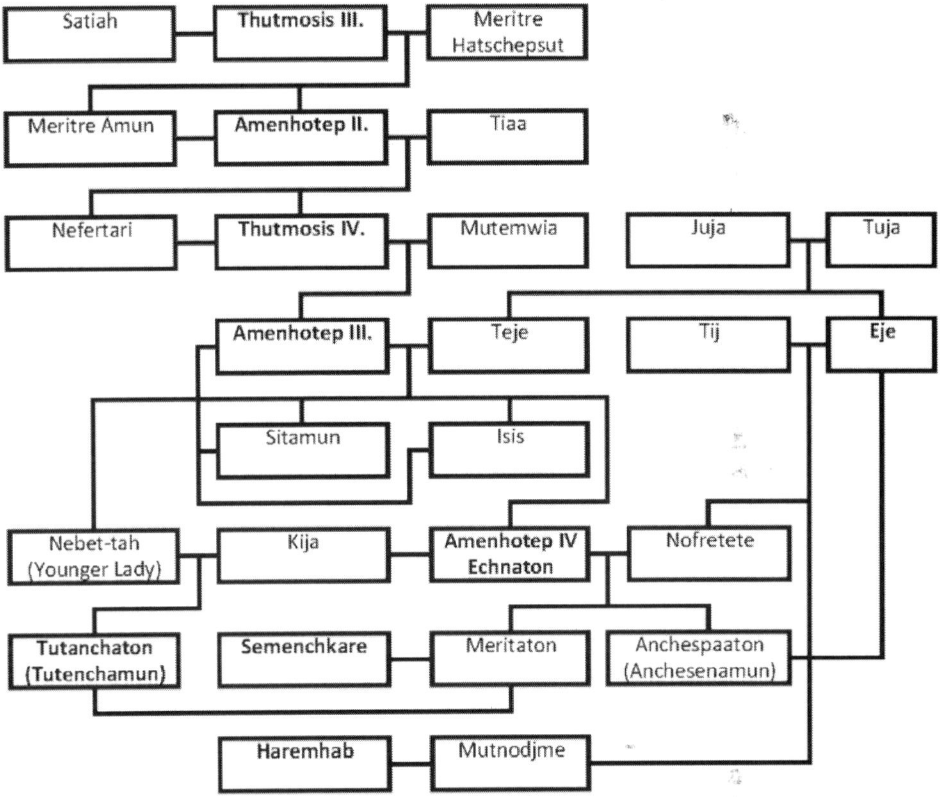

Abb. 45: Genealogie der Ahmosiden und der 18. Dynastie

Zu irgendeinem Zeitpunkt jedoch muss ein Familienmitglied auf die erlösende Idee gekommen sein, den Familiengott Jʿḥ als tatsächlichen Retter Ägyptens darzustellen und ihn konkurrierend mit Amun in der Pharaonenfamilie darzustellen. Dass dies zumindest teilweise gelang, beweist die Namensgebung für eine der Töchter von Teje und Amenhotep III. – bei der Prinzessin Nebet-tah taucht wieder der alte Familiengott auf.

Die Ahmosiden arbeiteten also zäh an ihrer Rückkehr zu altem Glanz und alter Macht, doch hatte vorerst mit der Positionierung Tejes als Hauptfrau von Amenhotep III. der Amun-Tempel die Nase vorn. Und die Amun-Priester dachten gar nicht daran, ihre nach so vielen Generationen endlich wiedererlangte Macht aus den Händen zu geben. Nur der neue Pharao, der begann sie zu bekümmern.

Schien Amenhotep IV. anfangs brav im Sinne des Amun-Tempels lenkbar und mit seiner Kusine Nofretete verheiratet – was den Einfluss des Amun-Tempels zwar verstärkt hätte – so geriet diese Ehe jedoch nicht nach den Wünschen des Tempels. Denn Nofretete hatte zwar sechs Kinder, aber es waren allesamt Mädchen. Ein Thronfolger war den beiden nicht gegönnt. Als jedoch eine der Nebenfrauen des Pharao, seine Schwester Nebet-tah, einen Thronfolger gebar, atmeten die Amun-Priester auf.

Doch auf der religiösen Ebene machte ihnen der neue Pharao noch mehr zu schaffen. Immer wieder stellte er den Gott der Sonnenscheibe Aton als wichtigsten Gott heraus – was damals ja nichts anderes bedeutete, als dass der Pharao die Macht des Amun-Tempels beschneiden wollte. Amenhotep IV. wollte eine Rückkehr zu den alten religiösen Verhältnissen – tatsächlich eine Rückkehr zur Zeit des Alten Reiches, als die Tempel noch kaum politische Macht besaßen und deren Priester höchstens als Berater in Erscheinung traten. Daher stellte der Pharao Gott Aton als die belebende Kraft der Sonne dar, ohne die kein Leben möglich war, um den allgegenwärtigen Herrschaftsanspruch des Amun auszuhebeln.

Dabei hat Echnaton auf die Ideen seines Urgroßvaters zurückgegriffen und den Amun-Re-Hymnus zum Aton-Hymnus umgeschrieben. [51]

Im 6. Jahr seiner Regentschaft scheint ihm der Geduldsfaden mit den Amun-Priestern endgültig gerissen zu sein. Er ließ den Amun-Tempel in Karnak schließen, bald auch alle anderen Amun-Tempel im Reich und zog das Vermögen und die Vorräte der Amun-Tempel ein, verteilte den Besitz an die bereits vorhandenen und nun aufgrund des Befehls des Pharao überall im Lande aus dem Boden schießenden Aton-Tempeln. Unter den Bauarbeitern ließ er keine Arbeitslosigkeit aufkommen. Vom Nil aus gesehen hinter dem Amun-Tempel von Karnak ließ er einen Tempel für Aton errichten, der in seinen Ausmaßen den Amun-Tempel weit übertraf. Gleichzeitig begann er eine neue Hauptstadt zu errichten – Achet-Aton. Heute ist die Stadt als Tell el-Amarna bekannt, und in der Ägyptologie spricht man von der Amarna-Zeit.

Abb. 46: Amenhotep IV. Echnaton

Und er gab sich einen neuen Namen. Von nun an hieß er Echnaton („Der Aton dient“, oder „Der Aton nützlich ist“). Da der Anspruch des Gottes Amun von jenem des Aton abgelöst wurde, fand sich in den Namen der göttlichen Herrscherfamilie nun auch Aton als Bestandteil: die Tochter von Echnaton und Nofretete hieß Anchesenpa'aton und der Thronfolger Tutanchaton.

Der Befehl des Pharao reichte für die gesetzten Maßnahmen aus, da es Widerspruch gegen eine göttliche Anweisung nicht geben konnte. Die Priester waren mit einem Schlag nicht nur arbeitslos, sondern ihrer Existenzgrundlage beraubt – einem geschlossenen Tempel konnte man keine Opfer mehr bringen. Die ganze Aktion musste geradezu generalstabsmäßig vorbereitet gewesen sein, denn auch die Beamten kamen nicht dazu, aufzubegehren, auch nicht der mächtige Wesir von Memphis, Echnaton's Schwiegervater Eje. Er schwor dem Pharao Gefolgschaft. Höchstwahrscheinlich wurde er von Echnaton dazu gezwungen. Von diesem Schwur kam er nicht mehr los – ein gebrochener Schwur würde beim Totengericht zu seinen Ungunsten ins Gewicht fallen.

Doch hinter Ejes Folgsamkeit dürfte nüchternes Machtkalkül, die realistische Einschätzung der Situation gelegen sein. Es muss zu massiven Diskussionen unter den nun brotlosen Amun-Priestern gekommen sein, und Eje war einer der ihren. Eje wird abgeraten haben, eine Gegenrevolution anzuzetteln. Denn beim Volk war es nicht so einfach, jahrtausendealte Gepflogenheiten und den bestehenden Glauben von heute auf morgen umzumodeln. Und Eje wusste, was Echnaton noch anstrebte. Er setzte ganz kühl auf die Unmöglichkeit, dass Echnatons Bestrebungen vom Volk auf Dauer mitgetragen werden konnten. Anfangs war das Volk teilweise auf Echnatons Seite, insbesondere im Bereich der alten und natürlich der neuen Hauptstadt – war man doch mit einem Schlag von den massenhaften Opferpflichten gegenüber der gierigen Priesterschaft erlöst.

Doch das Volk begann zu murren, als Echnatons nächster Streich folgte. Er bezeichnete sich selbst als alleinige Möglichkeit mit Aton zu kommunizieren – was auch die Aton-Priester zu Statisten degradierte. Die Unruhe im Volk war anfangs kein Aufruhr, sondern die Frage, wie und was man denn nun zu glauben habe. Was Jahrtausende für Ägypten gegolten hatte, konnte doch nicht mit einem Schlag völlig anders sein. Wie sollte man seine Gebete verrichten, wie seine Opfer bringen, um die Götter günstig zu stimmen oder in bestimmten Angelegenheiten deren Schutz und Wirkung erflehen?

Eje ließ völlig cool am Rande der neuen Hauptstadt – wie viele andere Würdenträger auch – ein Grab für sich errichten. Diese Gräber sind insofern eine Besonderheit, weil sie im Osten des Nil liegen, in Richtung des Sonnenaufgangs. Auch das war mehr oder weniger Sakrileg gegenüber den althergebrachten Vorstellungen, da Gräber, wie jedermann wusste, im Westen des Flusses, in Richtung Sonnenuntergang und damit in Richtung des Eingangs zur Unterwelt angelegt werden mussten.

Ejes Grab am Rande der neuen Hauptstadt war unter allen anderen Gräbern eine weitere Besonderheit: er ließ den großen Hymnus an Aton, den Sonnengesang, den aller Wahrscheinlichkeit nach Echnaton selbst verfaßt hat, in aller Ausführlichkeit an die Wand seines Grabes malen. Den vollen Wortlaut dieser Anbetung finden die daran interessierten Leser in Anhang B.

Die Gräber in Tell el-Amarna wurden bereits von den Wissenschaftern in Napoleons Expedition untersucht, später immer wieder von Forschern besucht. Das Grab des Eje fand – begründet durch den kompletten großen Aton-Hymnus – besondere Beachtung. So trafen etwa am 1. April 1893 die französischen Ägyptologen Gaston Maspero und Urbain Bouriant in Tell el-Amarna ein und machten sich an die Erforschung der Gräber. Maspero erkrankte schwer, sodass sie sich nach zwei Tagen entschlossen, umzukehren. Doch Bouriant nutzte diese Zeit unter anderem dazu, den bisher noch nicht veröffentlichten Aton-Hymnus von der Wand zu kopieren, was nicht einfach gewesen sein kann, denn immerhin ist die Wand 3,5 m hoch und 1,34 m breit.

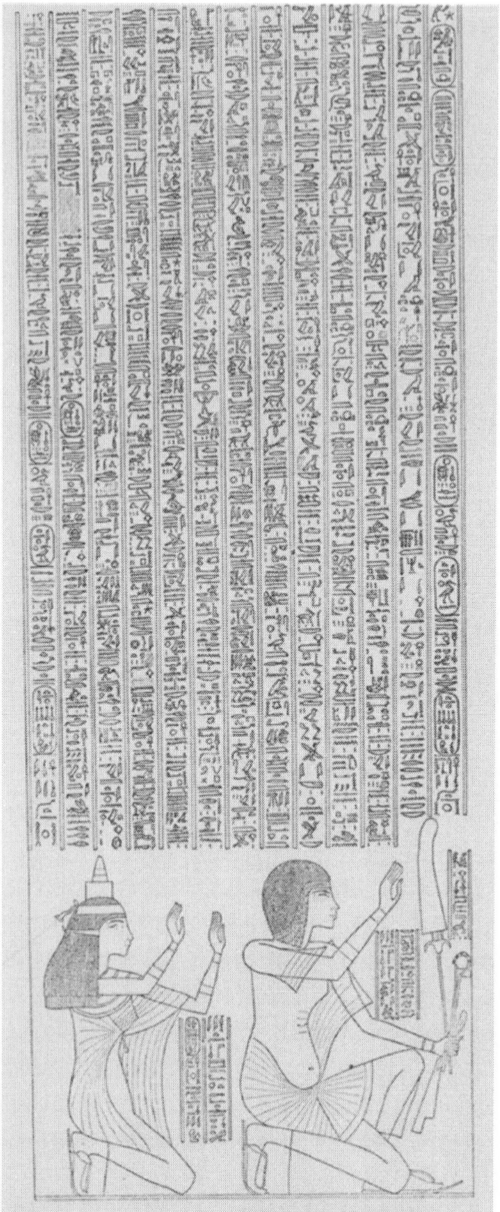

TOMBEAU D'AÏ. — Couloir de la porte.
Paroi droite. Haut. 3 m. 50 cent., larg. 1 m. 34 cent.

Abb. 47: Aton-Hymnus an der Wand des Grabes des Eje, Gräber von Amarna Nr. 25

Das Grab des Eje wurde teilweise zerstört, sodass heute das Original nicht mehr betrachtet werden kann. Der Engländer Norman de Garis Davies veröffentlichte 1908 in einem monumentalen Werk [52] unter anderem auch Urbains Zeichnung, somit blieb der große Aton-Hymnus für die Nachwelt erhalten.

Zurück ins Alte Ägypten: Die Amun-Priester starteten die Gegenoffensive im Volk. Sie machten sich die Unsicherheit unter den einfachen Menschen zunutze und predigten den alten Glauben, so gut sie konnten und achteten darauf, dass sie sich mit den Beamten gutstellten. Je weiter weg von der neuen Hauptstadt sie agierten, umso einfacher war es für sie. Echnaton hatte wahrscheinlich in der näheren Umgebung seiner neuen Hauptstadt den unumschränkten Einfluss auf das Volk, doch dürfte dieser mit zunehmender Entfernung auch zunehmend geringer ausgefallen sein. In manchen Städten kam es zu bewaffneten Auseinandersetzungen. [29]

Ganz sicher ist es auch zu regelrechten Vertreibungen der Amun-Priester gekommen, vor allem im Norden, im Nildelta. Denn dort hatte sich eine anders gelagerte Situation entwickelt. Die Hyksos hatten seinerzeit ihre eigenen Götter mitgebracht, allen voran den Wettergott Baal, und diesem Tempel und Verehrungsstätten errichtet. Sogar in der alten Hauptstadt Memphis gab es ein Baal-Heiligtum. Ein nicht unbeträchtlicher Teil der Bevölkerung des Nildeltas verehrte den semitischen Baal. Amun befand sich im Delta daher in einer echten Konkurrenzsituation, praktisch auf Mission zur Wiederbekehrung und Abwendung von den eingeschleppten Fremdgöttern.

In Palästina, das damals Teil von Ägyptens Herrschaft war, wetteiferten viele Götter um die Gunst des Publikums. Dabei war Baal der autochthone Gott der Bauern und Viehtreiber, Amun der Gott, den die gebildete Schicht bevorzugte. Zu welchem Kult man sich näher hingezogen fühlte entschied oft die soziale Stellung.

Zudem war die Verehrung des Baal in keine Theologie gebettet, welche mit der ägyptischen Götterwelt auch nur ansatzweise vergleichbar gewesen wäre, auch eine zentrale Lenkung des Priestertums wie in Ägypten war nicht vorhanden. Daher gab es bald sehr viele verschiedene Ausformungen des Baal-Kultes, sodass beinahe jede dörfliche oder städtische Ansiedlung ihre eigenen Baal-Kulte besaß. Es kam zu Doppelnamen wie Baal-Gad, Baal-Karmel, Baal-Melkart in Tyros, Baal-Eschmun in Sidon, Baal-Hammon in Karthago, Baal-Sebub in Ekron (woraus dann der Beelzebub wurde). Durch diese Diversifizierung erhielt Baal eine neue Bedeutung, etwa Herr, Meister, Gebieter, König oder Gott. Letztlich wurde „Baal" zur grundsätzlichen Bedeutung für „Gott" und konnte als Charakteristikum für alle Götter verwendet werden.

So wurde das Nildelta zum Rückzugsgebiet der Amun-Anhängerschaft, da die Konkurrenzsituation zu den von den Hyksos eingebrachten Gottheiten die Durchsetzung des monotheistischen Eingottglaubens an Aton verhinderte.

Kurioserweise strebten die Amun-Priester nichts anderes an als Echnaton – auch sie wollten als Fernziel die alleinige religiöse Verehrung des Volkes eines einzigen Gottes – natürlich des ihren – bewirken. Sie hatten schon erreicht, dass Amun die Vorherrschaft vor allen anderen Göttern genoß, dass alle anderen Götter als zweitrangig betrachtet wurden. Sie hatten mit der Verschmelzung der Eigenschaften der einzelnen Götter in Amun begonnen und waren drauf und dran, das theologische Gefüge Ägyptens zu einem Eingottglauben mit verschiedenen handlungsausführenden Hilfsgöttern umzubauen, um alle anderen Götter als zumindest zweitrangig herabzustufen. Dabei war ihnen dieser Revolutionär auf dem Thron dazwischen gekommen.

Doch der hatte nicht nur mit den Amun-Priestern zu kämpfen, sondern auch mit der machtbewussten Ahmosiden-Familie. Diese war ja, wie wir lasen, soeben dabei ihren Familiengott aufzuwerten, eben mit der Begründung, auserwählt für die Herrschaft über Ägypten zu sein. Das konnte Echnaton aber nun gar nicht mehr tolerieren. Er fuhr mit aller pharaonischen Macht dazwischen, denn fortan hören wir nichts mehr von dieser Familie. Echnaton wird sie aus seinem Wirkungskreis, höchstwahrscheinlich mit militärischer Gewalt, vertrieben haben.

Aber vielleicht hat er ihnen auch freies Geleit zugesichert – in Anbetracht der unbestreitbaren Verdienste der Familie um Ägypten. Freies Geleit unter bewaffneter Begleitung, um sicherzustellen, dass die Ausgewiesenen auch tatsächlich Ägypten verlassen.

Der Exodus des auserwählten Volkes

Sie mussten wohl oder übel aus Ägypten fort – sie gingen ins Exil. Und hier finden zwei Spuren aus der Bibel wieder zusammen. Ist die Einwanderung der semitischen Stämme – der Hyksos – nach Nordägypten in mehreren Etappen und über längere Zeiträume geschehen, so findet sich in der Bibel der dazu entsprechende Text.

Man erinnere sich an die Josefsgeschichte: Jakobs zwölf Söhne verkaufen den unliebsam gewordenen Bruder als Sklaven nach Ägypten. Dort steigt er zum Ratgeber des Pharao auf und empfiehlt während der sieben fetten Jahre Vorräte anzulegen, um die folgende Dürre der mageren sieben Jahre leichter überstehen zu können. Die Dürre herrscht auch über Palästina, und so kommt Jakob mit seinen Söhnen – das heißt, der ganze Clan – nach Ägypten und bittet um Asyl, das der mittlerweile mächtig gewordene Josef gnädig gewährt. Die Bibel nennt auch die Zahl der Menschen, die da nach Ägypten samt ihrer ganzen Habe und dem Vieh übersiedelt, exakt und genau:

„Alle Seelen, die zu Jakob nach Ägypten kamen, waren die, die aus seiner Hüfte hervorgegangen waren, ausgenommen die Frauen der Söhne Jakobs. Alle Seelen waren ihrer Sechsundsechzig. Und Josephs Söhne, die ihm in Ägypten geboren wurden, waren zwei Seelen. Alle Seelen des Hauses Jakob, die nach Ägypten kamen, waren ihrer siebzig.“

Die Bibel, 1. Buch Mose 46,26-27 [14] [15]

Der Bibel zufolge waren es also 70 Menschen – pardon, Männer, denn die Frauen, die nicht mitgezählt wurden, gab es ja auch, also werden es mit Kind und Kegel so an die 200 Leute gewesen sein – die aus dem Hause Jakob nach Ägypten einwanderten. Nicht als Sklaven, sondern als Flüchtlinge. Aus keiner Bibelstelle geht hervor, wie und unter welchen Umständen die Israeliten versklavt worden wären. Erst kurz vor dem Exodus bezeichnen sie sich als versklavtes Volk – den Grund dafür werden wir schon noch herausfinden.

Die Bibel gibt auch Auskunft über die Dauer der „ägyptischen Gefangenschaft“:

„Der Aufenthalt der Israeliten in Ägypten dauerte vierhundertdreißig Jahre.“
Die Bibel, 2. Buch Mose 12,40 [15]

Macht man sich die Mühe anhand der in der Bibel aufgezählten Genealogie der Israeliten die mögliche Zeit zusammenzurechnen, kommt man höchstens auf dreihundertfünfzig Jahre. Nach diesem Zeitraum – welchem auch immer – verließ das Volk Israel endlich das verhaßte Ägypten in beachtlicher Stärke.

„Die Israeliten brachen von Ramses nach Sukkot auf. Es waren an die 600.000 Mann zu Fuß, nicht gerechnet die Kinder. Auch ein großer Haufen anderer Leute zog mit, dazu Schafe, Ziegen und Rinder, eine sehr große Menge Vieh.“
Die Bibel, 2. Buch Mose 12, 37

„Am ersten Tag des zweiten Monats im zweiten Jahr nach dem Auszug aus Ägypten sprach der Herr in der Wüste Sinai im Offenbarungszelt zu Mose: Ermittelt die Gesamtzahl der Israeliten in der Gemeinde, geordnet nach Sippenverbänden und Großfamilien; zählt mit Namen alle Männer, die zwanzig Jahre und älter sind, alle wehrfähigen Israeliten.“
Die Bibel, 4. Buch Mose, 1, 1-3

„Als Gesamtzahl der Gemusterten ergab sich 603.550 Mann. Die aber, die dem Stamm ihrer Väter nach Leviten waren, wurden nicht gemustert.“
Die Bibel, 4. Buch Mose 1, 46-47

Nun war das aber keine Volkszählung, sondern „nur“ eine Erfassung der wehrfähigen Männer – und davon wurde ein Zwölftel, die

Leviten, gar nicht erfaßt. Hochgerechnet würde dies bedeuten, dass rund 2 Millionen Menschen aus Ägypten ausgezogen waren. Was natürlich völlig unmöglich ist.

Bedenken wir: zu Echnatons Zeit lebten in Ägypten etwa 3,5 bis 4 Millionen Menschen. Wenn tatsächlich mindestens die Hälfte der Bewohner das Land verlassen hätte, wäre es sofort zusammengebrochen. Doch wie bereits einmal erwähnt – es findet sich in keiner ägyptischen Schrift auch nur der leiseste Hinweis eines derartigen Ereignisses, auch wesentlich kleinere Gruppen wären irgendwo notiert worden. Aber es gibt einfach nichts über den sogenannten Exodus.

Auch ganz realistisch betrachtet ist ein solcher Auszug einfach nicht möglich. Nehmen wir an, die Israeliten stellen sich in Zehnerreihen auf. 100 solche Reihen á 10 Menschen ergibt 1.000 Auszügler auf 100 Meter Länge hintereinander. Auf einem Kilometer sind das dann 10.000 Menschen. Das wären rund 200 Kilometer Marschkolonne für die Menschen und mindestens noch einmal so viel für das ganze mitgenommene Vieh, der Hausrat, Vorräte und andere auf Wagen geladene Gegenstände. Gesamt also eine 400 Kilometer lange Marschkolonne. Das entspricht der Distanz von Wien bis Rosenheim.

Wenn die Tagesleistung – unter Bedachtnahme auf Kinder und Alte – pro Tag 20 Kilometer ist, dauert es beinahe einen Monat, bis die letzten der Marschkolonne den Abgangsort verlassen. Alleine die sanitären Zustände rund um ein Millionenheer, das seine Notdurft am Rande der Strecke verrichten muss, sind unvorstellbar. Die Marschkolonne – vorausgesetzt, sie bleibt geschlossen, was bei einer derartigen Größe nicht anzunehmen ist – bedeckt ein Areal von ca. 40 km^2.

Die Versorgung dieses Trecks war auch nicht möglich. Nur für die Menschen wären bei einem Verbrauch von 1 Liter Wasser pro Tag und Nase – sowieso sehr wenig – täglich rund 2.000 Tonnen Wasser erforderlich, mal abgesehen vom Vieh, das noch wesentlich mehr benötigt. Und das angeblich über 40 Jahre lang durch die knochentrockene Wüste. Da kann Moses so heftig die Felsen stoßen wie er will. Da hilft nicht einmal ein Wunder. Und beim Manna versagt jede Rechenkunst. Nur eines ist sicher: das süße Sekret der Tamarisken wird nicht gereicht haben.

Das Fazit daraus: Der Auszug aus Ägypten, wie er in der Bibel geschildert wird, ist ein Märchen. Er fand so nie statt. [36]

Völlig untergegangen ist in der stürmischen Zeit, dass da eine Familie oder deren Teile, die hartgesotten ihrem alten Gott nicht abschwören wollten, vertrieben wurde, möglicherweise vom Militär. Aber ein Grüppchen von vielleicht 80 oder 100 Leuten fällt nicht auf und hinterläßt auch keine demoskopisch wahrnehmbare Lücke. Und wenn diese Gruppe sich aufgrund ihrer religiösen Überzeugungen von ihrem speziellen Gott auserwählt fühlt wie die Ahmosiden – was haben wir dann?

Richtig. Den Exodus aus Ägypten – und zwar den tatsächlichen. Den Exodus des auserwählten Volkes.

Der Anführer der aus Ägypten Ausgewiesenen hieß der Bibel nach Moses. Diesen Namen kennen wir aus der Familie der Ahmosiden – er ist geradezu typisch für sie. Und er bedeutet in der altägyptischen Sprache nichts anderes als „ist geboren". (Das in unserem Sprachraum oft verwendete „Mose" ist nichts anderes als eine Verkürzung des Genitiv).

Dass Moses ein geborener Israelit sein soll wird in der Bibel anhand einer zu Tränen rührenden Geschichte erzählt – in einem Korb soll er den Nil entlanggetrieben sein, bis ihn eine ägyptische Prinzessin fand. Dieses Bild war schon bei seiner ersten Niederschrift nichts Neues und oft erprobt – siehe im wesentlich älteren Gilgamesch-Epos, da taucht diese Episode bereits erstmals auf. Und wenn Moses tatsächlich ein Israelit gewesen sein sollte – weshalb hat er nach dem Auszug aus Ägypten, als er endlich frei war, seinen Namen nicht geändert? Ganz einfach – es war nicht notwendig – er war ein Ägypter.

Ein Ägypter aus der Familie der Ahmosiden. Deren Familiengott immerhin „Jˁḥ" ist – wir erinnern uns – der „Jach-hhh" ausgesprochen wird. Damit ist auch die in wissenschaftlichen Kreisen seit Jahrzehnten, wenn nicht noch länger, anhaltende und nicht entschiedene Debatte, woher denn „Jachwe", der Name des Gottes der Israeliten stammt, eindeutig beantwortet. Aus Ägypten, wie er selber sagt.

Wer nachforscht, welcher Gott denn hinter dem „Jachwe" der Israeliten steckt, wird feststellen, dass es diesen Gott vor der Landnahme der Israeliten in Palästina nicht gab. Es wird in Wissenschafterkreisen spekuliert, ob es sich um einen semitischen Windgott oder etwas Ähnliches handelt – aber leider, die Wissenschafter zucken bedauern mit den Schultern – es gibt keine Spur, woher denn dieser Name stammt. Keines der damals bereits in Palästina ansässigen Völkchen kannte einen Gott namens Jachwe. Auch Abraham, der aus dem mesopotamischen Chaldäa stammte und nach Haran zog, kannte diesen Namen nicht. Auch Jakob, der seinen Clan als Wirtschaftsflüchtlinge nach Ägypten brachte, war der Name dieses Gottes unbekannt. Erst Moses erhielt, als er nach dem Namen Gottes fragte, eine Antwort, und die fiel zunächst eher unwirsch aus:

„Ich bin, der ich bin!"
Die Bibel, 2. Buch Mose 3,14 [15]

Scheinbar überlegt es sich der Herr aber und gibt dann doch noch eine brauchbare Antwort:

„Dann sprach Gott nochmals zu Moses: „Dies sollst du zu den Söhnen Israels sagen: Jachwe, der Gott eurer Vorväter, der Gott Abrahams, der Gott Isaaks und der Gott Jakobs hat mich zu euch gesandt. Dies ist mein Name auf unabsehbare Zeit und dies ist mein Name für Generation um Generation."
Die Bibel, 2. Buch Mose 3,15 [15]

Hinter dieser merkwürdigen Abfolge liegt Kalkül. Die erste, herrische Antwort impliziert, dass ein Mensch das Wesen Gottes nicht begreifen kann und die Frage nach dem Namen schon an sich eine Gotteslästerung darstellt. Dieser Gedanke wurde von den jüdischen Schriftgelehrten weitergeführt, bis der Name „Jachwe" gar nicht mehr ausgesprochen werden durfte und an seine Stelle „Elohim“ gesetzt wurde.

Mit der zweiten, etwas versöhnlicheren Antwort wird dann klargestellt, dass der Name Jachwe ist, der Name des Gottes, der für die Familie von Anfang an da war und für die Familie allezeit da sein wird. Damit wird für die Gläubigen offenbart, dass es der an sich schon längst bekannte, vom Clan seit ewigen Zeiten angebetete Gott ist – Jachwe, und der auch für allezeit vorhanden sein wird.

Damit wird auch der Mythos vom auserwählten Volk bestätigt. Es waren die Ahmosiden, welche von ihrem Familiengott „Jʿḥ“ einst auserwählt waren, Ägypten zu befreien. Daher macht der ägyptische Familiengott noch einmal, mehr als deutlich klar, woher er und seine Auserwählten kommen:

„Ich aber, ich bin Jachwe, dein Gott, vom Land Ägypten her, und da war kein Gott außer mir, den du zu kennen pflegtest; und da war kein Retter als ich.“
Die Bibel, Hosea 13,4 [14]

„Ich aber, ich bin Jachwe, dein Gott, seit der Zeit in Ägypten; du sollst keinen anderen Gott kennen als mich. Es gibt keinen Retter außer mir.“
Die Bibel, Hosea 13,4 [15]

Die Bibel stellt somit eindeutig fest, dass Jachwe ein ägyptischer Gott ist – er kam aus Ägypten her, und alle Israeliten vor dem Exodus kannten diesen Namen nicht. Sie konnten ihn nicht kennen, weil er ja in Ägypten beheimatet war. Wie schon erwähnt war sowohl Abraham als auch Jakob dieser Gottesname völlig unbekannt. Erst Moses brachte den Namen des Hausgottes der Ahmosiden ins Spiel. Das trifft sich geradezu ausgezeichnet mit den wissenschaftlichen Ergebnissen der Frage, woher der Gott Jachwe stammt – aus dem palästinensischen Raum stammt er sicher nicht. [37]

Die Vertriebenen waren sich jedoch im Klaren, dass ihre kleine Gruppe sich gegenüber den seßhaften Stämmen nicht lange halten wird können. Auch die Unzufriedenheit der bisher vom Luxus Verwöhnten und nun ums Lagerfeuer Gescharten brach sich Bahn:

„Und die ganze Gemeinde der Söhne Israels begann in der Wildnis gegen Moses und Aaron zu murren. Und die Söhne Israels sprachen fortwährend zu ihnen: Wären wir doch nur durch Jahwes Hand in Ägypten gestorben, als wir bei den Fleischtöpfen saßen, als wir Brot bis zur Sättigung aßen, denn ihr habt uns in diese Wildnis hinausgebracht, um diese ganze Versammlung durch Hunger zu Tode zu bringen."

Die Bibel, 2. Buch Mose 16,2-3 [14]

Will heißen: da gab es durchaus eine Fraktion, welche jetzt, als man in der rauen Wildnis kampieren musste, lieber mit Echnaton kollaboriert hätte, wie man es einst mit den Amun-Priestern praktizierte, man hätte sich vielleicht arrangieren können .... Oder durch Jachwes Hand sterben – was wohl eine noble Umschreibung für einen bewaffneten Aufstand gegen die Aton-Priester und Pharao Echnaton bedeutete. Und vergessen wir nicht: Mit den Ahmosiden zog noch eine Anzahl verschiedener anderer Leute mit:

„Die Israeliten brachen von Ramses nach Sukkot auf. Es waren an die 600.000 Mann zu Fuß, nicht gerechnet die Kinder. Auch ein großer Haufen anderer Leute zog mit, dazu Schafe, Ziegen und Rinder, eine sehr große Menge Vieh."

Die Bibel, 2. Buch Mose 12, 37

Diese „anderen Leute" waren eindeutig Menschen, welche nicht direkt zur Ahmosiden-Familie gehörten und daher die besondere Verehrung Jachwes offenbar nicht teilten. Sie müssen Anhänger des Gottes Amun gewesen sein, Teil jener Leute, welche von ihrem Glauben nicht abfallen wollten, möglicherweise Angehörige des Amun-Klerus.

Also ziehen wir ein kleines Fazit: Der Exodus solcher Volksmassen wie in der Bibel beschrieben ist nicht möglich. Dennoch hat er stattgefunden, aber durch ein wesentlich kleineres Häufchen Menschen. Es waren die für den Herrscher Echnaton politisch nicht mehr tolerierbaren Ahmosiden, die von ihrem Gott Jachwe auserwählte

Familie, begleitet von einigen verbissenen Amun-Anhängern, die Pharao ebenso aus religiös-politischen Gründen in die Verbannung schickte. Dass die nicht mehr Geduldeten Ägypten auch tatsächlich verließen, dafür sorgte das Militär. Dass Echnaton sie dabei nicht in die lybische Wüste jagen ließ dürfte ein Gnadenakt in Gedenken um die Verdienste der Familie der nunmehr Verbannten gewesen sein.

Eine Teilung des Roten Meeres kann es rein physikalisch nicht gegeben haben. Auch wenn evangelikale Kreise in den USA angebliche Dokumentationsfilme und Studien darüber anfertigen lassen, dass es durch besondere Wind- und Wetterkonstellationen möglich gewesen wäre. Es stimmt einfach nicht. Diese Leute streiten ja auch die Evolution ab und behaupten immer noch, die Welt wäre am 06. Oktober 3761 vor Christus erschaffen worden – wie der jüdische Kalender noch immer postuliert.[9] Die ägyptische Armee ist nirgends vom Meer verschlungen worden oder irgendwo abgesoffen. Sie blieb selbstverständlich nach der eher leicht lösbaren Aufgabe, ein paar Verbannte außer Landes zu schaffen, intakt.

In der Diskussion der nun in der Wüste ums Lagerfeuer sitzenden Vertriebenen setzten sich die Leute mit Weitblick durch. Mit Amun war eventuell eine Koexistenz möglich, aber wie lange? Strebten doch die Amun–Priester die alleinige Vorherrschaft an – zumindest auf religiösem Gebiet. Unter den Ausgewanderten hatte Amun noch immer eine gewisse Anhängerschaft, denn die Koexistenz zwischen Jachwe und Amun war nach den Vorstellungen der ägyptischen Religion durchaus möglich. Doch den Leuten mit mehr politischem

---

[9] Dabei ist dieser Zeithorizont von der ägyptischen Geschichte aus höchst interessant. Dies dürfte jene Zeit sein, in welcher die erste, goldene Zeit der Ägyptischen Kultur endete. Nach dem Geschichtsbild der Ägypter herrschten zuerst die Götter über die Erde. Danach übernahmen für sehr lange Zeit die Horus-Söhne, die Göttersöhne, die Herrschaft. Diese Zeit nennen die Ägypter Zep Tepi, die „Erste Zeit". Legenden zufolge kam es dabei zur Vermischung der Gottessöhne mit den Menschen, sodaß die „Erste Zeit" derart interpretiert werden kann, daß es die Erste Zeit nach den Göttern war, in der auch Menschen herrschten. Tatsächlich dürfte in den ersten Jahrhunderten des vierten Jahrtausends vor Christi Geburt die ägyptische Kultur, wie sie uns heute begegnet, entstanden sein.

Gespür und realistischer Einschätzung der Lage war völlig klar: Irgendwann werden sie aufgerieben zwischen dem allumfassenden Machtanspruch der Amun-Priester und dem alle andere Überlegungen ausschließenden pharaonischen Sonnenglauben.

Doch eine Erkenntnis rang sich durch: jede Richtung strebte einem Eingottglauben zu, der Vorherrschaft einer Glaubensrichtung. Hatte nicht Echnaton drastisch vorgemacht, wie es zu bewerkstelligen war? Doch allen war klar, dass diese von oben verordnete Religion letztlich scheitern muss, da sie den Ägyptern völlig fremd war. Aton war nur über die Anbetung Pharao Echnatons möglich, und ein Heilsversprechen gab Aton auch nicht ab. Er kümmerte sich um das seelische Wohl des Kleines Mannes keinen Deut.

Da hatten die Amun-Priester den einfacheren Weg beschritten, der letztlich zum Erfolg führen musste: Die Vielfalt der Götter solange ineinander zu verschmelzen, bis nur noch eine einzige Gottheit übrigblieb, mit vielen Hilfsgöttern zwar, aber letztlich nur eine einzige Höchste Erscheinung.

Das Rezept zieht heute noch: Wie viele Statuen finden wir in Kirchen, von Heiligen und Märtyrern, wieviele Fachgötter haben wir noch heute? Etwa Christophorus für die Autofahrer und Fährmänner, St. Florian für den Schutz vor Feuer, St. Barbara für die Bergleute und Knappen, St. Blasius für die wunderbare Errettung von querliegenden Fischgräten und was da alles noch an göttlichen Spezialisten in der Frömmigkeit vorhanden ist. Wieviele in verschwundenen Kulturen als heilig geltende und wirksame Kräfte verströmende Orte hat die Kirche okkupiert, wieviele Feste, von Ostern bis zum Julfest, wurden künftig christlich interpretiert, wieviele Bräuche inkorporiert. Und nicht nur in Europa. Wer etwa eine katholische Kirche in Bolivien betritt, wird sich über die vielen Spiegel am Altar wundern. Die dienen lediglich dazu, die bösen Blicke der Dämonen abzuwehren ...

In den nächtlichen, vom knisternden Lagerfeuer begleiteten Gesprächen kristallisierte sich eine Vorgangsweise heraus: Im Clan musste Einheit herrschen, sonst brach er auseinander. Politische Einheit war aber ohne einen Pharao, dessen Befehle widerspruchslos befolgt wurden, da er Gott war, nicht möglich. Ein König konnte nicht gewählt werden, weil zu viele Gleichberechtigte am Feuer saßen. Und rein weltliche Macht zu trennen von der religiösen Vorstellung – das schien ihnen doch des Guten zuviel. Es musste daher methodisch vorgegangen werden.

Zuerst einmal reichte es, wenn man das vom Familiengott Jachwe auserwählte Volk war. Mit diesem Anspruch, sowie der kulturellen und technischen Überlegenheit gegenüber den ansässigen Stämmen musste es gelingen, eine gewisse Vorherrschaft, eine Hegemonie, zu erreichen und dann politische und religiöse Vorstellungen etwaiger unterworfener Stämme umzuformen. Und vielleicht einen Staat zu bilden, der Ägypten standhalten und selbständig sein konnte. Es galt daher, einen uralten Anspruch auf das Land zu konstruieren und geltend zu machen, von dem die vorhandenen Stämme nichts wussten, aber denen man inbrünstig einreden konnte: schon Abraham war das Land, in dem Milch und Honig floß, versprochen worden. Und gibst du es mir nicht willig, hole ich es mir mit Gewalt.

Diese Vorgangsweise wird in der Bibel minutiös beschrieben – die Werdung des Volkes Israel. Dabei gibt es nicht nur blutige, sondern durchaus humoristische Momente – etwa als der alte Jethro, der zwar mit zwölf Töchtern gesegnet war, aber keinen Sohn hatte, sich den Ausgewiesenen anschloß – wohl um seine Gänschen buchstäblich an den Mann zu bringen.

Offensichtlich ließen sich im Laufe der weiteren Geschichte nicht alle überzeugen, denn als Moses auf den Berg Horeb verschwand, um die Gesetzestafeln aus der Hand Gottes zu empfangen, kam es zur Spaltung der Auswanderergruppe. Moses' Bruder Aaron wurde gezwungen, ein Standbild des Apis-Stiers, der heiligen Verkörperung des Gottes Ptah anzufertigen, es folgte der aus Verfilmungen bekannte orgiastische Tanz ums Goldene Kalb. Wobei es wohl eher ein Stier war. Der hatte im Alten Ägypten nämlich eine besondere Bedeutung.

Abb. 48: Goldener Stierkopf (rechts unten), Schatzkammer des Tut-anch-Amun

Mehrere verschiedene Stierkulte sind aus dem Alten Ägypten bezeugt: so etwa der Mnevis-Stier in Heliopolis als Verkörperung von Atum-Re, der Buchis-Stier in Theben als Verkörperung des Month, der Apis-Stier in Memphis für Gott Ptah und der Weiße Stier für Gott Min.

Die Gleichsetzung des Heiligen Stieres mit der Personifikation eines Gottes bestand in einer uns nicht verständlichen Intensität, welche auch im Negativen Sündenbekenntnis ihren Ausdruck fand. Wir erinnern uns an das Negative Sündenbekenntnis eines Verstorbenen vor dem Totengericht in der „Halle der vollständigen Wahrheit" (siehe Anhang A). In einer langen Litanei stellt der Verstorbene fest, was er alles nicht getan hat. Es beginnt damit, dass er Osiris Gerechtigkeit entgegengebracht und Unrecht von ihm ferngehalten hat; die dritte Zeile lautet, dass der Verstorbene keinem Menschen Unrecht angetan hat. Und schon in der vierten Zeile (und etwas später noch einmal) heißt es:

Ich habe kein Rind getötet.

Die besonders herausragende Stellung des Rindviehs und damit auch des Stieres reicht sicher schon in prädynastische Zeit zurück, also noch vor die Reichseinigung. In der berühmten Schminkpalette des Narmer (höchstwahrscheinlich gleichzusetzen mit Menes, dem Reichseiniger) um 3000 v. Chr. taucht das Motiv „Rind" gleich dreimal auf. Am oberen Rand zwei Darstellungen der kuhköpfigen Göttin Bat, und im untersten Segment rennt ein Stier mit seinen Hörnern eine Stadtmauer ein, tritt dabei seine Gegner nieder.

Abb. 49: Narmer-Palette

Der Apis-Stier aus Memphis ist wohl der Bekannteste, denn er galt für die Seele des Osiris, und wurde, da dem Stadtgott Ptah ebenfalls zugeeignet, als „das zweite Leben des Ptah" bezeichnet. Doch es war gar nicht so einfach, ein solcher Apis-Stier zu werden. Das Tier musste insgesamt 29 verschiedene Zeichen aufweisen. So etwa musste er schwarz sein und auf der Stirn einen dreieckigen weißen Fleck aufweisen, darüber hinaus auf dem Rücken das Bild eines Adlers mit ausgebreiteten Schwingen, unter der Zunge musste er einen Knoten in Form eines Käfers haben, in seinem Schwanz zweierlei Haar und so fort. Die Priester entschieden, ob das Tier eine Verkörperung Ptahs war oder nicht.

Die Heiligen Stiere wurden in einer Kapelle neben dem Ptah-Tempel verehrt. Allerdings durfte der Stier nicht älter als 25 Jahre werden. Hatte er dieses Alter erreicht, so ersäuften ihn die Priester in einem der Sonne geweihten Wasser. [12][53][54]

Die getöteten Tiere wurden sorgfältig einbalsamiert und mit großer Feierlichkeit wie etwa beim Leichenbegängnis eines Pharaos zu Grabe getragen. Ihre letzte Ruhestätte fanden die Stiere in besonderen Grabanlagen wie etwa im Serapeion bei Sakkara. Für sie wurden riesige Sarkophage hergestellt, die bis zu 70 Tonnen schwer sind. Wer heute das Serapeion besucht, fragt sich unwillkürlich, wie die Alten Ägypter diese Sarkophage durch die über 200 Meter langen und gar nicht ebenen Gänge und von dort noch in ihre Nischen manövrieren konnten.

Die aus Ägypten Vertriebenen nahmen das mit, was sie durften und konnten, damit auch nichtmaterielles Gut. Den gesellschaftlichen Hintergrund, ihre Kenntnisse und Erfahrungen, ihre Vorstellungs- und Gedankenwelt, ihre Mythen. Und wie wir noch sehen werden, gibt es rund um Rinder vieles, das da in Gedanken mit aus Ägypten hinauswanderte.

Wie etwa die Schläfenlocken – im Jiddischen Beijkeles genannt. Wohl jeder hat schon einmal ein Bild orthodoxer Juden gesehen, in ihrem schwarzen Kaftan samt Hut oder radförmiger Pelzkappe. Diese Kleidung entspricht genau jener, welche die osteuropäischen Juden in ihren „Schtetln" (Städtchen) ab dem 17. Jahrhundert trugen. Auffällig bei diesen Personen sind immer die Schläfenlocken.

Abb. 50: Stier-Sarkophag im Serapeion bei Sakkara

Abb. 50a: Jüdische Rabbiner mit Schläfenlocken

Nachdem Jachwe, der Herr, den Juden befahl, ihr Kopfhaar nicht rundum abzuschneiden (3. Buch Mose Levitikus 19,27) stellt dies für die streng religiösen Juden eine nicht diskutierbare Vorschrift dar. Gut, die Männer dürfen also ihr Haupthaar nicht abschneiden, oder vielleicht doch, weil Gott der Herr nur von „nicht rundum abschneiden“ gesprochen hatte. Das bringt im normalen Leben natürlich gewisse Probleme mit sich. Irgendwann müssen die Haare – weil sie ja ein Leben lang wachsen – doch geschnitten werden. Wie und in welcher Länge sie belassen werden ist oft Auslegungssache.

Diese Haartracht ist als ein äußeres Symbol der jüdischen Religion wohl allgemein akzeptiert, wie etwa auch der Turban der Sikhs. Und hat damit keine weiteren Überlegungen in mir ausgelöst.

Als ich zehn Jahre alt war durfte ich mit meinen Großeltern ins Kino – nun, das war damals noch etwas ganz Besonderes, das Kino, ein kleines Fest sozusagen, mit Sportgummi-Bonbons und ockerfarbenem Filmprogramm, der Großvater trug aus Anlaß des Kinobesuchs sogar eine Krawatte, und Oma das Gute Kleid. Und der Film, den wir uns ansahen – der war erst recht ein Fest. Cecil B. de Milles „Die Zehn Gebote“, ein gewaltig beeindruckendes Leinwandepos, damals wohl die Spitze dessen, was Hollywood auf die Beine stellen konnte. Charlton Heston spielte den Moses und Yul Brynner Ramses II.

Eine Szene blieb mir im Gedächtnis: Vor dem alten Sethos I. stritten seine Söhne Moses und Ramses. Für mich kurios war, dass der Glatzkopf Yul Brynner mit einer dicken Haarsträhne an der rechten Seite seines Kopfes agierte. Die paßt überhaupt nicht zu ihm, dachte ich mir. Doch da auch Charlton Heston trotz seines sonst kurzen Haarschnitts eine solche Strähne trug, und im Gespräch von einer „Prinzenlocke“ die Rede war, nahm ich auch das als gegeben hin.

Viel später, als ich mich etwas intensiver mit der ägyptischen Kultur beschäftigte, musste ich angesichts eines Jugendbildes des historischen Ramses II. schmunzeln. Das Kind, das später Pharao werden sollte, war auf dem Kopf glatt geschoren – und hatte tatsächlich einen solchen Zopf wie Yul Brynner im Film.

Abb. 50b: Relief von Ramses II. als Kind, Louvre

Richtigerweise gab es die Prinzenlocke im Alten Ägypten, und das schon sehr früh. Doch zumeist war es nicht eine Locke, sondern ein Zopf (schon damals aus drei Strähnen geflochten), dessen Ende zu einer länglichen Spirale gedreht wurde. Erste Darstellungen aus der 3. Dynastie lassen den Schluss zu, dass die Tradition der Prinzenlocke bereits aus prädynastischer Zeit, also etwa 3500 v. Chr. stammt.

Diese Locke wurde auch als Horuslocke bezeichnet. Natürlich kann man aus den Federn, welche der falkenköpfige Horus auf seinem Kopf hatte, keinen Zopf flechten. Horus war das (posthum gezeugte) Kind des Osiris, und darauf kam es an. Die Locke war das für alle Menschen sichtbare Kennzeichen, ein Sohn Gottes zu sein. Da die Pharaonen auf Erden wandelnde Emanationen der Götter waren, hatten ihre Kinder das Kennzeichen zu tragen, das sie als Gotteskind auswies.

Und selbstverständlich hatten die Ahmosiden, als sie an der Macht waren, ihre männlichen Kinder die Prinzenlocke tragen lassen – wie alle Pharaonenkinder vor ihnen. Als von ihrem Gott auserwählte Regenten auf Erden stand ihnen dieses sichtbare Privileg aus ihrer Sicht natürlich zu, denn sie betrachteten alle anderen Regenten – wir haben darüber schon gelesen – als nicht wirklich von den Göttern auserwählt.

Als sie Ägypten verlassen mussten, nahmen sie vieles mit – so auch die Prinzenlocke, oft ein Zopf, aber das Ende immer spiralig eingedreht.

Ganz offensichtlich behielten sie den Brauch bei. Bis heute.

Staatswerdung

Die Verfasser der Bibel hatten Großes vor. Sie wollten das in unzählige kleine und kleinste Stadtstaaten zerfallene Palästina und Kanaan einen und zusammenschweißen, damit ihr Volk nicht zermahlen wird zwischen den auf der Bühne der Weltgeschichte agierenden Großmächten und sie selbst dagegenhalten können. Den Verfassern der Bibel schwebte nichts anderes als eine Staatengründung vor. Es blieb auch gar nichts anderes übrig – sonst lief das Volk Gefahr, ausgelöscht zu werden. Dazu aber bedurfte es einiger Voraussetzungen: gemeinsame Sprache und Schrift und ein gemeinsamer Siedlungsraum. Beides war in Palästina gegeben.

Doch es musste auch ein Verbund einer einheitlichen Kultur sein, sonst drohte ein solches Staatsgebilde an inneren Differenzen auseinanderzufallen. Was nichts anderes bedeutet: eine einheitliche Religion, möglichst eine, welche sich von den umgebenden Religionen deutlich absetzt. Eine Staatsreligion, welche theologisch nicht nur den Anspruch auf das bereits vorhandene Land begründet, sondern die Exklusivität des Glaubens und damit des Volkes hervorhebt – ein von Gott auserwähltes Volk.

Und es musste eine einheitliche Führung her, das war wohl am Leichtesten mittels eines Königtums zu bewerkstelligen. Aber wie es so ist im Leben – von einer Idee bis zu deren Verwirklichung kann es sich mitunter ziehen.

Die vertriebene Familie der Ahmosiden suchte in sicheren Gegenden Zuflucht – und fand sie in Palästina. Das war weit weg von Ägypten, und die Zeiten, als der Dritte Thutmosis die Völker Palästinas mit seinen jährlichen Feldzügen in Angst, Schrecken und Unterwürfigkeit versetzt hatte, waren lang vorbei. Dennoch war noch genug ägyptisches Kultursubstrat vorhanden, sodass man sagen konnte: fern der Heimat und doch irgendwie mit ihr verbunden.

Aber klar war, dass es auch eine politische Leitung der Ausgewanderten geben musste. Ohne Lenkung kann kein Staat existieren. Anfangs konnte man sich noch hinter der Leitfigur Moses versammeln, der charismatisch genug war, die Leute nach seinem Willen zu steuern, dazu war er noch die direkte Verbindung zum Familiengott. Doch Moses Zeit lief auch irgendwann ab. Ihm folgte Josua, auch dieser noch eine Führerfigur. Das Priesteramt war zu dieser Zeit bereits auf Eleazar, den Sohn Aarons übergegangen.

Man einigte sich auf ein Richteramt. Der Richter sollte in Streitfällen Recht sprechen. Das blieb aber für eine Staatenlenkung insbesondere für außenpolitische Probleme ungenügend. Schon die Auseinandersetzung mit den Midianitern zeigte dies. Gideon erwies sich als der Mann, der nach außen hin wieder Ordnung schaffen konnte. (Die Bibel, Buch der Richter 7, 18 [14][15])

Doch schon die Figur dieses Gideon zeigte, dass da seit Moses einige Veränderungen Platz gegriffen hatten. Denn Gideon hieß tatsächlich Jerubbaal – er stammte also aus einem Zweig der Ausgewanderten, der sich der Verehrung des Gottes Baal zugewendet hat. (Die Bibel, Buch der Richter 7, 1[14][15]). Die seinerzeit Vertriebenen hatten sich in Palästina angesiedelt, was ohne Kontakt mit der bereits vorhandenen Bevölkerung ja nicht möglich ist. Und – wie wir aus dem täglichen Leben wissen – Kontakt heißt auch Nachkommen. Es setzte eine Vermischung der Völker ein. Und der Religionen. Die folgende Episode ist ein bluttriefendes Beispiel der gegensätzlichen Strömungen sowohl auf politischem als auch religiösem Gebiet.

Man bot Gideon die Königswürde an, weil allen klar war, dass eine starke Führerfigur vonnöten war. Doch Gideon war mit seinem Herzen nicht mehr bei Jachwe, obwohl er ihn für seine Gefolgsleute respektierte.

„Die Israeliten sagten zu Gideon: Werde unser Herrscher, du und auch dein Sohn und dein Enkel; denn du hast uns aus der Gewalt Midians befreit. Aber Gideon antwortete ihnen: Ich will nicht über euch herrschen, und auch mein Sohn soll nicht über euch herrschen, der Herr soll über euch herrschen“

Die Bibel, Buch der Richter, 8, 22-23 [15]

Er erbat sich aber einen großen Anteil des Goldes aus der Kriegsbeute, vornehmlich Ringe. Willig gaben dem siegreichen Anführer die Israeliten, was er wünschte.

„Weiter sagte Gideon zu ihnen: Ich möchte euch um etwas bitten: Jeder von euch gebe mir einen Ring aus seiner Beute. Die Feinde hatten nämlich goldene Ringe, denn sie waren Ismaeliter.“

Die Bibel, Buch der Richter, 8, 24 [15][10]

---

[10] Die Einheitsübersetzung [15] macht es sich hier zu leicht. Man könnte annehmen, daß außer Ismaeliten niemand goldene Ringe trug – was natürlich Mumpitz ist. Deutlicher wird hier die Neue-Welt-Übersetzung der Bibel [14]:

> *„Und Gideon fuhr fort, zu ihnen zu sprechen: „Laßt mich eine Bitte an euch richten: Gebt mir, ein jeder von euch, den Nasenring seiner Beute“ (Denn sie hatten goldene Nasenringe, weil sie Ismaeliter waren).“*

Doch dann kommt der offene Bruch des Gideon mit Jachwe. Unsere beiden Bibelquellen schildern es inhaltlich ähnlich:

„Und Gideon ging daran, ein Ephod daraus zu machen und es in seiner Stadt Ophra auszustellen, und ganz Israel begann, dort unsittlichen Verkehr damit zu haben, so dass es Gideon und seinen Hausgenossen zu einer Schlinge wurde." [14]

„Gideon machte daraus ein Efod und stellte es in seiner Stadt Ofra auf. Und ganz Israel trieb dort Abgötterei. Das brachte Gideon und sein Haus zu Fall." [15]

Das wirft die Frage auf: Was ist ein „Efod"? Nun - das ist ein besonders kostbar ausgeführter Überwurfmantel des Hohepriesters, auf dem er das Pektorale (Brustschild) mit den zwölf Steinen, je einer für einen Stamm Israels, trägt. Doch Gideon dürfte etwas anderes produziert haben, denn der klassische Efod ist eine Textilie. Daher müssen wir davon ausgehen, dass es höchstwahrscheinlich ein Götzenbild war. Das sieht mittlerweile sogar wikipedia so. [58]

Die Rache Jachwes war tatsächlich fürchterlich. Gideon war ein fleißiger Vater, er hatte mit einer nicht geringen Anzahl von Frauen insgesamt siebzig Söhne – die Anzahl der Töchter wird in der Bibel nicht genannt. Einer der Söhne, ein gewisser Abimelech – wieder ein Hinweis auf die im Glauben bereits abgewichene Familie des Gideon, denn der Namensteil „Melech" oder „Melek" ist ident mit dem Namen eines phönizischen Gottes – blieb gierig nach der Königswürde. Und wollte sie mit allen Mitteln erreichen.

Er wiegelte die Bürger der Stadt Sichem, in der die Familie seiner Mutter lebte, auf.

„Sie gaben ihm siebzig Silberstücke aus dem Tempel des „Baal des Bundes" (Baal-Berith), und Abimelech warb damit Männer an, die nichts zu verlieren hatten und zu allem fähig waren, sie wurden sein Gefolge. Dann drang er in das Haus seines Vaters in Ofra ein und brachte seine Brüder, die Söhne Jerubbaals, siebzig Mann, auf ein und demselben Stein um. Nur Jothan, der jüngste Sohn Jerubbaals, blieb übrig, weil er sich versteckt hatte. Da versammelten sich alle Bürger

von Sichem und Bet-Millo, zogen zu der Eiche, die bei Sichem steht und machten Abimelech zum König.“

Die Bibel, Buch der Richter, 9, 4-6 [15]

Abb. 51: Jüdischer Hohepriester in Amtstracht

Die Schilderung legt klar, dass der von Königswahn befallene Abimelech eine Handvoll Verbrecher anheuerte, damit ins Haus seines Vaters eindrang, wohl zu nachtschlafender Zeit und bis auf den geflohenen Jothan alle seine Brüder köpfte, was die Formulierung „auf ein und demselben Stein“ vermuten läßt.

Die folgende Zeit in Israel ist ein beständiger Kampf der Propheten und Jachwe-Priester gegen die diversen heidnischen Gottheiten. Doch irgendwann haben sie sich durchgesetzt.

Priester

Noch ein Problem musste nach dem Auszug aus Ägypten gelöst werden. Das war die Priesterschaft. Damals, als noch alle an den Fleischtöpfen Ägyptens saßen, in der Zeit, in der die Ahmosiden noch um die Macht im Staate mitspielten, war das gar kein Problem gewesen. Da gab es ein oder zwei Familienmitglieder oder auserwählte Priester, welche sich um das Ritual für den Gott und die Pflege seiner Abbilder und Devotionalien kümmerten, die Gottesdienste abhielten. Die Familie war reich genug, so dass sich die Priester um ihr tägliches Aus- bzw. Einkommen nicht sorgen mussten.

Das war nun in der Verbannung nicht mehr gegeben. Die Vorräte waren karg, man musste sich mit der bereits vorhandenen Bevölkerung arrangieren, was mal friedlich, mal blutig ablief.

Aber der Gottesdienst war nun mal ein den Tag ausfüllendes Gewerbe. Dass die Priester da noch Landwirtschaft oder Handel betrieben war gänzlich unmöglich, führten sie ins Feld. Und außerdem, waren die Priester Ägyptens nicht eine bevorzugte Klasse, welche von der Bevölkerung mit ernährt werden musste? Wenn schon nicht direkt, dann durch die zahlreichen Opfer an die Götter? Die Priester, welche natürlich nicht daran dachten, im Schweiße ihres Angesichts ihr Brot zu verdienen, steckten schon früh ihre Begehrlichkeiten ab.

„Der Herr sprach zu Aaron: Du, deine Söhne und deine ganze Familie, ihr tragt die Verantwortung für das Heiligtum; du und mit dir deine Söhne, ihr tragt die Verantwortung für euer Priesteramt. Aber auch deine Brüder, den Stamm Levi, deinen väterlichen Stamm, laß zusammen mit dir herkommen! Sie sollen sich dir anschließen und dir dienen, während ihr, du und deine Söhne, vor dem Offenbarungszelt seid.“

Die Bibel, 4. Buch Moses Numeri, 18,1-2 [15]

Einem Teil der ausgewanderten Familie wird also das Priesteramt übertragen. Und zwar gemäß göttlicher Verordnung erblich. Was bedeutet, dass nur ein Mann aus dem Stamm Levi Priester werden kann. War das Priesteramt damals in Ägypten zwar auch eine Laufbahn, die man innerhalb der Familien anstrebte, so war jedoch kein göttlicher Befehl vorhanden, der eine bestimmte Gruppe der Bevölkerung als einzig befähigt bestimmte, das Priesteramt auszuüben.

Man hatte ja Großes vor. Da paßte es ganz ausgezeichnet, wenn man einen göttlichen Erlaß herbeiführte, der sicherstellte, dass im neu zu bildenden Staat ausschließlich die Familie der Ahmosiden Priester stellen durfte. Jedem war bewusst, dass in zwei oder drei Generationen sich die reine Blutlinie nicht mehr erhalten ließ. Die Gruppe der Vertriebenen war zu klein, um ein Staatengebilde zu repräsentieren. Das Gebilde sollte in absehbarer Zeit so stark sein, dass es Mächten von außerhalb standhalten konnte – das war zumindest die Absicht. Also musste man zumindest die religiöse Führung in der Hand behalten. Das wurde abgesichert:

„Du aber und mit dir deine Söhne, ihr sollt euer Priesteramt in allem ausüben, was den Altar und den Raum hinter dem Vorhang betrifft, dort sollt ihr euren Dienst tun. Als einen Dienst, der ein Geschenk ist, übergebe ich euch das Priesteramt. Wer sich [diesem] nähert, ohne dazu befugt zu sein, ist mit dem Tod zu bestrafen."
Die Bibel, 4. Buch Moses Numeri, 18,7 [15]

Ganz klare Aussage: wer kein Levit ist, und trotzdem meint, Priester sein zu wollen wird einen Kopf kürzer gemacht. Damit war natürlich nicht gesagt, dass man sich in Gottes Lehre und Offenbarung nicht einarbeiten durfte, nein, natürlich konnte man die Lehre verkünden, auch Religionsgelehrter werden, andere im rechten Glauben unterrichten, aber Priester – nein. Mit Gott kommunizieren nur Leviten – er will das so. Klar?

Doch wie diese Priesterkaste ernähren? Natürlich – durch ein göttliches Gesetz. Wir haben schon in den vorigen Kapiteln bemerkt, was sich alles in theologische Gebote verpacken ließ. Selbstverständlich wendeten die aus Ägypten Vertriebenen die ihnen geläufigen Techniken an.

„Der Herr sagte zu Aaron: Ich selbst übergebe dir jetzt die Verwaltung der Abgaben, die mir entrichtet werden. Von allen heiligen Gaben der Israeliten gebe ich sie dir als Anteil und deinen Söhnen als ein dauerndes Anrecht. Dir soll an den hochheiligen Gaben alles zufallen, was nicht für das Feuer bestimmt ist: alle ihre Opfergaben bei allen ihren Speise-, Sünd- und Schuldopfern, die sie mir als hochheilige Gaben entrichten, dir und deinen Söhnen gehören sie."
Die Bibel, 4. Buch Moses Numeri, 18,8-9 [15]

Und was nicht für das Feuer bestimmt ist – wer bestimmt das? Natürlich die Priester. Man konnte sich doch auf das Wort des Priesters verlassen, dass er die geopferte Taube oder das geopferte Lamm verbrennt, wenn der Altar wieder frei ist oder so. Oder nicht?

Und natürlich achtete man auf Qualität.

„Auch das gehört dir: die Abgabe, die die Israeliten bei allem entrichten, was sie darbringen. Dir und deinen Söhnen und Töchtern, die bei dir sind, habe ich diese Abgabe als dauerndes Anrecht gegeben. Jeder, der rein ist in deinem Haus, darf davon essen. Das Beste von allem Öl, das Beste von allem Most und Getreide, die Erstlingsgaben, die sie dem Herrn entrichten, sie habe ich für dich bestimmt. Von allem, was es in ihrem Land gibt, gehören dir die Erstlingsfrüchte, die sie dem Herrn bringen.
Die Bibel, 4. Buch Moses Numeri, 18,11-13 [15]

Das führte zu Problemen mit dem erstgeborenen Vieh und – den erstgeborenen Menschen, denn auch diese fallen unter das Gebot. Zwar müssen die männlichen Erstgeborenen ausgelöst werden, aber über die weiblichen Erstgeborenen wird weiters kein Wort verloren. Die wären nach dem Gebot Gottes Eigentum der Priester.

Und offenbar kein Ende der Privilegien, denn auch von jeglichem Dienst am Volk waren die Leviten befreit, und wenn die Not noch so groß war:

„Nur den Stamm Levi sollst du nicht mustern und ihre Summe nicht aufnehmen unter den Söhnen Israels, sondern setze du die Leviten ein über die Wohnung des Zeugnisses und über all ihr Gerät und über alles, was zu ihr gehört! Sie sollen die Wohnung und all ihr Gerät tragen, und sie sollen sie bedienen und sich rings um die Wohnung herum lagern."

Die Bibel, 4. Buch Moses Numeri 1,49-50

Was nichts anderes heißt, als dass Leviten nicht zum Militärdienst eingezogen werden dürfen. Und sie müssen die Stiftshütte (Wohnung des Zeugnisses) samt allem Zubehör tragen. Die Stiftshütte, mehr oder weniger als Zelt ausgeführt, war der Vorläufer des Jerusalemer Tempels. Die gesamte Arbeitskraft der Leviten hatte also dem Tempel zu dienen. Sie sollten sogar rund um den Tempel Wohnung nehmen. Wer die Bibel durchforstet, dem wird eine Fülle von Vorrechten gegenüber allen anderen israelitischen Stämmen, welche nur den Leviten eingeräumt werden, offenbar.

Doch auch unter den Leviten gibt es Unterschiede. Der direkte Dienst am Altar war für gemeine Leviten nicht möglich – der war für die Kohanim reserviert. Wir erinnern uns: Gott gab Aaron und seinen Söhnen das Priesteramt und er verfügte, dass sich die restlichen Leviten hinzugesellen und Aaron und seinen Söhnen dienen sollten.

Somit wurde innerhalb der Leviten eine nochmals bevorzugte Gruppe gebildet, die Kohanim, Abkömmlinge aus Aarons direkter Familie. Nur diesen war nach Gottes Willen erlaubt, seine Verehrung direkt am Altar und im Allerheiligsten auszuüben. Die geläufigen Namen Kohn, Cohen etc. leiten sich von dieser Familie her.

Die religiösen Gebote, welche für die Leviten in der Tora, den fünf Büchern Moses, aufgezählt werden und die für sie für alle Zeit gelten, haben aber seit 70 n. Chr. kaum mehr Bedeutung – es gibt keinen Tempel mehr.

Neuerliche Vertreibung

Und wieder herrschte Aufruhr im Land Ägypten, wieder gab es Mord und Totschlag, wieder wurden Gläubige eines Gottes gejagt, vertrieben und gingen ins Exil. Doch diesmal wurde gejagt, wer einige Jahre zuvor gegen jene gewütet hatte, welche noch die alten Götter verehrten. Nun kam die Rache, fürchterliche Rache, und die Anhänger der Sonnenscheibe, die Verehrer Atons, mussten zusehen ihr Leben zu retten.

Der kaltschnäuzige Eje war es, der unter Echnatons Herrschaft scheinheilig den Aton-Hymnus in sein Grab malen ließ, das er nie zu nutzen gedachte; und nun, da der religiöse Eiferer gestorben war, die alten Götterkulte wieder einsetzte. Eje war ein ganz nüchterner Machtmensch, dem Religion völlig schnurzegal war. Er war nur an der Macht interessiert, an der Macht des Pharao – was er ja auch wurde – wir haben schon darüber gelesen. Eje waren alle Religionsfragen wesensfremd, es war ihm völlig egal welche Götter an welcher Stelle der Rangfolge waren.

Das Land war von großer Unruhe ergriffen, da nach dem Tod Echnatons der Aufruhr weiter um sich griff. Und er, Eje, wollte das Land wieder in ruhige Bahnen leiten. Mit dem schwächlichen und körperlich mißgebildeten Thronfolger Tutanchaton hatte er leichtes Spiel. Der änderte wahrscheinlich sogar freiwillig, bloß auf gutes Zureden hin, seinen Namen auf Tut-anch-Amun, denn auch er wollte kein unruhiges Land mit rebellischer Bevölkerung. Der Thronfolger hatte keinerlei politische oder kriegerische Erfahrung – er war noch zu jung. Und hatte sichtbar vor Augen, dass die Philosophie seines Vaters gescheitert war.

Eje war klar, dass die Zuspitzung des Götterglaubens auf die Person des Pharao nicht gelungen war. Als oberster Beamter führte er daher eine Renaissance durch: er ließ – offiziell natürlich immer auf Tut-anch-Amuns Anweisung – die Aton-Tempel schließen, die Bautätigkeit in Tell el-Amarna einstellen, ja sogar das dort vorhandene Baumaterial anderweitig verwenden. Und er hieß die Priester, wo auch immer, wieder ihre Tempel zu öffnen, die bewährten und bekannten Götterkulte wieder fortzuführen. Überall zog befreites Aufatmen durchs Land.

Tut-anch-Amun hatte da nichts mitzureden. Erstens gehorchte die Beamtenschaft Eje aufs Wort, denn sie waren dank ihm wieder in ihre alte Bedeutung zurückgekehrt, die diversen Priester standen auf seiner Seite, und Haremhab, der Befehlshaber der Armee, stand ebenfalls auf Ejes Seite, hinter ihm seine militärische Macht.

Viele Aton-Anhänger ließen sich bekehren, manche nicht, und die mussten dem Beispiel der Ahmosiden folgen. Sie gingen außer Landes. Aber da galt es auszuwählen wohin denn. In den Einflussbereich der Ahmosiden-Familie in Palästina wollten die Aton-Leute nicht, da wären sie nur wieder auf eine Front von Gegnern getroffen. Also versuchten sie noch weiter nach Norden, oder übers Meer zu den Mykenern zu kommen. Einer dieser Flüchtlinge landete bei den Phöniziern. Sein Name verrät den Glauben an die Verkörperung der Sonnenscheibe: Sanchuniaton.

Ein geradezu magisch erscheinender Name ist das. Nicht von ungefähr. Der Mann, der diesen Namen trägt, erscheint in den Jahren nach der Wiedereinführung des alten Götterglaubens in Ägypten, und höchstwahrscheinlich in Byblos. In der wikipedia wird sein Name als phönizisch *sknytn* bezeichnet, was „Sakon hat gegeben" heißen soll. Wer nun wissen will was „Sakon" bedeutet, und in der wikipedia nach „Sakon" forscht, wird fröhlich zu einer Provinz in Thailand weitergereicht. Doch das ist ein Irrweg. Schon die Phonetik des Namens „Sanchuniaton" verrät: das ist ein Ägypter. Der Name beinhaltet zwei auch für Laien erkennbare Vokabel: *anch* und *aton*.

Aton, das wissen wir mittlerweile, ist die Verkörperung der Sonnenscheibe. Und Anch ist der Lebensschlüssel, das altägyptische Symbol für Leben schlechthin. [12]

Abb. 52: Der Lebensschlüssel Anch

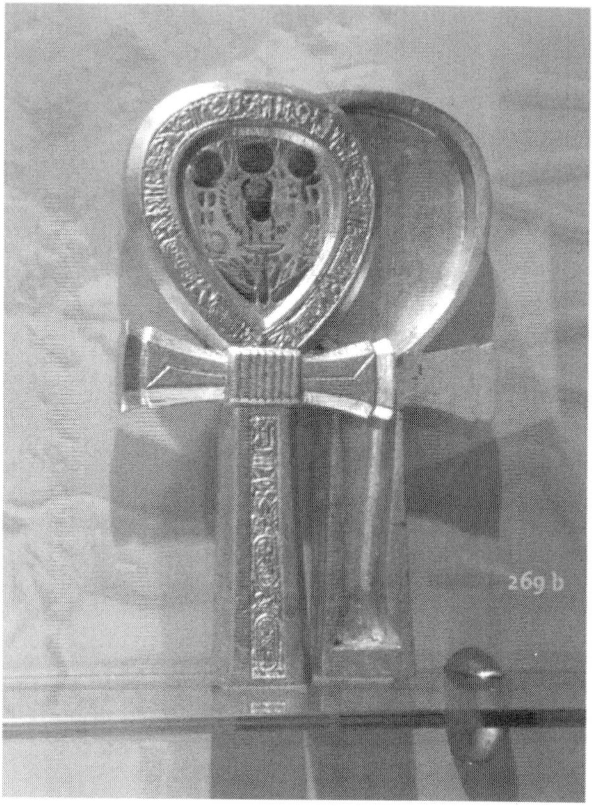

Abb. 53: Spiegeletui in Form eines Anch-Schlüssels, Beigabe aus dem Grab des Tut-anch-Amun Replikat

Daher ist der Name relativ einfach zu übersetzen: „Leben verleiht Aton". Progammatischer geht's wohl nicht. Die Spur dieses Mannes, dessen Namen wie ein Zauberspruch anmutet, ist nicht leicht zu verfolgen, aber eine der spannenden Geschichten aus der Welt der Wissenschaft, daher möchte ich sie meinen Lesern nicht vorenthalten.

Wir hätten von Sanchuniaton nichts gewusst, wenn nicht einer der frühen Kirchengelehrten, Eusebius von Caesarea (260/64-339/340 n. Chr.) mehrere umfangreiche Streitschriften gegen Heiden und Juden verfaßt hätte, mit einer Fülle an Argumenten gegen diese und jene Götzenlehre. Eine dieser Schriften trägt den Namen *preaparatio evangelica*, also soviel wie „Vorbereitung auf die Frohbotschaft". Darin geht der Autor auf eine Fülle antiker, heute nicht mehr existierender Schriften ein und zitiert sie ausführlich, um sie zu widerlegen. Daher ist sein Werk eine wichtige Quelle der Geschichtsforschung.

Er muss Zugang zu einer sehr großen Anzahl von Dokumenten gehabt haben, darunter auch jene des altgriechischen Schriftstellers Porphyrios (eigentlich Malchos aus Tyros 234-301/305 n. Chr.) [54], der seinerseits wiederum sehr ausführlich aus den Schriften des Herennios Philon oder Philon von Byblos (64-141 n. Chr.) [54] zitiert. Dieser Philon wiederum berichtet, dass er die Werke des legendären phönizischen Weisen Sanchuniaton aus der phönizischen in die griechische Sprache übersetzt habe. Legendär war Sanchuniaton für Philon schon deshalb, da er meinte, dass Sanchuniaton vor dem Trojanischen Krieg gelebt habe.

Einer schreibt vom anderen ab, könnte man meinen. Doch aufgrund dieses in der Antike ganz normalen Gebrauchs der umfangreichen Zitierung haben sich viele ansonsten nicht mehr existierende Originale sozusagen indirekt erhalten.

Sanchuniaton hat, so berichtet Philon, der phönizischen Religion eine Zusammenfassung und gemeinsames theologisches Grundgerüst in neun Bänden verliehen, darunter die Entstehung des Kosmos, der Tiere und auch der menschlichen Kultur, die sich nach verschiedenen aufeinanderfolgenden Göttergenerationen etablierte, beschrieben. Inspiriert wurde Sanchuniaton nach seiner eigenen Aussage von Gott Taaut – in dem wir sofort den ägyptischen Thoth erkennen, den Gott der Magie, der Gelehrten, der Wissenschaft, der Schreiber, der Weisheit und des Kalenders. Der Schöpfungsmythos der Phönizier berichtet vom Entstehen der Dinge:

„Am Anfang war das Chaos, es war erfüllt von Finsternis und bewegt; und der Atem schwebte über dem Chaos. Das Chaos war unendlich, und es blieb, wie es war, viele Jahrhunderte lang .... Das Chaos und der Atem vermischten sich ... und es entstand der Same der gesamten Schöpfung, der Vater aller Dinge ...“ [53]

Sanchuniaton war offenbar einer der geflüchteten Aton-Priester, jedenfalls war er eingeweiht in die ägyptische Schöpfungsgeschichte, denn wir begegnen wieder Atum, dem Nicht-Seienden und Amun, dem göttlichen Hauch. Der in der phönizischen Fremde seiner geistigen Heimat Beraubte muss, trotzdem er ein Fremder war, hohes Ansehen unter den Phöniziern genossen haben, so dass es ihm möglich war, ein von den vielen Stadt- und Lokalgöttern, die keine einheitliche Theologie besaßen und religiös auseinander drifteten, allgemein anerkanntes und akzeptiertes grundlegendes theologisches Gebäude zu errichten. Und seine Grundlagen dazu hatte er aus Ägypten mitgebracht.

Da man nichts Näheres von dem legendären Sanchuniaton wusste als von Eusebius über mehrere Hände zu uns gelangte, wurde er natürlich auch Spielball vielfacher Spekulation und – manchmal auch drastischer Auswüchse.

Die Ägyptische Expedition Napoleons fachte das Interesse des Bildungsbürgertums in der ersten Hälfte des 19. Jahrhunderts ungeheuer an. Fahrten nach Ägypten wurden modern, und wer sich dieses teure und exaltierte Vergnügen nicht leisten konnte und auch die damit verbundenen Strapazen nicht auf sich nehmen wollte (das Luxushotel Winter Palace in Luxor wurde erst 1886 erbaut) besuchte die zahlreichen Ägypten-Ausstellungen und nahm an Partys teil, deren gesellschaftlicher Höhepunkt das Auswickeln von echten ägyptischen Mumien war.

Wohl von dem Hype um die alten Kulturen getrieben wollte ein junger Theologe aus Bremen, Friedrich Wagenfeld (3.1.1810-26.8.1846) auch ein kleines Scheibchen vom Getriebe für sich abschneiden – wohl auch um Ansehen und natürlich auch ein wenig Geld zu gewinnen. 1836, im Alter von 26 Jahren, gab er an, im Besitz einer in einem portugiesischen Kloster gefundenen Handschrift zu sein, die das komplette Werk Sanchuniatons in griechischer Übersetzung Philons darstellte.

Er veröffentlichte einen Auszug aus Sanchuniatons Schriften und konnte für das Vorwort dazu niemand geringenen als Georg Friedrich Grotefend gewinnen, der eine Berühmtheit war, seit ihm die Entzifferung der Keilschrift gelungen war. 1837 gab Wagenfeld alle neun Bücher Sanchuniatons heraus. Die alten Phönizier wurden nun in der Fachwelt breit diskutiert, die Begeisterung schlug hohe Wellen, bis der Sohn des alten Grotefend, Karl Ludwig Grotefend, Verdacht schöpfte.

Wagenfeld hatte angegeben, dass ein portugiesischer Oberst ihm die Sanchuniaton-Schrift seinerzeit angeboten hatte. Karl Ludwig Grotefend stellte fest, dass das Wasserzeichen des Briefpapiers, das sowohl Wagenfeld als auch der unbekannt gebliebene portugiesische Offizier bei ihrer Korrespondenz verwendeten, ident waren. Wagenfeld wurde als Fälscher und Betrüger entlarvt und soff sich zu Tode. [59]

Damit war die Luft aus dem Blätterwald der Fachgelehrten draußen, und man faßte das Thema „Sanchuniaton“ nur mehr mit sehr spitzen Fingern an. Das Mißtrauen wich allerdings, als ab 1929 – also mehr als hundert Jahre nach Wagenfelds Eskapade – die antike Hafenstadt Ugarit entdeckt und ausgegraben wurde. In den Ruinen fand sich eine umfangreiche Bibliothek aus Keilschrifttafeln.

Irgend jemand im alten Ugarit hatte die geniale Idee, die in ganz Mesopotamien verbreitete Keilschrift für alphabetische Zeichen zu verwenden – damit gelang eine schriftliche Darstellung auch kanaanäischer Sprachen, und auch das Ägyptische konnte so leicht übersetzt werden. Die Archäologen waren begeistert – diese Schriften waren schnell entziffert. Dabei wurden viele Texte religiöser Thematik gefunden, welche Sachuniaton rehabilitierten. Aus der Legende eines Mannes war Gewißheit geworden.

Der Tempel in Jerusalem

Die Bibel hat nicht immer Recht, insbesondere dort nicht, wo sie ihre eigene Geschichte durch Fabeln und Legenden zusammenkleistert. So etwa die Figuren der Könige David und Salomon. Israel ist sicherlich jenes Land, in dem jeder Stein dreimal umgedreht und nach historischen Artefakten und Beweisen untersucht worden ist. Legionen von Archäologen haben den biblischen Boden noch und noch umgeackert, sie haben die tollsten Dinge gefunden und sichergestellt, sie haben unsichere und leere Flecken in der Geschichte ihres Volkes richtiggestellt und gefüllt.

Aber sie haben keine Spur von Salomon oder seinem Vater David entdecken können. Nach Jahrzehnten vergeblicher Feldforschung im Heiligen Land hat man natürlich auch alle antiken Bibliotheken, ob jene in Ägypten oder in Ninive, Assur, Babylonien oder sonstwo durchforstet. Da war doch der Bibel zufolge der große König Salomon, hochgeachtet von allen Völkern, zwischen 970 und 930 v. Chr. an der Macht. Da muss es doch diplomatische Korrespondenz, Berichte von Spionen oder sonst etwas gegeben haben.

Fehlanzeige. Außer in der Bibel werden die zwei nicht erwähnt, nirgends, in keiner Schriftensammlung. Also muss man bedauernd zur Kenntnis nehmen: die beiden sind lediglich Legenden, keine historisch faßbare Personen. Noch drastischer: Es hat sie nie gegeben. Darüber sind sich heute sogar die Chef-Ausgräber der Universität Tel Aviv einig. [55][56]

Aber wie kann das zusammenstimmen mit dem Tempel in Jerusalem? Den gab es unzweifelhaft und wurde nach den Angaben der Bibel im 4. Regierungsjahr von Salomon zu bauen begonnen. Aber auch hier schleicht sich schon Mißtrauen ein, denn der Tempel konnte von den Juden gar nicht erbaut werden – sie mussten phönizische Baumeister engagieren (Die Bibel, 2. Buch der Chroniken, 2,7-16). Und 153.600 sich gerade in Israel aufhaltende Fremde versklaven – die sollten die Arbeit verrichten (Die Bibel, 2. Buch der Chroniken, 2,17-18). Anscheinend sollten sich brave Israeliten mit profaner Bautätigkeit die Hände nicht schmutzig machen.

Das scheint mehr als unglaubwürdig. Dass den Tempel, das Heiligtum ihrer Religion, in dem immerhin die Bundeslade untergebracht werden sollte, das Heilige nur von Priestern und dessen Allerheiligstes überhaupt nur vom Hohepriester einmal im Jahr zu Jom Kippur betreten werden durfte – das sollte von heidnischen Götzendienern, welche die Phönizier in den Augen der Juden damals waren, gebaut werden dürfen? Wo man doch gleichzeitig daranging, alle Symbole der Götzen, ihre Altäre und Pfähle auf den Bergen zu zerstören und vernichten, als man versuchte in Eretz Israel alle heidnischen Spuren mit Stumpf und Stiel auszurotten? Das scheint nicht schlüssig zu sein.

Jedenfalls wurde dieser Tempel errichtet, irgendwann, der künftig als „salomonisch" bezeichnet wurde. Die Babylonier eroberten am 25.08.587 v. Chr. im Zuge ihrer Expansion unter Nebukadnezar II. Jerusalem und plünderten und zerstörten den Tempel vollständig. Die Beute – nicht nur jene aus dem Tempel – wurde samt großen Teilen des israelitischen Volkes nach Babylon deportiert. Damit war das auserwählte Volk geschlagen, das Zentrum ihrer Religion ausgelöscht.

Doch Babylons Regime dauerte nicht lange. Schon 539 v. Chr. machte der Perserkönig Kyros II., mit dem Neubabylonischen Reich Schluss und gliederte es in sein bald zum Weltreich anwachsendes Königreich ein. Den Deportierten, die er bei der Eroberung Babylons antraf, gestattet er die Heimreise. Darunter auch den Juden. Doch die wollten gar nicht alle nach Hause. Eine große Gruppe wanderte nach Buchara und Samarkand, um sich dort niederzulassen, dort versprachen sie sich für ihre Geschäfte günstigere Jagdgründe. Heute besteht dort noch immer eine jüdische Gemeinde. Und ein anderer Teil blieb überhaupt in Babylon.

Der Statthalter Persiens in Israel war Serubbabel, der einen neuen Tempel nach den vorhanden Ruinen und erhaltenen Vorgaben errichten ließ – also in der ursprünglichen Dimension. 515 v. Chr. war der neue Tempel fertig. Und der Kult des Gottes Jachwe setzte wieder ein.

Um 167 v. Chr. eroberte der Seleukidenkönig Antiochos IV. Jerusalem und funktionierte den Jachwe-Tempel zu einem Zeus-Tempel um. Da gab es aber einen bewaffneten Aufstand, den Judas Makkabäus siegreich beendete, daher konnte 163 v. Chr. der jüdische Tempeldienst wieder aufgenommen werden.

Danach marschierten die Römer ein, und die ließen die Juden ihre Religion ausüben wie sie wollten, wichtig war ihnen: Gib dem Kaiser, was des Kaisers ist und Gott, was Gottes ist. Doch der Kaiser wollte viel – und immer mehr. Die Unterdrückung durch die Römer nahm für die Juden schlimme Formen an, daher kam es wieder zu einem Aufstand – den die römischen Legionen niederschlugen. Die letzte Bastion der Juden in Jerusalem war der Tempel, den die Legionen im Jahre 70 n. Chr. restlos zerstörten. Vier Jahre danach fiel auch Masada, und damit war es vorläufig mit jüdischen Aufständen vorbei.

So gibt es seit beinahe zweitausend Jahren keinen Tempel der Juden mehr – übrig ist nur die Klagemauer, vor der fromme Juden ihre Andacht verrichten und Bittbriefe in die Lücken zwischen den Steinen stecken. Sie stehen unten an der Mauer, denn hinaufzukommen, auf die Fläche, wo einst der Tempel stand, ist nicht so einfach. Dort haben sechshundert Jahre nach der Zerstörung durch die römischen Legionen die Moslems die Herrschaft angetreten. Und auf dem Areal des Tempels die Al-Aqsa-Moschee errichtet, welche die drittheiligste Moschee des gesamten Islam darstellt.

Es gibt nicht wenige Juden, die fordern, dass der Tempel wieder errichtet werden müsse. Dass dabei die Moschee im Weg ist stört diese Juden nicht. Es gibt sogar ein Tempel-Institut (מכון המקדש –

Machon HaMikdash), welches die Wiedererrichtung des Tempels vorantreibt. Dazu wurden schon sämtliche Gerätschaften, welche im Tempel vorhanden sein müssen als auch die Gewänder für die Kohanim angeschafft. Dort wird nur mehr darauf gewartet, dass der neue, dritte, Tempel fertig zum Einzug ist.

Aber da gibt es wegen der Moslems und ihrer Moschee noch ein großes Problem. Der Platz muss erst einmal religiös gereinigt werden. Und wie das geht steht in der Bibel.

„Der Herr sprach zu Mose und Aaron: Das ist die Verordnung, die der Herr erläßt: Sag den Israeliten, sie sollen dir eine fehlerlose, einwandfreie rote Kuh bringen, die noch nie ein Joch getragen hat. Übergebt die Kuh dem Priester Eleasar! Dann soll man sie vor das Lager hinausführen und sie vor seinen Augen schlachten. ... Darauf verbrennt man die Kuh vor seinen Augen. Ihr Fell, ihr Fleisch und ihr Blut, alles soll man verbrennen, samt ihrem Mageninhalt. Der Priester nimmt Zedernholz, Ysop und karmesinroten Stoff und wirft alles in das Feuer, in dem die Kuh verbrannt wird. ... Ein reiner Mann sammelt die Asche der Kuh und legt sie an einen reinen Ort außerhalb des Lagers. Sie wird für die Gemeinde der Israeliten zur Zubereitung des Reinigungswassers aufbewahrt. Es ist ein Sündopfer.“

Die Bibel, 4. Buch Moses Numeri 19, 1-9 [15]

Es folgt eine Anweisung bezüglich des Berührens von Toten, auch nur von Knochen oder einem Grab, was unweigerlich zur Unreinheit führt.

„Für den Unreinen nimmt man etwas Brandasche vom Sündopfer, schüttet sie in Gefäß und gießt Quellwasser darüber. Ein reiner Mann nimmt Ysop, taucht ihn in das Wasser und bespritzt damit das Zelt sowie die Gefäße und die Menschen, die im Zelt sind, oder den, der Gebeine, einen Erschlagenen, einen Toten oder ein Grab berührt hat.“

Die Bibel, 4. Buch Moses Numeri 19, 17-18 [15]

Doch es geht nicht nur um die Reinigung nach Berührung eines Toten. Das Reinigungsritual des *para adummah* (rote Kuh) geht für die Juden viel tiefer, es soll auch von unangebrachtem Stolz reinigen.

EinThema, über das Rabbiner lange meditieren und dabei Selbsterforschung betreiben. Denn das Amt, Gottes Wort zu verkünden, kann nur mit einer gehörigen Portion Eigennutz verbunden werden – und das Streben nach Eigennutz ist ein egoistischer Zug.

Für die Juden ist daher das Ritual der roten Kuh wesentlich weitreichender als eine spirituelle Reinigung von der Berührung Toter. Das hebräische Wort, das hier für „Verordnung" oder „Satzung" wie im 4. Buch Moses, 19, 1 verwendet wird, lautet *chukat*. Das deutet traditionell auf ein Gesetz hin, dessen Bedeutung Menschen nicht verstehen und daher auch nicht hinterfragen sollen. Im Midrasch steht:

„Wer stolz ist wie eine Zeder, soll sich beugen wie ein Ysop."
Midrasch Tanchuma, Mezora 3

Daher steht Stolz als Vergleich mit der roten Kuh, welche Unreine reinigt und Reine verunreinigt.

Damit sind wir wieder im Alten Ägypten angekommen, dort kommt die Grundlage für dieses Reinigungsritual her. Einige Kapitel zuvor haben wir über die Apis-Stiere und deren besondere Behandlung erfahren. Auch davon, dass diese Tiere in der Sonne geweihtem Wasser ersäuft wurden. Die altägyptischen Priester haben aus diesem Weihwasser natürlich ein Geschäft gemacht und als besonders wirksam teuer verscherbelt. Aber auch für ihre eigenen Reinigungsrituale verwendet – der Rangfolge nach abgestuft, versteht sich.

Die Wirksamkeit kultischer Tätigkeiten im Tempel ist abhängig davon, ob der Ausübende rein ist. An so manchem Tempeleingang stand: „Wer in den Tempel eintritt, der sei rein." Daher gab es vor den Tempeln Wasserbecken. (Ach ja, die Moslems machen es heute noch so. Vor jeder Moschee kann und muss man die im Koran vorgeschriebene rituelle Waschung durchführen.) Besonderes Augenmerk wurde auf das Bad Pharaos gelegt, das musste besonderes, von den Priestern als solches erkannt, bestimmt und hergestellt worden sein: „Das Wasser des Lebens und des Heils."

Die Pyramidentexte sprechen von einem reinigenden Bad für Verstorbene. Und bei der Taufe für die Isismysterien wurde der Täufling mit geweihtem Wasser besprengt. [12]

Dem heutigen Menschen kommt das alles sehr bekannt vor. Weihwasser – das gibt es in jeder Kirche. In den Weihwasserkessel taucht man die Fingerspitzen, ehe man das Kreuzzeichen macht, das deutet die rituelle Reinigung der Alten Ägypter an; das Besprengen mit Wasser kommt dem Weihwasserwedel katholischer Geistlicher gleich. Und die Taufe bei den Isismysterien – auch bei der christlichen Taufe wird Weihwasser verwendet. Das alles kam von Ägypten her.

Die Ahmosiden haben also das Reinigungsritual mit geweihtem Wasser als ihnen wichtig erscheinenden Brauch in die Verbannung mitgenommen. Von dort gelangte es über das Judentum ins Christentum und wird heute noch geübt.

Aber warum musste die Kuh für das jüdische Reinigungsritual rot sein?

Alle heiligen Kühe hatten besondere Kennzeichen, wie wir schon anhand des Beispieles des Apis-Stiers lesen konnten. Und die Farbe Rot, die hatte im Alten Ägypten eine ganz besondere Bedeutung. Man kann darüber philosphieren, wo der Ursprung dieses Glaubens liegt, etwa im Blut, das bei einer Verletzung zutage tritt und damit Gefahr für den Körper signalisiert. Doch sehen wir nach, was „Rot" bei den Alten Ägyptern auslöste:

„Von allen Farben hat Rot die stärkste sinnliche Wirkung und symbolisierte bereits bei den Alten Ägyptern Leben und Sieg. Bei festlichen Gelegenheiten bemalte der Nillandbewohner seinen Körper mit Rötel und trug Schmuck aus rotem Karneol.[11] *Vom Gotte Seth, der am Bug*

[11] Dies stellt auch einen Hinweis darauf dar, daß in allen altägyptischen Abbildungen die Frauen weiße Hautfarbe haben, die Männer jedoch als „siegreich" (gegen wen oder was auch immer) mit roter Hautfarbe dargestellt werden. Die übliche Behauptung, daß sich die Frauen im Haus aufhielten und daher von der

der Sonnenbarke steht und mit seiner Lanze die Unterweltsschlange Apophis ersticht, heißt es, er habe rote Augen und rote Haare. Mit der bereits sehr früh einsetzenden Diffamierung Seths wurde auch seine Farbe zu einem Ausdruck des Gefährlichen. Rot wurde zum bildhaften Ausdruck der Wut; einer „mit rotem Herzen" ist wütend. „Rotmachen" war gleichbedeutend mit „töten". Bei der Opferung roter Rinder dachte man an eine Vernichtung des „roten Gottes". Am Grab des Osiris wurden sogar Menschen mit rötlicher Hautfarbe geopfert. Rot ist auch die Farbe des alles zerstörenden Feuers. Im Amduat (5. Stunde) wird der unterste Teil der Sokar-Höhle mit roten Wellenlinien dargestellt: Hinweis auf den „Feuersee", in dem die Verdammten bestraft werden."

Lexikon der Götter und Symbole der alten Ägypter [12]

Epilog

So haben wir eine Reise unternommen, eine Reise durch Zeiten und Ideen, durch Dogmen und Vorstellungen, durch Legenden und Fakten und stehen vor der Erkenntnis:

Gar Vieles kam von Ägypten her.

Vor allem Gott Amun, dem wir immer noch unseren Tribut zollen mit dem Ausruf „Amen!"

Und wenn ich jetzt zurückkehre sowohl in der Zeit als auch auf den Beginn des Buches und mir die brennenden Wangen halte, auf welche die Ohrfeigen aus geweihter Hand klatschten, schwor ich mir Rache zu nehmen, mich furchtbar zu rächen. Nicht am Kaplan, dem konnte ich nichts anhaben. Aber dem Gustl, der zwei Reihen vor mir saß, allgemein als „der Ungustl" benannt, an dem kann ich mich abreagieren, den werde ich schikanieren.

Die Rothaarigen kann sowieso keiner leiden.

Denken wir ruhig zurück in unsere eigene Vergangenheit, wie die Rothaarigen Spott und Hänselei ausgeliefert waren. Sang nicht auch

---

Sonne nicht so stark gefärbt wurden als die Männer ist Mumpitz. Die Frauen haben genauso im Freien gearbeitet wie die Männer.

der österreichische Liedermacher, Maler und Lebenskünstler Arik Brauer, gemünzt auf die Rothaarigen:

„Rostiger, die Feuerwehr kommt …"

Ich behaupte nicht, im Besitz der alleinigen Wahrheit zu sein. Vielleicht bin ich mit manchem Gedanken in die Irre geraten. Aber das soll mir erst einmal jemand beweisen – und die Argumente, die in diesem Buch aufgezählt werden, wirksam entkräften. Ein simples „Das glaub ich nicht" wird dabei zu wenig sein.

Amen.

Anhang A

Ägyptisches Totenbuch, Spruch 125: Das negative Sündenbekenntnis

Was beim Erreichen der Halle der Beiden Maat zu sagen ist; ihn von den Sünden trennen, die er begangen hat; die Gesichter der Götter erblicken.

Sei gegrüßt, Großer Gott, Herr der Beiden Maat!

Zu dir bin ich gekommen, mein Herr, bin gebracht worden.

Möge ich deine Schönheit erblicken!

Ich kenne deinen Namen, kenne den Namen dieser 42 Götter, die mit dir in dieser Halle der Beiden Maat sind, die von ihrer Bewachung leben, die ihr (Pl.) Blut verschlucken an jenem Tage der Berechnung der Angelegenheiten vor Wennefer.

Siehe, „Sohn seiner Augen, Herr der Beiden Maat" ist dein Name.

Siehe, ich bin zu dir gekommen.

Ich habe dir Gerechtigkeit gebracht.

Ich habe dir Unrecht vertrieben.

Ich habe keinem Menschen Unrecht angetan.

Ich habe kein Rind getötet.

Ich habe keine Minderung anstelle der Gerechtigkeit getan.

Ich kenne nicht, was es nicht gibt.

Ich habe nichts Schlechtes getan.

Ich habe nicht – (und zwar) für jeden Tag – die Arbeitsleistung über das erhöht, was ich (selbst) hätte leisten können.

Mein Name gelangte nicht zur Gottesbarke.

Ich war nicht blasphemisch.

Ich habe keinen Armen geschädigt.

Ich habe nichts getan, was die Götter verabscheuen.

Ich habe keinen Diener bei seinem Vorgesetzten schlecht dastehen lassen.

Ich habe nicht hungern lassen.

Ich habe nicht zum Weinen gebracht.

Ich habe nicht getötet.

Ich habe nicht zu töten befohlen.

Ich habe niemands Leid verursacht.

Ich habe die Mahlzeit in den Heiligtümern nicht vermindert.

Ich habe nicht gebuhlt.

Ich habe keine Unzucht getrieben.

Ich war nicht nachlässig.

Ich habe die Speisen für das Gottesopfer nicht vermindert.

Ich habe kein Essen vermindert.

Ich habe (bei) Essen und Elle nicht betrogen.

Ich habe nichts von den Opferbroten der Götter abgebrochen.

Ich habe keine Opferkuchen von den „Verklärten“ genommen.

Ich habe nichts auf das Gewicht der Handwaage gelegt.

Ich habe nichts am Lot der Standwaage manipuliert.

Ich habe keine Milch vom Mund des Säuglings weggenommen.

Ich habe das Kleinvieh nicht seines Futters entblößt.

Ich habe keine Vögel vom Röhricht der Götter gefangen.

Ich habe keine Fische aus ihren Sümpfen gefangen.

Ich habe kein Wasser zu seiner Zeit zurückgehalten.

Ich habe nicht dämmend einen Damm gegen fließendes Wasser gebaut.

Ich habe kein Feuer zu seiner Zeit gelöscht.

Ich habe keine Termine bezüglich des erlesenen Opferfleischs versäumt.

Ich habe kein Vieh vom Gottesbesitz vertrieben.

Ich habe keinen Gott bei seiner Prozession behindert.

Ich bin rein – viermal.

Meine Reinheit ist die Reinheit jenes großen Phönix, der in Herakleopolis ist.

Denn ich bin ja jene Nase des Herrn der Winde, die alles Volk belebt an jenem Tage des Füllens des Udjat-Auges in Heliopolis, am letzten Tag des zweiten Wintermonats, vor dem Herrn dieses Landes.

Ich bin einer, der beim Füllen des Udjat-Auges in Heliopolis zugesehen hat.

Nichts Böses wird mir in diesem Land und in dieser Halle der Beiden Maat zustoßen.

Denn ich kenne den Namen dieser Götter, die in ihr sind.

Oh Weitausschreitender, der aus Heliopolis stammt, ich habe kein Unrecht verübt.

Oh Flammenumarmer, der aus Cheraha stammt, ich habe nicht geraubt.

Oh Schnabelträger, der aus Hermopolis stammt, ich war nicht habgierig.

Oh Schattenverschlinger, der aus der Höhle stammt, ich habe nicht gestohlen.

Oh Schreckgesicht, der aus Rosetau stammt, ich habe keinen Menschen getötet.

Oh Ruti, der aus dem Himmel stammt, ich habe keine Speise beschädigt.

Oh, Dessen Augen Messer sind, der aus Letopolis stammt, ich habe keine Verminderung getätigt.

Oh Flammender, der rückwärts herausgeht, ich habe keinen Gottesbesitz gestohlen.

Oh Knochenbrecher, der aus Herakleopolis stammt, ich habe keine Lüge ausgesprochen.

Oh, der der Flamme befiehlt, der aus Memphis stammt, ich habe nichts Essbares weggenommen.

Oh Höhlenbewohner, der aus dem Westen stammt, ich war nicht nörgelig.

Oh Weißzahn, der aus dem Fayum stammt, ich habe niemanden gekränkt.

Oh, Blutfresser, der aus der Schlachtbank stammt, ich habe kein Rind eines Gottes geschlachtet.

Oh, Eingeweidefresser, der aus dem Dreißiger-Gerichtshof stammt, ich habe keinen Kornwucher getätigt.

Oh, Herr der Maat, der aus dem (Ort der) Beiden Maat stammt, ich habe keine Ration geraubt.

Oh, Irrender, der aus Bubastis stammt, ich habe nicht gelauscht.

Oh, Schubsender Großer, der aus Heliopolis stammt, ich war nicht geschwätzig.

Oh, Bösewicht, der aus dem Gau von Busiris stammt, ich habe nicht gestritten, außer um meinen Besitz.

Oh, Uamemti, der aus der Richtstätte hervorgegangen ist, ich habe mit keiner verheirateten Frau geschlafen.

Oh, Der sieht, was er holen wird, der aus dem Min-Tempel stammt, ich habe keine Unzucht getrieben.

Oh, Oberster der Großen, der aus dem Akazienheiligtum stammt, ich habe keinen Schrecken verbreitet.

Oh, Umstürzler, der aus dem Allerheiligsten hervorgegangen ist, ich habe nicht gefrevelt.

Oh, Unruhestifter, der aus dem Großen Heiligtum stammt, ich war nicht hitzig.

Oh, Kind, das aus dem (13. uäg.) Gau von Heliopolis stammt, ich habe mich nicht gegen Maat-gerechte Rede taub gestellt („mein Gesicht/Anschein war nicht taub").

Oh, „Künderstimme", der aus dem Unes-See stammt, ich war nicht aufrührerisch.

Oh, Basti, der aus der Geheimen (Unterwelt) stammt, ich habe niemanden zum Weinen gebracht.

Oh, dessen Gesicht hinter ihm ist, der aus der Höhle stammt, ich habe keine Unzucht getrieben, ich habe mit keinem Buhlknaben gebuhlt.

Oh, „Rampe", der aus der Dämmerung stammt, ich war nicht nachlässig.

Oh, Finsterling, der aus der Finsternis stammt, ich habe nicht gestritten.

Oh, Bringer seines Opfers, der aus Sais stammt, ich war nicht gewalttätig.

Oh, Gesichterherr, der aus dem Nedjefet(-Baum) stammt, ich war nicht voreilig gesonnen.

Oh, „Ratgeber", der aus Utjenet stammt, ich habe nicht die Natur übertreten; ich habe mich nicht zum Gott erhoben.

Oh, Doppelhorn, der aus Assiut stammt, ich war bei keiner Rede geschwätzig.

Oh, Nefertem, der aus Memphis stammt, keine Sünde gibt es von mir; ich habe nichts Böses getan.

Oh, Restvernichter, der aus Busiris stammt, ich habe keine Majestätsbeleidigung („König-Zanken") begangen.

Oh, der (schon) durch seinen Wunsch („Herz“) handelt, der aus Antaioupolis stammt, ich habe mich nicht auf Wasser gestützt.

Oh, Sänger/Ihy, der aus dem Nun stammt, ich war nicht laut mit meiner Stimme.

Oh, der dem Volk befiehlt, der aus seinem Sanktuar stammt, ich habe den Gott nicht geschmäht.

Oh, „Schöner Nacken“, der aus [leer vorgefunden] stammt, ich habe mich nicht aufgeplustert.

Oh, Nehebkau, der aus der Stadt stammt, gegen mich findet keine Erhebung statt.

Oh, Trennkopf, der aus der Stadt stammt, mein Ansprüche waren nicht groß außer bei meinem Besitz.

Oh, Hol-Arm, der aus der Stadt stammt, ich habe keinen Gott in meiner Stadt gelästert.

Seid gegrüßt, ihr Götter!

Ich kenne eure Namen.

Ich werde nicht eurem Gemetzel anheimfallen.

Ihr werdet diesem Gott nicht Schlechtes von mir melden („mein Schlechtes aufsteigen lassen“) in dessen Gefolge ihr seid.

Mein Fall wird nicht vor euch gelangen.

Ihr werdet vor dem Allherrn keine Lüge über mich erzählen.

Denn ich habe im Diesseits in rechter Weise gehandelt.

Ich habe keinen Gott gelästert.

Mein Fall gelangte nicht vor den regierenden König.

„Seid gegrüßt, (ihr) in dieser Halle der Beiden Maat“, sagt hiermit NN, gerechtfertigt, „in deren Leibern keine Lüge ist, die von Maat in Heliopolis leben, die von ihren Speisen essen in Gegenwart des Horus in seiner Sonnenscheibe!“

Möget ihr mich vor dem Babi retten, der von den Eingeweiden der „Großen“ lebt, an jenem Tage der großen Abrechnung!

Seht, ich bin zu euch gekommen.

Ich bin ohne Unrecht.

Ich bin ohne Verfehlung.

Ich bin ohne Sünde.

Ich bin ohne Zeugnis (gegen mich).

Es gibt niemanden, dem ich etwas angetan hätte.

Ich lebe von Maat.

Ich ernähre mich („schlucke“) von Maat.

„Du kennst uns.“

„Ich werde dich nicht anmelden“, sagt der Pförtner dieser Halle, „es sei denn, du nennst meinen Namen.“

„Der das Herz erkennt und die Herzen untersucht“, ist dein Name.

„Wem soll ich dich anmelden, jedem Gott, der dort ist?“

Du sollst es dem „Dolmetscher der Beiden Länder sagen.“

„Wer ist denn das?“

Der „Dolmetscher der Beiden Länder“, das ist Thoth.

„Komm!“, sagt Thoth.

„Wozu bist du gekommen?“

Ich bin für die Anmeldung gekommen.

„Was ist denn der Bedarf für dich?“

Ich bin rein von Sünde.

Ich habe mich vor dem Streit der Tagesdienst-Leistenden gehütet.

Ich war nicht mit ihnen zusammen.

„Wem soll ich dich also anmelden?“

Dem (mit) der Decke aus Feuer, deren Wände aus lebenden Uräen bestehen.

Sein Fußboden besteht aus Überschwemmungswasser.

„Wer ist das?“

Das ist Osiris.

„Gehe also!

Da, du bist angemeldet.

Dein Brot ist aus dem Horusauge.

Mein Bier ist aus dem Horusauge.

„Man opfert für dich (das Totenopfer) auf Erden aus dem Horusauge“, so sagt er bezüglich meiner Handlung gemäß dem Geschehen in der Halle der Beiden Maat, von NN, gerechtfertigt, zu sprechen, indem er sich reinigt, nachdem er die Sohlen mit weißen Sandalen umhüllt hat, gesalbt mit besten Myrrhen, nachdem er ein Rind geopfert hat, da Vögel dargebracht sind, und Weihrauch, Brot, Bier und Gemüse.

So hast du dieses Bild, das geschrieben steht, auf dem Fußboden ausgeführt, „gereinigt“ (grundiert?) mit reinem Ocker und mit Erde bestrichen, auf die kein Schwein oder Löwe getreten ist.

Über den dieses Buch ausgeführt wird, der ist gedeihend.

Seine Kindeskinder sind gedeihend.

Er geht nicht zugrunde(?).

Er ist Vertrauter des Königs und seines Hofstaates.

Ihm wird Opferbrot und ein Bierkrug gegeben und Kuchen und ein großen Stück Fleisch auf dem Altar des Großen Gottes.

Von keinem Tor des Westens wird er abgehalten.

Er wird mit den Königen von Ober- und Unterägypten bestattet („gezogen“).

Er ist im Gefolge des Osiris.

Etwas wirklich Wirksames, millionenfach, sehr nützlich für den, der es ausführt.

(TM 134265, Neues Reich, übersetzt von: B. Backes)

Anhang B

Text des großen Sonnenhymnus von Amenophios IV. Echnaton

Schön bist du, groß und strahlend, hoch über allem Land. Deine Strahlen umfassen die Länder bis ans Ende von allem, was du geschaffen hast.

Du bist Re, wenn du ihre Grenzen erreichst und sie niederbeugst für deinen geliebten Sohn.

Fern bist du , doch deine Strahlen sind auf Erden; du bist in ihrem Angesicht, doch unerforschlich ist dein Lauf.

Gehst du unter im Westhorizont, so ist die Welt in Finsternis, in der Verfassung des Todes.

Die Schläfer sind in der Kammer, verhüllten Hauptes, kein Auge sieht das andere. Raubt man alle ihre Habe, die unter ihren Köpfen ist – sie merken es nicht.

Jedes Raubtier ist aus seiner Höhle gekommen, und alle Schlangen beißen.

Die Finsternis ist ein Grab, die Erde liegt erstarrt, ist doch ihr Schöpfer untergegangen in seinem Horizont.

Am Morgen aber bist du aufgegangen im Horizont und leuchtest als Sonne am Tage; du vertreibst die Finsternis und schenkst deine Strahlen.

Die Beiden Länder sind täglich im Fest, die Menschen sind erwacht und stehen auf den Füßen, du hast sie aufgerichtet. Rein ist ihr Leib, sie haben Kleider angelegt, und ihre Arme sind in Anbetung bei deinem Erscheinen, das ganze Land tut seine Arbeit.

Alles Vieh ist zufrieden mit seinem Kraut, Bäume und Kräuter grünen. Die Vögel sind aus ihren Nestern aufgeflogen, ihre Schwingen preisen deinen Kka.

Alles Wild hüpft auf den Füßen, alles, was fliegt und flattert, lebt, wenn du für sie aufgegangen bist.

Die Lastschiffe fahren stromab und wieder stromauf, jeder Weg ist offen durch dein Erscheinen.

Die Fische im Strom springen vor deinem Angesicht, deine Strahlen sind im Inneren des Meeres.

Der du den Samen sich entwickeln läßt in den Frauen, der du »Wasser« zu Menschen machst, der du den Sohn am Leben erhältst im Leib seiner Mutter und ihn beruhigst, sodass seine Tränen versiegen – du Amme im Mutterleib! – der du Atem spendest, um alle Geschöpfe am Leben zu erhalten. Kommt (das Kind) aus dem Mutterleib heraus, um zu atmen am Tag seiner Geburt, dann öffnest du seinen Mund vollkommen und sorgst für seine Bedürfnisse.

Du Küken im Ei, das schon in der Schale redet – du gibst ihm Luft darinnen, um es zu beleben.

Du hast ihm seine Frist gesetzt, die Schale zu zerbrechen im Ei; es geht hervor aus dem Ei, um zu sprechen zu seiner Frist, es läuft schon auf den Füßen, wenn es herauskommt aus ihm.

Wie zahlreich sind deine Werke, die dem Angesicht verborgen sind, du einziger Gott, dessengleichen nicht ist!

Du hast die Erde geschaffen nach deinem Wunsch, ganz allein, mit Menschen, Vieh und allem Getier, mit allem was auf der Erde ist, was auf den Füßen herumläuft und allem, was in der Höhe ist und mit seinen Flügeln fliegt. Die Fremdländer von Syrien und Nubien, dazu das Land Ägypten – jeden stellst du an seinen Platz und sorgst für seine Bedürfnisse, ein jeder hat seine Nahrung, seine Lebenszeit ist bestimmt.

Die Zungen sind verschieden im Reden, ebenso ihre Wesenszüge; ihre Hautfarbe ist verschieden, denn du unterscheidest die Völker.

Du schaffst den Nil in der Unterwelt und bringst ihn herauf nach deinem Willen, die Menschen am Leben zu erhalten, da du sie geschaffen hast.

Du bist ihrer aller Herr, der sich abmüht an ihnen, du Herr aller Lande, der für sie aufgeht, du Sonne des Tages, gewaltig an Hoheit!

Selbst alle fernen Fremdländer erhältst du am Leben, hast du doch einen Nil an den Himmel gesetzt, dass er zu ihnen herabkomme und Wellen schlage auf den Bergen, wie das Meer, um ihre Felder zu befeuchten mit dem, was sie brauchen.

Wie wirksam sind deine Pläne, du Herr der Ewigkeit! Den Nil am Himmel, den gibst du den Fremdvölkern und allem Wild der Wüste, das auf Füßen läuft; aber der wahre Nil kommt aus der Unterwelt nach Ägypten.

Deine Strahlen säugen alle Felder – wenn du aufgehst, leben sie und wachsen für dich.

Du schaffst die Jahreszeiten, um alle deine Geschöpfe sich entwickeln zu lassen – den Winter, um sie zu kühlen, die Sommerglut, damit sie dich spüren.

Du hast den Himmel fern gemacht, um an ihm aufzugehen und alles zu schauen, was du geschaffen hast.

Einzig bist du, wenn du aufgegangen bist, in all deinen Erscheinungsformen als lebendiger Aton, der erscheint und erglänzt, sich entfernt und sich nähert; du schaffst Millionen von Gestalten aus dir allein – Städte, Dörfer und Äcker, Wege und Strom.

Alle Augen sehen sich dir gegenüber, wenn du als Sonne des Tages über dem Land bist.

Wenn du gegangen bist, dein Auge nicht mehr da ist, das du um ihretwillen geschaffen hast, damit du nicht dich selber siehst als Einziges, was du geschaffen hast – auch dann bleibst du in meinem Herzen, und kein anderer ist, der dich kennt, außer deinem Sohne Neferchepérure Uanre, den du dein Wesen und deine Macht erkennen läßt.

Die Welt entsteht auf deinen Wink, wie du sie geschaffen hast. Bist du aufgegangen, so leben sie, gehst du unter, so sterben sie; du bist die Lebenszeit selbst, man lebt durch dich.

Die Augen ruhen auf Schönheit, bis du untergehst, alle Arbeit wird niedergelegt, wenn du untergehst im Westen.

Der Aufgehende stärkt alle Arme für den König, und Eile ist in jedem Fuß.

Seit du die Welt gegründet hast, erhebst du sie für deinen Sohn, der aus deinem Leib hervorgegangen ist, den König Beider Ägypten, Nefercheperure Uanre, den Sohn des Re, der von Maat lebt, den Herrn der Diademe, Echnaton, groß in seiner Lebenszeit, und die Große Königsgemahlin, die er liebt, die Herrin beider Länder, Nofretete, die lebendig und verjüngt ist für immer und ewig.

Anhang C

Toleranzedikt von Nikomedia des Römischen Imperators Galerius, 311 n. Chr.

Neben dem übrigen, was wir zum Wohle und Nutzen des Staates angeordnet hatten, wollten wir bislang alles gemäß den alten Gesetzen und der öffentlichen Ordnung der Römer verbessern und dafür sorgen, dass auch die Christen, die die Lehre ihrer Vorfahren verlassen hatten, zur Vernunft zurückkehrten. Denn aus irgendeinem Grund hatte diese Christen ein solcher Eigenwille und eine solche Dummheit ergriffen, dass sie den Einrichtungen der Alten nicht mehr folgten, die möglicherweise ihre eigenen Vorfahren eingeführt hatten, sondern sich nach ihrem eigenen Willen und nach Belieben Gesetze gaben, um sie zu befolgen, und in verschiedenen Gegenden verschiedene Völker zu einer Gemeinschaft zusammenbrachten. Als wir schließlich befohlen hatten, dass sie zu den Einrichtungen der Alten zurückkehren sollten, wurden viele von ihnen in Gerichtsprozesse verwickelt, viele wurden auch vertrieben. Und da die meisten auf ihrem Vorsatz bestanden und wir sahen, dass sie weder den Göttern die angemessene Verehrung zukommen ließen, noch den Gott der Christen verehrten, so haben wir es in unserer außerordentlichen Milde und beständigen Gewohnheit, sämtlichen Menschen zu verzeihen, für notwendig gehalten, auch diesen unsere freimütigste Nachsicht zu gewähren, damit sie wieder Christen sein und ihre Versammlungsstätten wieder aufbauen könnten, allerdings so, dass sie nichts gegen die öffentliche Ordnung unternehmen. Durch ein anderes Schreiben aber werden wir den Gerichtsbeamten mitteilen, was sie zu beachten haben. Daher wird es unserer Nachsicht entsprechend die Pflicht der Christen sein, zu ihrem Gott für unser Wohl, für das Wohl des Staates und für ihr eigenes zu beten, damit der Staat in jeder Hinsicht vor Schaden bewahrt bleibt und sie sicher in ihren Wohnungen leben können.

Textquelle: Laktanz, De mortibus persecutorum 34, in: Eusebius von Caesarea, *Kirchengeschichte* 8,17.

Anhang D

Über die Achtheit und die Neunheit

Dialog zwischen Hermes und Tat

„Oh mein Vater, du hast mir gestern versprochen, dass du mein Denken in die Achtheit hineinbringst und mich anschließend in die Neunheit hineinbringst. Du hast gesagt: Dies ist die Ordnung der Überlieferung."

„Oh mein Sohn, dies ist zwar die Ordnung, das Versprechen aber geschah gemäß der menschlichen Natur. Ich habe es dir nämlich gesagt, als ich das Versprechen in Angriff nahm. Ich sagte: ‚Wenn du dich aber an jede einzelne Stufe erinnerst'. Nachdem ich den Geist durch die Kraft empfangen hatte, erzeugte ich in dir die Wirksamkeit. Zwar ist das Begreifen in dir, in mir aber ist es, als ob die Kraft schwanger sei. Denn als ich durch die Quelle, die in mir fließt, schwanger war, zeugte ich."

„Oh mein Vater, jedes Wort hast du vortrefflich zu mir gesprochen, ich bin aber verwundert über dieses Wort, das du soeben gesprochen hast. Du hast nämlich gesagt: ‚Die Kraft, die in mir ist'."

Er sprach: „Ich brachte sie, die Kraft, hervor, wie man Kinder hervorzubringen pflegt."

„Demnach habe ich also, oh mein Vater, viele Brüder, wenn ich zu den Geschlechtern gezählt werde."

„Vortrefflich, oh mein Sohn, dieses Gute, indem es gezählt wird und alle Zeit. Deshalb, oh mein Sohn, ist es notwendig, dass du deine Brüder erkennst und sie hoch in Ehren hältst, wie es angemessen ist; sie stammen nämlich aus demselben Vater wie du. Denn jedes Geschlecht habe ich herbeigerufen; ich habe ihnen einen Namen gegeben, weil sie Hervorgebrachte wie diese Kinder sind."

„Haben sie denn dann auch, oh mein Vater, einen Tag?"

„Oh mein Sohn, sie sind Geistige. Sie existieren nämlich als Kräfte, die andere Seelen größer machen. Deswegen sage ich: Sie sind unsterblich."

„Deine Rede ist wahr, von jetzt an enthält sie keinen Widerspruch. Oh mein Vater, beginne mit der Rede über die Achtheit und die Neunheit, und rechne auch mich zu meinen Brüdern!"

„Laß uns beten, oh mein Sohn, zum Vater des Alls zusammen mit deinen Brüdern, die meine Kinder sind, damit er mir den Geist der Redekunst gebe!"

„Wie beten sie, oh mein Vater, wenn sie mit den Geschlechtern vereint sind? Ich möchte gehorchen, oh mein Vater."

„Sondern es ist weder ein Wenn noch ist es ein Aber. Und es ist richtig für dich, dass du dich an den Fortschritt erinnerst, der dir als Weisheit in den Büchern zuteil wurde. Oh mein Sohn, vergleiche dich mit dem ersten Lebensalter. Wie die Kleinen es zu tun pflegen, hast du diese unverständigen und unvernünftigen Fragen aufgeworfen."

„Oh mein Vater, der Fortschritt, der mir jetzt zuteil geworden ist, und das Vorwissen entsprechend der Bücher, das mir zuteil geworden ist, indem es über diesen Mangel erhaben ist, diese waren vorher in mir."

„Oh mein Sohn, wenn du die Wahrheit in deiner Rede erkennst, wirst du deine Brüder finden, die meine Kinder sind, wie sie mit dir beten."

„Oh mein Vater, ich erkenne nichts anderes als die Schönheit, die mir durch die Bücher zuteil geworden ist."

„Das ist es, was du die Schönheit der Seele nennst: die Erbauung, die dir Stufe für Stufe zuteil wurde. Möge dir das Verstehen zuteil werden, und du wirst lehren können."

„Ich habe verstanden, oh mein Vater, jedes einzelne Buch. Aber vielmehr die welche ist, in Lobpreisungen von denen, die sie vermehren. Oh mein Vater, von dir werde ich annehmen die Kraft des Wortes, das du sprechen wirst. Wie es nun zu uns beiden gesagt wurde, laß uns beten, oh mein Vater."

„Oh mein Sohn, es ist angemessen, dass wir mit unserem ganzen Denken und unserem ganzen Herzen und unserer Seele zu Gott beten und ihn bitten, dass das Geschenk der Achtheit zu uns gelange und dass jeder davon empfange, was das Seine ist. Deine Sache ist es zu begreifen, an mir liegt es, die Rede aus der Quelle, die in mir fließt, aussprechen zu können."

Ein hermetisches Gebet

„Laß uns beten, oh mein Vater: Ich bitte dich, der du über dem Königreich der Kraft herrschst, dessen Wort als eine Hervorbringung des Lichts zu uns kommt. Und seine Worte sind unsterblich; sie sind ewig und unwandelbar. Er ist der, dessen Willen Leben für die Abbilder an jedem Ort erzeugt. Seine Natur gibt dem Sein Gestalt. Aus ihm heraus bewegen sich die Seelen der Achtheit und die Engel, die existieren. Seine Vorsehung reicht bis zu jedem, zeugt jeden.

Er ist der, der die Äonen unter Geistern. Er hat alles erschaffen. Der, der sich selbst in sich hat, sorgt für alle. Er ist vollkommen, der unsichtbare Gott, den man im Schweigen anruft sein Abbild wird bewegt, wenn es verwaltet wird, und es verwaltet, der stark ist an Kraft, der über die Größe erhaben ist, der mehr auserwählt ist als alle Herrlichkeiten, Zoxathazo aoo ee ooo eee oooo ee ooo ooo ooooo ooo ooo uuuuuu ooo ooo ooo ooo o o Zoza-zoth! Herr, gib uns Weisheit aus deiner Kraft, die zu uns reicht, damit wir uns die Schau der Achtheit und der Neunheit beschreiben können. Wir sind schon zur Siebenheit gelangt, weil wir gottesfürchtig sind und in deinem Gesetz wandeln; und deinen Willen erfüllen wir jederzeit. Wir wandelten nämlich auf deinem Weg, und wir haben hinter uns gelassen, damit deine Schau geschehe. Herr, gib uns die Wahrheit in dem Abbild. Gewähre uns durch den Geist, die Gestalt des Abbildes zu sehen, die keinen Mangel hat, und empfange von uns den Typos des Pleroma durch unser Lobgebet; und erkenne den Geist, der in uns ist. Denn durch dich wurde das All beseelt. Denn aus dir, dem Ungezeugten, entstand das Gezeugte. Die Geburt des Selbstgezeugten geschieht durch dich, die Geburt aller gezeugten Dinge, die existieren. Empfange von uns die geistigen Opfer, die wir zu dir hinaufsenden aus unserem ganzen Herzen und unserer Seele und unserer Kraft. Rette das, was in uns ist, und gib uns die unvergängliche Weisheit."

Dialog zwischen Hermes und Tat

„Laß uns einander küssen, mein Sohn, in Liebe! Freue dich darüber. Denn schon kommt von ihnen die Kraft, welche Licht ist, zu uns. Denn ich sehe! Ich sehe Tiefen, die unaussprechlich sind.

Wie soll ich es dir sagen, oh mein Sohn? Wie soll ich das All beschreiben? Ich bin Verstand, und ich sehe einen anderen Verstand, der die Seele bewegt. Ich sehe den, der mich aus reinem Vergessen bewegt. Du gibst mir Kraft. Ich sehe mich selbst. Ich will reden. Furcht hält mich zurück. Ich habe den Anfang der Kraft gefunden, die über allen Kräften ist, die, die keinen Anfang hat. Ich sehe eine Quelle, die in Lebenskraft sprudelt. Ich sagte, oh mein Sohn, dass ich der Verstand bin. Ich habe gesehen! Sprache ist nicht in der Lage, dies zu offenbaren. Die ganze Achtheit nämlich, oh mein Sohn, und die Seelen, die in ihr sind, und die Engel singen Lobpreis im Schweigen. Ich aber, der Verstand, verstehe."

„Auf welche Weise kann man dadurch lobpreisen?"

„Bist du so geworden, dass zu dir nicht gesprochen werden kann?"

„Ich schweige, oh mein Vater, ich will dir Lobpreis singen, indem ich schweige."

„Fürwahr, so sag ihn, den Lobpreis, denn ich bin der Verstand."

„Ich kenne den Verstand, Hermes, den man nicht erklären kann, weil er in sich ruht. Ich freue mich aber, oh mein Vater, weil ich dich lächeln sehe. Das All aber freut sich; daher gibt es keine Schöpfung, die in deinem Leben fehlt. Du bist der Herr der Bürger an jedem Ort.

Deine Voraussicht bewahrt. Ich nenne dich, Vater, Äon der Äonen, göttlicher Geist. Und durch Geist läßt er über jeden regnen. Was sagst du zu mir, oh mein Vater Hermes?"

„Was diese Dinge betrifft, sage ich nichts, mein Sohn. Denn es ist Gott gegenüber gerecht, dass wir über das Verborgene schweigen."

„Oh Dreimalgroßer, laß meine Seele nicht der göttlichen Schau beraubt sein! Denn dir ist alles möglich als Lehrer des ganzen Ortes."

„Mach eine Kehrtwendung zum Beten, oh mein Sohn, und sprich, indem du schweigst! Erbitte das, was du wünschst, im Schweigen!"

Als er den Lobpreis beendet hatte, rief er aus: „Vater, Dreimalgroßer, was soll ich sagen? Wir haben das Licht empfangen. Und ich meinerseits sehe dieselbe Schau in dir. Und ich sehe die Achtheit samt den Seelen in ihr und die Engel, indem sie die Neunheit preisen und ihre Kräfte. Und ich sehe den, der alle ihre Kräfte hat, indem er die zeugt, die, die sind im Geist."

„Von nun an ist es angemessen, dass wir in einer ehrfürchtigen Haltung schweigen. Von nun an sprich nicht über die Schau! Es ist angemessen, den Vater zu preisen bis zu dem Tage, an dem man den Körper hinter sich läßt."

„Oh mein Vater, was du sagst, will auch ich sagen."

„Ich lobsinge in meinem Herzen. Während du in dir selbst ruhst, übe dich im Lobpreisen! Du hast nämlich gefunden, was du gesucht hast."

„Aber ist es angemessen, oh mein Vater, dass ich preise, da mein Herz voll ist."

„Was angemessen ist, ist dein Lobpreis, den du zu Gott hinaufsenden wirst, damit man ihn in dieses unvergängliche Buch schreiben wird."

Ein hermetisches Gebet

„Ich werde den Lobpreis hinaufsenden durch mein Herz: Ich rufe das Ende des Alls und den Anfang des Anfangs an, den Gegenstand des menschlichen Suchens, den unsterblichen Fund, den Schöpfer des Lichts und der Wahrheit, den Sämann des Wortes, die Liebe des unsterblichen Lebens. Ein verborgenes Wort wird nicht von dir reden können, oh Herr. Deswegen will mein Verstand dir täglich ein Loblied singen. Ich bin das Instrument deines Geistes. Verstand ist dein Plektrum. Dein Ratschluss aber spielt auf mir. Ich sehe mich selbst. Ich habe von dir Kraft empfangen. Deine Liebe hat uns getroffen."

„Vortrefflich, oh mein Sohn!"

„Oh Gnade, nach alledem danke ich dir, indem ich dir lobsinge. Denn ich habe von dir das Leben empfangen, als du mich weise machtest. Ich preise dich, ich rufe deinen Namen, der mir verborgen ist: a o ee oeee ooo iii oooo ooooo ooo oo uuuuuu oo oooooooooo oo. Du bist es, der mit dem Geist existiert. Ich lobsinge dir in Frömmigkeit."

Anweisung, das Buch zu schreiben und zu hinterlegen

„Oh mein Sohn, schreibe dieses Buch für den Tempel in Diopolis in Hieroglyphen, wobei du es nennen sollst: ‚Die Achtheit offenbart die Neunheit` !"

„Ich werde es tun, oh mein Vater, wie du es nun befiehlst."

„Oh mein Sohn, schreibe die Rede des Buches auf blau-grün schillernde Stelen! Oh mein Sohn, es ist angemessen, dieses Buch auf blau-grün schillernde Stelen in Hieroglyphen zu schreiben. Der Verstand selbst ist nämlich der Aufseher über diese geworden. Deswegen befehle ich, diese Rede in Stein zu meißeln und in mein Heiligtum zu stellen. Acht Wächter bewachen es mit der Kraft der Sonnen. Die Männlichen an der rechten Seite sind froschgesichtig, die Weiblichen an der linken Seite sind katzengesichtig. Lege einen viereckigen Milchstein auf die blau-grün schillernden Tafeln, und schreibe den Namen auf die Saphirtafel in Hieroglyphen! Mein Sohn, du sollst dieses tun, während ich in der Jungfrau bin und die Sonne in der ersten Hälfte des Tages ist, nachdem fünfzehn Grade mich passiert haben."

„Oh mein Vater, alles was du sagst, werde ich eifrig ausführen."

„Schreibe aber eine Eidesformel auf das Buch, damit nicht diejenigen, die das Buch lesen werden, die Rede in Betrug bringen und es nicht benutzen, um gegen die Werke des Schicksals zu kämpfen! Vielmehr sollen sie dem Gesetz Gottes folgen, ohne es übertreten zu haben, vielmehr sollen sie in Reinheit Gott um Weisheit und Erkenntnis bitten. Und der, der nicht ursprünglich von Gott gezeugt ist, befindet sich in den allgemeinen und gewöhnlichen Worten. Und er wird nicht lesen können, was in diesem Buch geschrieben steht, obwohl sein Gewissen in ihm rein ist. Denn er tut weder etwas Schändliches noch stimmt er mit solchem überein. Vielmehr schreitet er Stufe um Stufe voran und wird so auf den Weg der Unsterblichkeit gelangen. Und so kommt er zu der Erkenntnis der Achtheit, die die Neunheit offenbart."

„So werde ich es tun, oh mein Vater."

„Das ist der Eid: Ich lasse den, der dieses heilige Buch lesen wird, beim Himmel und bei der Erde und dem Feuer und dem Wasser und den sieben Beherrschern des Seins und dem Schöpfergeist, der in ihnen ist, und bei dem ungezeugten Gott und dem Selbstgezeugten und dem Gezeugten schwören, dass er die Dinge, die Hermes gesagt hat, bewahrt. Mit denen aber, die den Eid halten werden, wird Gott sich aussöhnen, samt allen, die wir benannt haben. Aber auf jeden von denen, die den Eid brechen werden, kommt der Zorn. Das ist der Vollkommene, der existiert, oh mein Sohn."

Textquelle: http://www.gerd-albrecht.de/DieGnostischenSchriften/UeberdieAchtheitunddieNeunheit.htm

Abbildungsverzeichnis:

Abb. 44a Memnon-Kolosse, Statuen Amenhotep III.; Foto: Leopold Hnidek

Abb. 45 Genealogie der Ahmosiden und der 18. Dynastie, Grafik: Leopold Hnidek

Abb. 46 Amenhotep IV. Akhenaten, Statue im Louvre, https://commons.wikimedia.org/w/index.php?curid=1168436,

Abb. 47 Amenhotep IV (Akhenaten), in N. de G. Davies, The Rock Tombs of El Amarna, part VI, „The Egypt Exploration Fund" (London, 1908) - http://www.sofiatopia.org/equiaeon/davies.htm, public domain, https://commons.wikimedia.org/wiki/File:Zeichnung_Grab_Eje_in_Amarna-Sonnenhymnus.jpg#/media/File:Zeichnung_Grab_Eje_in_Amarna-Sonnenhymnus.jpg

Abb. 48 Goldener Stierkopf (rechts unten), Schatzkammer des Tut-anch-Amun, Foto: Leopold Hnidek

Abb. 49 Von Original by Csernica & Jeff Dahl & Captmondo. This version by Bartje. - Based on File:NarmerPalette ROM-gamma.jpg & File:NarmerPalette ROM.jpg. Transferred from nl.wikibooks., Gemeinfrei, https://commons.wikimedia.org/w/index.php?curid=6091322

Abb. 50 Stier-Sarkophag im Serapeion bei Sakkara; Foto: Leopold Hnidek

Abb. 50a Rabbiner mit Schläfenlocken. Foto: A global ethic now

Abb. 50b Ramses II. als Kind, Relief, Louvre, Foto: Rama, public domain licensed under the Creative Commons Attribution-Share Alike 2.0 France license.

Abb. 51: http://mineralespoderosos.blogspot.co.at/2012/05/efod-las-gemas-hechas-oraculo.html

Quellenverzeichnis:

[1] Duden online

[2] Friemel, Franz Georg: Erste Auskunft Religion, St. Benno-Verlag Leipzig 1991

[3] Freeman, Tzvi: Bringing Heaven Down to Earth

[4] Pons, Deutsch-Hebräisch, Hebräisch-Deutsch

[5] Faulmann, Carl: Das Buch der Schrift, Druck und Verlag der Kaiserlich-Königlichen Hof- und Staatsdruckerei Wien 1880, 2. Aufl., neu verlegt bei Eichborn Verlag, Frankfurt 1990 ISBN 3-8218-1720-8

[6] Herodot, Historien 2, 2-4

[7] Gardiner, Sir Alan: Egypt of the Pharaos, 1962; Geschichte des Alten Ägypten, Nachdruck Weltbild-Verlag in Lizenz des Alfred Kröner Verlag Stuttgart 1994, ISBN 3-89350-723-X

[8] Mangold, Max: Sprachwissenschaft, Carl Habel Verlag, Darmstadt, Buch-Nr. (2) 8812

[9] Wendt, Heinz F. (Hrsg.): Sprachen, Fischer Taschenbuch Verlag Frankfurt/Main, 4. Auflage 1972, ISBN 3-436-01177-0

[10] Betrò, Maria Carmela: Geroglifici. 580 Segni per capire l'Antico Egitto, Arnoldo Mondadori Editore S.p.A., Milano 1995

[11] Mandel, Gabriele: L'Alfabeto ebraico, Arnoldo Mondadori Editore S.p.A., Milano 2000

[12] Lurker, Manfred: Lexikon der Götter und Symbole der alten Ägypter, Scherz Verlag Bern-München-Wien Sonderausgabe 1998, ISBN 3-502-16430-4

[13] Pyramidentexte, Spruch, www.pyramidtexts.online

[14] Neue-Welt-Übersetzung der Heiligen Schrift 1971

[15] Die Bibel, Einheitsübersetzung der Heiligen Schrift, Schulbuch Nr. 4124, Österreichisches Katholisches Bibelwerk 1986, ISBN 3-85396-075-8

[16] Ceram, C.W.: Enge Schlucht und Schwarzer Berg, Rowohlt 5. Auflage 1972, ISBN 3-499-16627-5

[17] Brier, Bob: Der Mordfall Tutanchamun, Piper München 3. Auflage 2002, ISBN 3-492-23448-8

[18] Schmidt, Klaus:; Sie bauten die ersten Tempel, Verlag C.H. Beck oHG München 2006, ISBN 978-3-406-53500-0

[19] Amenophis IV. Echnaton: Der Große Sonnenhymnus. Wandinschrift im Grab des Eje, Tell-el-Amarna, südliche Gräbergruppe Grab Nr. 25. Der französische Ägyptologe Urbain Bouriant fertigte 1884 glücklicherweise eine exakte Kopie der Inschrift an. Das Original wurde 1890 zum größten Teil zerstört. Übersetzung von N.de G. Davies in „Rock Tombs VI, Tafel 27 (Zeichnung) und Tafel 41 (Fotografie) 1908

[20] James, T.G.H.: Pharao's People, Edition Bodley Head, London 1984

[21] Scholz, Dr.rer.nat. Günter & Vogelsang, Dipl.-Phys. Klaus: Einheiten Formelzeichen Größen, Fachbuchverlag Leipzig der TÜV-Rheinland-Gruppe 1991, ISBN 3-343-00500-2

[22] Klitzke, Axel: Die kosmische 6, Argo Verlag Marktoberdorf 2002, ISBN 3-9807519-4-5

[23] Sitchin, Zecharia: Geheime Orte der Unsterblichkeit, Bechtermünz Verlag 1999, ISBN 3-8289-3399-8

[24] Drewermann, Eugen: Ich steige hinab in die Barke der Sonne, 6. Auflage Walter Verlag 1993, ISBN 3-530-16901-3

[25] Beyerlin, Walter (Hrsg.) Religionsgeschichtliches Textbuch zum Alten Testament. Grundrisse zum AT, ATD Ergänzungsreihe. Vol. 1, Vandenhoeck & Ruprecht 1975; UB Essen 11 JNA 1101

[26] Arnold, Dieter: Lexikon der Ägyptischen Baukunst, Patmos Verlag 2000, ISBN 3-491-96001-0

[27] The New Encyclopedia Britannica

[28] Homer: Ilias, Übersetzung von Johann Heinrich Voss, Der Tempel Verlag Augsburg 1994, ISBN 3-89350-847-3

[29] Clayton, Peter A.: Chronicle of the Pharaohs, Thames & Hudson Ltd., London 1994, ISBN 3-8289-0661-3

[30] IPA, Internationales Phonetisches Alphabet, wikipedia

[31] Liste der ägyptischen Götter, wikipedia

[32] *Psychologie der Massen*, deutsch von Rudolf Eisler (Digitalisat der 2. Auflage, Leipzig 1912), Kröner, Stuttgart 2008, ISBN 978-3-520-71101-4

[33] Liste der Gottesgemahlinnen des Amun, wikipedia

[34] Höber-Kamel, Gabriele; Die Gottesgemahlinnen des Amun in Karnak, Zeitschrift Kemet Nr. 1/2001, Kemet-Verlag Berlin, ISSN 0943-5972

[35] Luther-Bibel 1912

[36] Langbein, Walter-Jörg: Lexikon der biblischen Irrtümer, Langen Müller München 2003, ISBN 3-7844-2922-X

[37] wikipedia, Suchbegriff „Jahwe“, Rubrik „Herkunftshypothesen“

[38] Die Apokryphen – Verborgene Bücher der Bibel, Pattloch Verlag 1993, ISBN 3-629-91319-9

[39] Coe, Michael D.: Das Geheimnis der Maya-Schrift, Rowohlt Taschenbuch Verlag GmbH 1997, ISBN 978-3-499-60346-2

[40] Stanglmeier, G.F.L.: Zahi Hawass – Ägyptens letzter Pharao, Kopp Verlag 2011

[41] Ovason, David: Der Dollar, Kopp Verlag 2005, ISBN 978-3-9385-1609-7

[42] Zunneck, Karl-Heinz: Die geheimen Zeichen und Rituale der Freimaurer, Kopp Verlag 2005

[43] Gardner, Laurence: Die geheime Geschichte der Freimaurerei entschlüsselt, Allegria, 2.Auflage 2009, ISBN 978-3-7934-2194-8

[44] Hans Bonnet: *Lexikon der ägyptischen Religionsgeschichte*. Nikol, Hamburg 2000 ISBN 3-937872-08-6, S. 333–334.

[45] Adolf Martin Ritter: *Arianismus*. In: *Theologische Realenzyklopädie* 3, De Gruyter, Berlin 1976–2004, ISBN 3-11-002218-4 / ISBN 3-11-013898-0 / ISBN 3-11-016295-4, Studienausgabe: ISBN 3-11-013898-0 / ISBN 3-11-016295-4, S. 692–719

[46] Pedro Barceló, G. Gottlieb: *Das Glaubensedikt des Kaisers Theodosius vom 27. Februar 380. Adressaten und Zielsetzung*. In: Karlheinz Dietz, Dieter Hennig, Hans Kaletsch: *Klassisches Altertum, Spätantike und frühes Christentum. Adolf Lippold zum 65. Geburtstag gewidmet*. Seminar für Alte Geschichte der Universität Würzburg 1993, ISBN 3-927894-14-1, S. 409–423

[47] Gnosis – Das Buch der verborgenen Evangelien, Bechtermünz Verlag, ISBN 978-3-86047-477-4

[48] Risi, Armin: Der multimediale Kosmos – Band I, Gott und die Götter; Govinda-Verlag, Neuhausen 1995, ISBN 978-3-906347-30-3

[49] Der Koran, Verlag Julius Kittls Nachfolger, Leipzig-Mährisch Ostrau, unveränderter Nachdruck Ebner, Ulm, ISBN 987-3-86047-455-3

[50] Friedman, Richard Elliott: Wer schrieb die Bibel? So entstand das Alte Testament; Anaconda Verlag Köln 2007, ISBN 978-3-86647-144-3

[51] Luiselli, Maria Michaela: Der Amun-Re Hymnus des P. Boulaq 17 (P. Kairo CG 58038); Harrassowitz Verlag Wiesbaden 2004 ISBN 978-3-447-04841-7

[52] Norman de Garis Davies: *The Rock Tombs of El Amarna.* Teil 6: *The Tombs of Parennefer, Tutu, and Ay.* In: *Memoirs of the Archaeological Survey of Egypt.* (MEES) Bd 18, London 1908.

[53] Spamers Illustrierte Weltgeschichte, Bd. I Geschichte des Altertums, 3. Auflage Leipzig 1893

[54] Lexikon der Alten Welt, © 1990 Artemis Verlag Zürich und München, unveränderter Nachdruck der einbändigen Originalausgabe 1965 in drei Bänden, ISBN 978-3-89350-960-7

[55] Finkelstein, Israel & Silberman, Neil A.: Keine Posaunen vor Jericho – Die archäologische Wahrheit über die Bibel, dtv München, 4. Auflage 2007, ISBN 978-3-423-34151-6

[56] Finkelstein, Israel & Silberman, Neil A.: David und Salomo – Archäologen entschlüsseln einen Mythos

[57] Hornung, Erich: Echnaton – Die Religion des Lichts, Artemis & Winkler Verlag, 2000 Mysteria 3000

[58] wikipedia, Artikel „Efod", Abruf 10.09.2017

[59] Herm, Gerhard: Die Phönizier - Das Purpurreich der Antike, rororo Sachbuch, Rowohlt Taschenbuch Verlag, Reinbek bei Hamburg 1975; 680-ISBN 3 499 16909 6

[60] www.orientdienst/de/muslime/minikurs/Beschneidung

[61] Illustrierte Geschichte der Medizin, Band I, Andreas & Andreas Verlagsanstalt, Vaduz 1992, ISBN 978-3-86070-204-1

[62] James, T.G.H.: Pharao's People, Bodley Head Edition, London 1984; deutsche Ausgabe: Das Leben der Alten Ägypter, ISBN 978-3-89350-569-5

[63] Werner, Helmut: Die Kabbala, Komet Verlag Köln, ISBN 978-3-89836-349-X

[64] Papus, Die Kabbala, 2. Auflage Paris 1903, Nachdruck in Deutscher Lizenz des Fourier-Verlages Wiesbaden 12. Auflage, Meco-Verlag Dreieich 1995, ISBN 978-3-921695-43-0

Literatur zu den Rätseln der Geschichte dieser Welt und weiteren faszinierenden Themen finden Sie im Verlagsprogramm des Ancient Mail Verlags:

Leopold Hnidek

Das Geheimnis von Nan Madol

ISBN 978-3-95652-076-1, Din A5, Paperback, 267 Seiten, 253 (zum größten Teil farbige) Abbildungen, **€ 19,80**

Nan Madol ist von Legenden und Geheimnissen umgeben. Eine mysteriöse Ruinenstadt auf einer entlegenen Insel Mikronesiens, halb vom Pazifik, halb vom Dschungel verschlungen.

Massiv und abweisend steht sie da, unbeeindruckt vom Lauf der Zeit und lässt uns rätseln – über ihre Erbauer, ihren Zweck, ihr Alter.

Wer sich in ihre Straßen und Gebäude begibt, sich auf ihre brachiale Architektur einlässt und ihr Wesen zu erfassen sucht, den erfasst Staunen, denn diese unglaublichen Bauten offenbaren einen Zweck für unsere Tage. Ein Zweck, der von den Erbauern nicht beabsichtigt wurde. Doch wir stehen vor den Bauten und erkennen ein Rätsel hinter den Schleiern der Zeit.

Dieses Buch hilft die Schleier zu lüften.

Moustafa Gadalla

Der Betrug mit der Geschichte

Das Alte Ägypten und die Bibel

978-3-935910-08-8, Paperback,
192 Seiten, s/w-Abbildungen, **€ 16,90**

In diesem Buch finden Sie:

- einen zusammenfassenden Überblick über die Epochen der 18. und 19. Dynastie
- eine detaillierte Beschreibung der bedeutendsten Ereignisse aus dem Leben von Hatschepsut, Tuthmosis III, Amenhotep III, Echnaton und Tut Anch Amun
- die ganze Wahrheit über den Exodus und die Rolle der Pharaonen in jener Zeit
- die Identifizierung der historischen Persönlichkeiten, die hinter Jesus, Moses, David, Salomon, Joseph und vielen, vielen anderen Charakteren aus der Bibel stehen.

Der Betrug mit der Geschichte ist eine längst fällige Abrechnung mit einer Vielzahl von historischen Lügen, verschwiegenen Wahrheiten und absichtlicher Ignoranz. *(Jim Cox, Redakteur und Lektor, Midwest Book Review, USA)*

... Gadalla hat der Geschichte die Chance gegeben, auf der Grundlage handfester, greifbarer Beweise, historischer Aufzeichnungen und unwiderlegbarer Tatsachen für sich selbst zu sprechen ... Gleichzeitig handelt es sich bei Gadalla um einen Autor mit einem leicht verständlichen, pragmatischen Schreibstil, der das Lesen zum Vergnügen macht. *(The Independent Review, Armidale, Australia)*

Moustafa Gadalla

Warum das Alte Ägypten so wichtig ist

Ursprung und Kosmologie

ISBN 978-3-95652-206-2, 208 Seiten,
s/w-Abbildungen, Paperback, **€ 15,90**

In diesem Buch wurden zwei englische Ausgaben des bekannten Autoren Moustafa Gadalla vereint.

„Der unverfälschte ägyptische Ursprung – Warum das alte Ägypten wichtig ist" zeigt einige Aspekte der altägyptischen Zivilisation im Überblick. Es sind beinahe zeitlose Themen, die nicht nur die alten Ägypter damals beschäftigt haben, sondern die auch heute noch für uns relevant sind.

Die Ägypter haben sich schon vor tausenden von Jahren um die Verbesserung in politischen, sozialen, wirtschaftlichen und ökologischen Fragen bemüht, sowie um die Implementierung harmonischer Prinzipien („Maat") in ihre Arbeit und ihr Handeln.

Der Teil „Ägyptische Kosmologie – Das belebte Universum" zeigt das weitreichende Verständnis, das die alten Ägypter von den kosmologischen Konzepten hatten. Und überraschenderweise steht es im Einklang mit unserem heutigen Verständnis der Natur. Dieser Teil behandelt die Schöpfung, Wissenschaft und Philosophie, das Konzept der universellen Energiematrix und der Schöpfungsberichte, so wie die Ägypter sie interpretierten.

Die alten Ägypter verstanden es – im Gegensatz zur heutigen Zivilisation – das Leben und die Natur als Gesamtheit zu betrachten und nach harmonischen Abläufen zu streben, die sie nach ihrem Verständnis von Energie und kosmologischen Zusammenhängen leicht umsetzen konnten.

János Kalmár

Das Licht des Lebens

Die Geschichte eines weißen Puders

IBSN 978-3-95652-176-8, Din A5, Paperback, 154 Seiten, 45 zum Teil farbige Abbildungen, **€ 14,90**

Wahrscheinlich kannten bereits die „Götter" den Weißen Puder, mit dessen Hilfe sie das menschliche Leben um ein Vielfaches verlängern konnten, sodass ihnen auch eine Jahrhunderte lange kosmische Reise keine Probleme bereitete. Auch der Name „Milch der Göttin Hathor" weist darauf hin. Wer nämlich von dieser „Milch" trank, dem wurde ein sehr langes Leben zuteil. So kannte „Hathor" wahrscheinlich das Geheimnis der Weißen Milch, d. h. die Tatsache, dass diese den Prozess der Alterung verlangsamt. Zu den Wirkungen des Weißen Puders gehörte nicht nur die Verjüngung, sondern er konnte u. a. auch deformierte, fehlerhafte Zellen „reparieren".

Auch in der Antike konnten die „Götter" diesen Weißen Puder herstellen. Es ist also anzunehmen, dass die „Götter" über außerordentliche chemische und mikrobiologische Kenntnisse verfügten.

Wie hat wohl die Erforschung der Unsterblichkeit zu Zeiten der Pharaonen, der biblischen Ereignisse, der Alchemisten, der Tempelritter oder der Freimaurer ausgesehen? Und was ist, wenn seitdem schon lange jemand die Lösung dieses Problems gefunden hat, sie aber aus purem Neid oder aus Machtgier vor dem Rest der Menschheit geheim gehalten hat? Denn der Besitz dieses Wissens bedeutet Macht! Es ist kein Zufall, dass im Mittelpunkt des Interesses vieler Menschen auch heute noch das Erlangen dieses Wissens steht – und zwar um jeden Preis.

Begeben wir uns mit dem Autor auf diesen geheimnisvollen Weg, der auch heute noch nicht zu Ende ist. Und während wir auf vergangene Zeiten zurückblicken, werden uns vielleicht auch einige wichtige Zusammenhänge klar.

Robert M. Schoch, Ph. D.

Die vergessene Zivilisation

Die Bedeutung der Sonneneruption in Vergangenheit und Zukunft

ISBN 978-3-95652-078-5, Din A5, Pb.,
423 Seiten, 25 s/w-Abbildungen,
14 Farb-Abb., **€ 22,80**

Das plötzliche Erscheinen von Zivilisation im Jahre 3.000 v. Chr. stellt nicht das erste Auftauchen einer Zivilisation dar. Eher ist es das erneute in Erscheinung treten einer Zivilisation nach ungefähr 5.000 oder mehr Jahren. Natürlich gibt es erwiesenermaßen eine Kultur in der Zeit von 10.000 v. Chr. bis 9.000 v. Chr., also tausend Jahre früher als die Ägyptische Dynastie und ihre Zeitgenossen in Mesopotamien und dem Industal.

Dieses früheste Erblühen einer Zivilisation wurde im Allgemeinen von der Menschheit vergessen, obwohl Hinweise darauf immer noch in Heiligen Inschriften, überlieferten Legenden und uralten Texten gefunden werden können. Der Garten Eden, Erzählungen über ein Goldenes Zeitalter und Platos Erzählungen über Atlantis könnten alle als Referenz für diese ursprüngliche Zivilisation dienen. Jetzt ist es an der Zeit, ihr Erbe anzutreten.

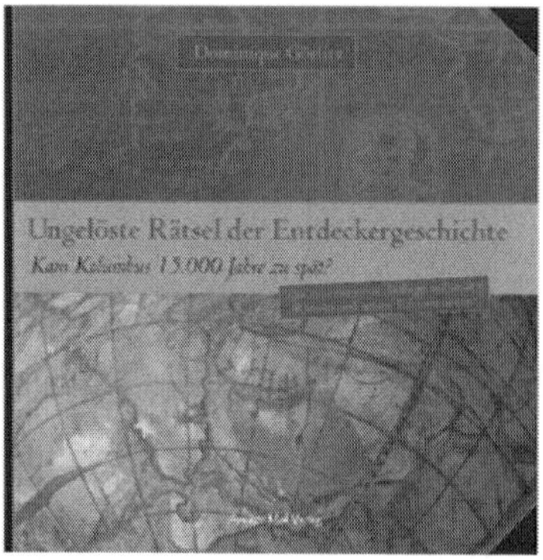

Dr. Dominique Görlitz

Ungelöste Rätsel der Entdeckergeschichte

Kam Kolumbus 15.000 Jahre zu spät?

Neuausgabe der 2. Auflage

ISBN 978-3-95652-227-7, Paperback, 21 x 21 cm, 96 Seiten, 40 Farb-Abbildungen, **€ 16,80**

Es ist eines der ungelösten Rätsel der Archäologie, ob die Hochkulturen der Alten Welt mit den Ländern jenseits des Atlantiks in einem Kulturaustausch standen. Dieses Buch nutzt seltene Belege und Überlieferungen antiker Kartographen, die Hinweise dafür liefern, dass man vermutlich Kenntnis von der neuen Welt hatte. So stammt die Idee, von Spanien aus über den Atlantik in Westrichtung nach Indien zu segeln, weder von Kolumbus (1492) noch von Toscanelli (1474). Als geistiger Urheber muss der antike Kartograph Eratosthenes (273 – 194 v.Chr.) angesehen werden, der bereits über große bewohnte Landmassen im Meer des Westens berichtete. Ein weiteres Rätsel der Kartographiegeschichte ist, woher die beiden deutschen Kartographen Waldseemüller und Ringmann ihre Kenntnisse für die Konzeption eines völlig neuen Weltbildes (1507) unmittelbar nach der (Wieder-)Entdeckung der Neuen Welt bezogen. Eine Vielzahl früher Werke liefert weitere Hinweise, dass den Kartographen für eine gewisse Zeit antike Quellen zur Verfügung standen. Von besonderer Bedeutung ist dabei der Marmorglobus von Gotha (1533), der mit der detaillierten Darstellung Südamerikas, der Antarktis und eines altägyptischen Hochseeschiffes ein ungelöstes Geheimnis zu bewahren scheint.